KAUFEMANN

CHRONIQUES

DE ROME

TABLEAU DE LA SOCIÉTÉ ROMAINE

SOUS LE PONTIFICAT DE PIE IX

PARIS
COLLECTION GEORGES BARBA
7, Rue Christine, 7

1865

CHRONIQUES
DE ROME

TOUS DROITS RÉSERVÉS.

Paris. — Imp. P.-A. BOURDIER et Cie, rue des Poitevins, 6.

KAUFFMANN

CHRONIQUES
DE ROME

TABLEAU DE LA SOCIÉTÉ ROMAINE

SOUS LE PONTIFICAT DE PIE IX

PARIS
COLLECTION GEORGES BARBA
7, RUE CHRISTINE, 7
1865

PRÉFACE

J'avais quitté Paris en 1862, et j'habitais Turin, tour à tour rédacteur d'un journal français, correspondant d'une feuille parisienne, m'occupant d'une étude sérieuse sur les finances italiennes, qui a été publiée en 1863 dans le *Journal des Économistes*. J'assistais aux luttes d'un peuple destiné, selon moi, à devenir bien grand et qui s'efforçait d'achever par les lois l'unification déjà opérée par les armes et la volonté des citoyens, unification que Rome rendait incomplète.

Les passions s'agitaient autour de la question romaine, en France et en Italie. Encore émues du contre-coup des annexions, les populations de la Péninsule, désireuses d'arriver promptement au but, tournaient leurs regards vers la cité que le parlement de Turin avait proclamée leur capitale.

Mais Rome était occupée par notre armée; les catholiques français se récriaient contre la pensée de l'abandonner à ce qu'ils appelaient la révolution. Cependant le pouvoir pontifical repoussait avec une invincible ténacité les réformes demandées par le gouvernement de Napoléon III, sans l'appui duquel il n'eût pu se soutenir; le brigandage, dans toute sa floraison, désolait les provinces napolitaines, exercé ou fomenté par les partisans de François II qui s'abritait à l'ombre du Vatican. C'était la guerre à l'Italie, et la guerre à la France alliée qui avait aidé l'Italie à se constituer.

Dans ces conditions, l'état politique de Rome me sembla un problème curieux à étudier. Je désirai voir de près le pouvoir théocratique, objet, dans les Chambres et dans les journaux, de si ardentes attaques, et si vivement défendu, apprécier ce qu'il y avait de fondé dans les accusations, de consciencieux dans la défense. Je voulais m'éclairer sur les mœurs, les coutumes, les lois de la société romaine, me faire une opinion *de visu*, me rendre compte des aspirations d'un peuple si grand dans le passé, réduit aujourd'hui au territoire qui fut son berceau, le théâtre de ses premières luttes, de ses premières conquêtes.

Au point de vue artistique, Rome avait toujours eu pour moi un attrait puissant. Comme tout le monde, je connaissais, par les livres et par les gravures, ses monuments, ses ruines, ses points de vue et les beaux sites qui l'entourent; cent tableaux m'avaient fait embrasser la campagne romaine sous tous ses aspects. Mais, plus favorisé que beaucoup d'autres, j'ai eu longtemps la joie de vivre au milieu d'une pléiade d'artistes qui tous avaient habité Rome, et dont les récits pleins d'humour et empreints d'un grand sentiment de l'art, peignaient cette ville, je ne dis pas telle qu'elle était, mais telle qu'ils l'avaient vue à travers leur jeunesse et leur fantaisie.

Ils donnaient sur les habitudes de ce pays d'étranges détails que l'on n'a pas écrits; ils parlaient des merveilleuses ruines encore debout sur le sol de l'antique cité, et des chefs-d'œuvre réunis dans les musées, avec un enthousiasme qu'ils faisaient facilement partager.

Sollicité en même temps par le désir d'étudier l'époque actuelle et celui de voir les restes du passé, je partis pour Rome au commencement de 1864.

Les Alpes et les collines qui descendent vers le Pô étaient couronnées de neige. La tourmente, ce jour-là, en faisait tourbillonner les épais flocons. Elle couvrait d'un linceul blanc les vastes plaines qui furent, sous François I*er* et sous la République, les champs de bataille de nos armées, et qui s'étendent de Turin à Alexandrie.

Je m'embarquai à Gênes sur un vapeur dont le nom, indifférent peut-être aux autres passagers, me rappelait le délicieux vallon de Blidah, *la Voluptueuse,* comme la nomment les Arabes, où je m'étais trouvé au milieu des scènes de la Bible et des cérémonies religieuses musulmanes ; je partais bercé par les souvenirs de l'Afrique toujours présente à ma pensée, mais poursuivi par un ouragan de neige qui nous laissa une demi-journée resplendissante de soleil à Livourne, nous reprit à la sortie de ce port et nous accompagna jusqu'à Civita-Vecchia, où nous abordâmes par un grésil qui nous cinglait la figure.

Quelques heures plus tard, nous passions sous l'arcade d'un aqueduc dont les constructeurs ne se doutaient pas qu'un jour une voiture à vapeur prendrait ses arches pour des portes, et nous entrions à Rome.

Les palmiers, les aloès, les cactus du Pincio étaient couverts de neige ; les roses en boutons à moitié ouverts grelottaient de froid. Depuis longtemps Rome n'avait pas vu de neige, cet hiver lui payait l'arriéré. Je me plaignais à cette terre aimée d'être si mal reçu ; mais la terre se soucie bien de ceux qui la foulent !

Des récits de mes amis, je n'avais gardé que les souvenirs gracieux. Rome inondée par eux de soleil et de lumière m'avait fait oublier les vers dans lesquels le frileux Horace se plaignait des rudes hivers. Nous étions loin encore de la lune d'avril, sous les douces clartés de laquelle Vénus, au temps du poëte, réveillait les danses et les chansons. Heureusement, à travers les flots de pluie, on apercevait de loin en loin un petit coin de ciel bleu plein de charme et de promesses.

Février commençait, et je n'ai plus quitté Rome qu'à la fin de novembre; j'y ai donc passé dix mois de cette année 1864, féconde en événements, qui tiendra une large place dans les annales de la cité et dans l'histoire particulière du pontificat de Pie IX.

Que de faits importants ont marqué cette période! Que de choses étranges, mystérieuses, incompréhensibles au premier coup d'œil!

Les fréquentes et graves maladies du pape, exagérées encore par des dépêches mensongères qui le faisaient mourir à chaque rechute, et tenant haletantes toutes les cours catholiques; les intrigues qui se croisaient dans le but de désigner son successeur, même de son vivant; les ovations au pape-roi; les emprisonnements et les exils politiques; les querelles entre les soldats français et les soldats pontificaux; les enrôlements pour les bandes de brigands faits à Rome par les agents de l'ex-roi de Naples; les prétendues élections du municipe romain prenant le masque d'une réforme; la réception officielle de l'ambassadeur de France, admis à présenter ses lettres de créance au pape malade et alité; la fuite mystérieuse du cardinal d'Andrea quittant Rome comme un condamné qui s'échappe; la curieuse affaire des enseignes françaises jetées bas par la police romaine, aux yeux de l'armée d'occupation; l'enlèvement du jeune Israélite Coën, aussi scandaleux qu'inutile; l'emprunt pontifical; la convention du 15 septembre; l'assassinat des gendarmes français; la publication de l'Encyclique, factum d'un autre âge, égaré au dix-neuvième siècle, et qui a soulevé tant d'orages, font de cette année 1864 une grande époque destinée à avoir des résultats encore enveloppés de nuages et qui sont du domaine de l'avenir.

J'ai vu se dérouler tous ces événements dont quelques-uns ont produit au dehors une émotion que le gouvernement pontifical ne semblait pas soupçonner.

En même temps, les musées, les galeries, les monuments produisaient sur moi une impression de joie, de bonheur, d'enivrement, que je ne retrouverai plus nulle part.

Les chefs-d'œuvre du Vatican, du Capitole, du palais et de la villa Borghèse, de la villa Albani et de vingt autres, les édifices de l'ancienne Rome, majestueux dans leurs ruines, ou reconstruits par ma pensée, m'ont attiré souvent et longtemps retenu.

Plus d'une fois, après avoir exploré les fouilles du Palatin, erré parmi les décombres de palais superposés, je suis descendu vers le Janus-Quadrifrons, et j'ai sondé du regard la *Cloaca*, rêvant à tout le sang qui a coulé par sa bouche béante encore sur le Tibre.

J'ai passé de longues heures auprès de la colonne Trajane, à travers les restes splendides du Forum romain, autour de l'arc de Constantin, devant la façade du Panthéon et dans les détours du Colisée, que repeuplaient pour moi les souvenirs de l'histoire. J'ai suivi, à pied, pour n'en rien perdre, la longue ligne de la voie Appienne bordée de ruines, jusque dans les collines de la Comarque.

Cette province de Comarque me charmait par la splendeur et la variété de ses sites, par la grandeur des souvenirs qui s'y rattachent. Je suis allé bien des fois m'asseoir en solitaire aux bords du lac d'Albano; j'ai été, de ce lac, à travers les bois, par des sentiers inconnus, guidé par le soleil, jusqu'au lac de Némi, où je retrouvais avec joie la vieille voie romaine qui conduisait jadis au temple de Diane.

J'ai foulé la crête des montagnes qui vont de Tusculum au plateau qu'on appelle le *Camp d'Annibal*, au-dessus de Rocca di Papa, sous les pentes de Monte-Cavo. J'ai traversé les sentiers déserts qui vont de Frascati à Tibur, sans autre guide qu'une carte. Des courses insensées!

Mais je n'ai songé ni à faire une appréciation des richesses artistiques des musées et des galeries sur lesquelles on a tant écrit, ni à peindre des monuments et des sites que cent ouvrages ont fait connaître.

Ce que j'ai voulu peindre et apprécier, ce sont les faits qui se sont passés sous mes yeux. Ils m'ont semblé offrir assez d'intérêt pour absorber l'attention.

Libre penseur dans toute l'acception du mot, sans parti pris, sans autre passion que celle de la justice, — et celle-là n'égare pas le jugement, — intimement persuadé que la liberté des cultes est un droit inhérent à la nature humaine, que toute compression de cette liberté est essentiellement précaire, que les abus de la force ne peuvent sauver aucune domination, j'ai regardé en curieux le spectacle étrange que nous offre la Rome de nos jours, kaléidoscope toujours changeant. J'ai assisté, spectateur avide de savoir, à toutes les grandes cérémonies religieuses, comme à toutes les fêtes publiques et aux manifestations politiques des partis.

Il est facile à un étranger d'être présenté au pape, mais il m'a toujours semblé de fort mauvais goût de rechercher une audience d'un souverain auquel on n'a rien d'officiel à dire, sur le gouvernement duquel on veut émettre librement sa pensée. Le jugement que l'on porte sur le chef d'un État ne repose point sur ses paroles, mais sur ses actes.

Il ne m'est donc jamais arrivé de parler à Pie IX, je l'ai vu seulement dans les cérémonies du culte, dans les ovations de la foule, et j'étais présent à la scène douloureuse et vraiment dramatique du jour de Pâques, où de grosses larmes coulèrent sur les joues du pape, tombant de faiblesse sur sa chaise triomphale.

J'ai vu une partie de la population, par une magnifique soirée d'été, célébrer la fête du statut italien, c'est-à-dire la fête de l'indépendance, l'anniversaire de la constitution du jeune royaume libre qui aspire à briser le pouvoir temporel, et une autre partie de cette population acclamer le pape-roi à la porte des églises.

J'ai assisté à la béatification de Marie Alacoque et à celle de Pierre Canisius, revanche d'un ordre religieux contre un autre, aux fêtes des madones et aux fêtes du dieu *Quine* et de la déesse *Tombola*, également fréquentées par le peuple. Après avoir serré la main des hommes que le pouvoir envoyait en exil, j'ai entendu les cris et vu les larmes d'une pauvre femme juive à laquelle un prêtre a volé son enfant.

Au milieu des chefs-d'œuvre des anciens maîtres, j'ai recherché où en est l'art contemporain; j'ai trouvé de belles œuvres dans les ateliers de quelques peintres, de quelques sculpteurs romains, et j'ai pu constater pourquoi l'exposition publique était pauvre, pourquoi l'art ne jetait plus d'éclat.

Je me suis enquis des travaux littéraires, des travaux historiques; on verra pourquoi je ne les ai pas trouvés.

Les questions d'économie politique avaient pour moi un vif attrait sur cette terre aujourd'hui dévorée par la mal'- aria, appelée à changer de face, à se régénérer sous une administration meilleure; j'ai voulu connaître les ressources du pays, ses finances, et j'ai pu livrer à la publicité ses budgets inédits. J'ai fait une étude spéciale de l'*Agro romano*, de sa production en blé, des conditions du travail et de la propriété. J'ai vu de près la mendicité, la loterie qui démoralise, et la dernière dégradation du jeu, la *Riffa*.

J'ai étudié, autant que cela était possible à un étranger, les superstitions, les mœurs, les coutumes du peuple romain, qui me semble encore fort inconnu, bien qu'il soit visité chaque année par de nombreux voyageurs, parce que, dans ce pays, rien ne se discute, tout s'impose, et que la population se plie avec résignation aux volontés souveraines du pouvoir.

L'année que j'ai passée à Rome ou dans les environs a été une année de recherches durant laquelle j'ai retracé jour à jour les faits contemporains. J'ai écrit ce que j'ai vu, ce que j'ai entendu, ce que m'ont appris des amis sincères et dévoués, que je saisis cette occasion de remercier ici de tout mon cœur.

Les opinions que je me suis formées sur le pouvoir temporel, sur l'occupation française, sur les dispositions de la cour de Rome à l'égard de notre gouvernement, sur le caractère du souverain pontife, sur les cardinaux, sur les désirs de la population, je les ai nettement formulées dans les pages qui vont suivre.

CHRONIQUES DE ROME

CHAPITRE PREMIER

Coup d'œil d'ensemble. — Rome vue des hauteurs. — Monuments, palais, fontaines, obélisques entourés d'horribles constructions. — Le Tibre. — *Immondezaio.* — La fontaine Pauline. — État matériel. — État moral. — Absence de grandes industries, de vie politique, de représentation municipale, de presse indépendante. — Peinture, sculpture, littérature. — Couvents, moines, églises, prêtres. — Conspirateurs. — Soldats français.

10 février 1864.

Rome!... Quelle que soit la pensée, artistique, littéraire, politique ou religieuse, qui vous amène dans la métropole de l'ancien monde; que l'on vienne étudier les chefs-d'œuvre de l'architecture, de la statuaire, de la peinture, et leur demander une inspiration; que l'on veuille voir les lieux, théâtre de tant de grandes choses, parcourus par l'imagination dans ses études classiques; que l'on soit mû par le désir de juger de l'état politique de cette ville; que l'on cherche les gracieux souvenirs du paganisme ou les apothéoses de la foi chrétienne; — Italien, que l'on foule avec orgueil le sol de la future capitale d'une nation régénérée au souffle de la liberté; Anglais, qu'on ait traversé la Manche pour trouver un climat plus doux que celui des îles-Britanniques; ou que sentant vibrer en soi la vieille fibre gauloise, on marque le pas au bruit des tambours d'un régiment français portant le drapeau de la patrie, il est impossible de n'être pas saisi d'une vive émotion, quand pour la première fois on contemple Rome des terrasses du Pincio dominant la voie Flaminienne, des hauteurs du Janicule, ou du balcon de la coupole de Saint-Pierre.

Quand l'émotion, l'ivresse, l'étourdissement des premiers jours ou des premières semaines est passé, quand on a sondé du regard, mesuré de ses pas les vestiges mutilés des anciens monuments et les palais modernes bâtis avec les débris des vieux ; quand on s'est longtemps abîmé dans ses douloureuses réflexions à la vue de ces grandes ruines, de cette décadence, de cette misère, de ce Colisée à moitié renversé, de ces arcs mal rapiécés, de ces forums pillés, de cette voie triomphale par laquelle ont passé tant d'empereurs, de consuls, de généraux victorieux, et dont il reste à peine quelques vestiges, de ce Capitole refait, de cette roche tarpéienne couverte de masures, et dont le pied baigne dans la fange, de ces temples piteusement transformés, de ces thermes immenses qui ont fourni des marbres, des statues, des colonnes, des urnes de porphyre à toutes les églises, alors on jette les yeux sur le cadre de cet étrange tableau.

La nature a été prodigue envers Rome : elle lui a donné un fleuve profond, des eaux vives excellentes affluant de tous les côtés, du haut de ses collines des points de vue pittoresques et charmants, le palmier, l'aloès, le cactus, les plantes africaines ; avec tout ce qui lui reste de l'antiquité et tout ce qu'elle a construit de moderne, Rome pourrait être une des plus belles villes du monde, elle est une des plus mal bâties, des plus malpropres, des plus fétides qu'il y ait en Europe.

Ses soixante palais qui renferment des trésors artistiques innombrables, ses obélisques, ses colonnes, ses fontaines, ses anciens monuments sont pour la plupart enveloppés d'horribles constructions indignes de ce voisinage.

Le Tibre fait de gracieux contours sur tout le flanc ouest de la ville à laquelle il sert de rempart depuis la hauteur de la voie Flaminienne jusqu'au château Saint-Ange, puis entre le Vatican, le Janicule, le Transtévère et la vieille Rome. Mais, hélas ! sur la plus grande partie de son parcours ce fleuve n'a pas de quais ; ou le pied des maisons baigne dans l'eau, ou des berges échancrées par toutes les crues s'élèvent à pic, menaçant de leur chute les rares bateaux qui passent. Et pourtant, quels points de vue délicieux offriraient les bords du Tibre, si une administration intelligente, active, avait la volonté et le courage d'entreprendre une réforme matérielle, de jeter bas les constructions qui bordent les rives!

Mais il ne s'agit pas de créer le pittoresque; cette mesure est impérieusement commandée par l'hygiène, par le besoin de salubrité, par la nécessité de donner de l'air et du soleil, ces deux grandes sources de vie et de santé, à une population immense, entassée dans des quartiers horribles. Point de boulevards, point de squares, peu de grandes voies de communication, à peine quelques débouchés sur le Tibre. Plus on se rapproche du fleuve, plus les rues sont étroites et malpropres. A chaque pas vous voyez écrit sur le mur le mot *immondezaio*, mais vous n'avez pas besoin de le lire, le regard et l'odorat suffisent.

Si du moins on se conformait à l'ordonnance! Point. Partout les immondices s'étalent dans ce qu'elles ont de plus hideux. C'est une odeur infecte, pénétrante, odieuse. En traversant ces tristes quartiers on comprend que la fièvre exerce d'affreux ravages dans la population pauvre, hâve, décharnée qui les habite. Cette classe du peuple fait mal à voir; des femmes jeunes déjà livides, des vieilles dont les traits grossiers, les lèvres épaisses, rappellent les crétins des Alpes. Leurs yeux cependant respirent l'intelligence, mais on sent qu'elles portent avec effort la souffrance; on croit voir la statue de la maladie qui marche. Au milieu de ces femmes, sur toutes les portes des boutiques, des allées, une foule incroyable de petits enfants aux charmantes têtes blondes ou brunes, aux traits d'une pureté délicieuse, mais qui ne tarderont pas à s'étioler.

Quelle différence entre cette population et les belles romaines de la classe riche, et les *minenti* aux splendides chevelures!

La malpropreté n'est pas le fléau des bords du Tibre seulement; elle est presque partout. La moitié des rues qui aboutissent au *Corso* sont dans un état dont la plus pauvre ville de France ne saurait donner une idée.

Quand le pape va du palais du Vatican au Pincio, une des

rares promenades de Rome, il est obligé de passer par la rue Tordinona et la rue du Montebrianzo où les roues de son carrosse foulent un sol jauni par le fumier que pilent toutes les voitures.

Pour arriver du Transtévère sur le Janicule, à la terrasse de Saint-Pierre in Montorio, d'où la vue est splendide, il faut suivre des chemins à peine praticables en hiver. Un peu au-dessus, la fontaine Pauline, qui jette trois rivières par ses trois grandes bouches, s'élève sur une place informe et dans un tel état que le sentiment d'admiration dont on est saisi tout d'abord en voyant ces eaux magnifiques s'éteint peu à peu quand on regarde autour de soi.

Le pied de tous les monuments, les trottoirs de quelques ponts, la basilique de Constantin, le Colisée, les portiques de Saint-Pierre eux-mêmes, au pied du palais papal, sont souillés d'immondices qui attestent à quel degré de sans gêne en est arrivée une partie de la population et l'incurie de l'édilité romaine.

Ce déplorable état de la cité sous le rapport matériel ne fait que trop pressentir sa décadence morale.

Qu'on se figure sur un point quelconque de l'Italie ou de la France une ville d'environ deux cent mille habitants : elle aura une industrie importante, elle aura des fabriques, des usines, elle sera l'entrepôt des manufactures établies dans les campagnes environnantes, elle exportera ses produits ou sera le chemin de transit des productions des villes voisines.

A Rome et dans les États romains, la grande industrie n'existe pas; il y a dans la ville même des métiers de soieries, des métiers de cotonnades, des fabriques de bijouterie d'argent pour les femmes des petites villes, des fabriques de mosaïques que l'on vend aux étrangers; dans les montagnes tiburtines des manufactures de draps, et à Ceprano, sur la frontière napolitaine, des usines où l'on fait du papier; mais aucun de ces articles ne constitue un objet important de commerce.

Gouvernée dans un autre système, régie par d'autres lois, cette ville de deux cent mille habitants, que je suppose, participera au mouvement intellectuel général qui se manifeste aujourd'hui en Europe dans tous les grands centres de population, change les coutumes, adoucit les mœurs, améliore les masses, donne à l'esprit des jouissances qu'il n'avait pas goûtées jusqu'ici. Cette cité, dont les magistrats seront des citoyens et non des prêtres, aura une vie municipale, première manifestation de sa liberté, une vie politique, une représentation dans le parlement où se débattent les intérêts de tous, où se règlent les conditions sociales, tout ce qui constitue les droits et les devoirs d'un peuple.

Elle aura une presse quotidienne indépendante, ce qui ne veut pas dire hostile par système, mais signalant les abus, veillant à l'observation des lois en vertu desquelles la société se meut et fonctionne, au respect des droits de tous les citoyens, aidant le pouvoir lui-même en l'éclairant. Ses artistes feront école ; les productions de ses littérateurs porteront un cachet d'originalité, traceront le tableau fidèle des mœurs de la population. Elle aura ses écrivains s'occupant des questions d'économie politique, étudiant les besoins du pays, appelant sur ces besoins l'attention des édiles, des chambres de commerce, du parlement. Parlez donc d'économie politique à ceux qui gouvernent Rome ; si la politesse les empêche de vous rire au nez, ils vous écouteront le moins possible, et ils ne feront rien.

Où en est la littérature, où en sont les arts dans la Rome de ce temps?... Et pourtant il y a des littérateurs distingués, des écrivains d'un mérite réel, et en grand nombre, des historiens sérieux ; mais ils sont condamnés à garder leurs œuvres en portefeuille ; bien plus, condamnés à garder le secret de leurs travaux, à taire soigneusement le sujet dont ils s'occupent, dans la crainte, hélas! trop fondée, d'être en butte aux coups d'un pouvoir qui frappe la pensée avant même qu'elle se soit manifestée par une publication. Dans ce pays, on n'attend pas les actes, un soupçon suffit pour proscrire les hommes capables d'écrire avec indépendance.

Quel écrivain oserait traiter une question philosophique? En supposant qu'il fût assez hardi pour le faire, à quoi cela le mènerait-il? Comment son livre verrait-il le jour? Quel imprimeur prêterait ses presses? Le publierait-il à l'étranger, quel libraire pourrait le vendre dans Rome? L'esprit est enchaîné par les lois sur la presse, le commerce des livres par la douane. Le plus beau, le plus noble sujet des études des hommes éclairés est à l'index; toute philosophie doit se courber devant le dogme, et, au lieu de rechercher la vérité, accepter d'avance les solutions obscures de la théologie. Jugez de la hauteur à laquelle elle peut s'élever. Effrayés de tout signe de virilité, ceux qui gouvernent Rome ont mis des feuilles de vigne à la pensée.

Ils ont mutilé au Vatican des statuettes d'enfant, grandes comme la main. La pente était naturelle.

La peinture en est réduite à traiter de vieux sujets que la foi ne rehausse plus, à faire des copies pour les églises; la statuaire, à tailler des têtes pour des torses inconnus trouvés dans des décombres, des jambes pour des statues mutilées, heureuse quand on lui donne à orner le tombeau d'un pape ou d'un cardinal. Le mosaïste qui fait des broches pour les châles de nos femmes, le sculpteur qui tire un camée d'une coquille blanche et rose, sont aujourd'hui les artistes les plus en vogue.

Les chefs-d'œuvre de la statuaire antique, rencontrés à chaque pas dans toutes les fouilles qui ont leur recherche pour objet, dans toutes les excavations dues au hasard ou à la nécessité de reconstruire, ceux qui sont réunis dans les galeries particulières, dans celles du Capitole, dans ce merveilleux musée du Vatican, font germer, font éclore l'inspiration; quelle est la part de Rome dans le produit général de l'art? Le plus grand nombre des artistes ne se compose-t-il pas d'étrangers qui viennent voir, fouiller, chercher, contempler, s'inspirer, et qui retournent, quand leur talent s'est formé, porter l'art à la patrie où est la liberté du ciseau et de la palette.

Est-ce que les artistes romains d'aujourd'hui manquent de savoir et de génie? Non, cent fois non; c'est la liberté qui leur manque.

En venant de Civita-Vecchia à Rome par le chemin de fer,

on est frappé de l'infertilité des champs que l'on traverse. Quand j'ai parcouru cette voie, en février, la terre n'offrait sur une longue étendue aucune trace de travail; des landes, des steppes, quelques rares troupeaux ; il n'y avait de cultivé que les petits enclos qui entourent les maisonnettes des cantonniers du chemin de fer. En voyant ensuite dans les rues de Rome ces immondices qui l'empuantissent, on se demande s'il ne serait pas facile de féconder ces champs en ôtant à la ville son infection et les causes de ses maladies, de fertiliser la terre et d'augmenter ainsi la richesse publique, d'arracher par la culture la campagne romaine à la malaria qui en fait un désert. Mais on apprend bien vite que les lois sur la propriété et sur l'héritage, d'accord avec la politique gouvernementale qui ne veut pas voir s'élever les classes inférieures, s'opposent à la division de la propriété, à l'accroissement de la population agricole, et augmentent constamment les biens de mainmorte appartenant aux ordres religieux qui pullulent partout.

Au dedans comme au dehors, pas un monticule, pas un site gracieux qui ne soit couronné par un couvent. Dans l'intérieur de Rome, dans les quartiers habités, dans les quartiers déserts qui occupent les deux tiers du territoire de la ville actuelle, des nuées de religieux, de moines, de séminaristes, marchant par escouade, noirs, gris, rouges, violets, bleus, blancs à col brodé et rabattu comme celui des femmes, des pénitents d'un horrible aspect, de toutes couleurs, des capucins bruns, chaussés et déchaussés, barbus et imberbes, de dix ordres différents, les uns jeunes et droits, levant fièrement la tête, et posant pour le cou qu'ils étalent nu aux regards, d'autres sales, crasseux, hideux, celui-là vous présentant sa tirelire et demendant l'aumône, celui-ci promenant sa longue besace blanche, ou trainant par la longe un âne chargé de provisions;

Quatre cents églises couvrant le sol de Rome, la plupart richement dotées, entretenant plusieurs milliers de prêtres de toutes conditions; des curés qui sont tout à la fois magistrats municipaux, commissaires de police, inquisiteurs; des cardinaux étalant un luxe d'équipages dont n'approchent dans aucun pays d'Europe les fonctionnaires de l'ordre le plus élevé;

Des mendiants partout, une vraie fourmilière, vous assiégeant sur les places, dans les rues, sur le seuil des églises, des palais, des hôtels, des monuments, aux portières des voitures, faisant la procession dans les cafés et les magasins, se pressant le jeudi soir à la porte des bureaux de loterie où sont étalées sans vergogne des centaines de combinaisons qui renouvellent sur les passants la tentation de saint Antoine; mendiants qui viennent demander l'aumône pour jouer eux-mêmes;

Des conspirateurs affairés s'essoufflant à courir de Rome aux provinces napolitaines afin d'entretenir le brigandage politique, à revenir éveiller chaque matin l'ambition trompée chaque soir d'un roi détrôné et d'une jeune femme malheureuse qui a vu tomber une à une toutes ses illusions d'épouse et de reine;

Au milieu de ces divers éléments, des soldats français gardant les portes de la ville, occupant les hauteurs, disséminés dans tous les quartiers, battant leur tambour, sonnant de leur clairon, passant en étrangers à travers une population à laquelle ils ne se mêlent pas, sentant bien qu'ils n'ont pas l'amour de la majorité, coudoyant des brigands bien connus, auxquels ils donneront la chasse, quand leur tour viendra d'aller aux frontières du territoire, obéissant au gouvernement qui leur assigne la garnison de Rome, mais lui laissant toute la responsabilité de la protection dont leur présence couvre les actes d'un pouvoir hostile aux principes de 1789 et au principe des nationalités inscrits sur les bannières de la France : tel est le tableau que présente Rome.

A ce triste aspect, dont on ne saurait se faire une idée exacte à l'étranger, surgissent naturellement ces graves questions de :

Rome soumise forcément à un pouvoir qui n'émane pas d'elle et qu'elle n'a pas sanctionné, à des lois qu'elle n'a pas votées, payant des impôts qu'elle n'a pas consentis, privée de représentants politiques et de mandataires municipaux, peuplée d'habitants, n'ayant pas de citoyens;

Rome ne pouvant présenter au monde, comme sa part de travail dans l'œuvre de la civilisation, ni littérature, ni art véritable, ni grandes industries;

Rome faisant obstacle à l'unité d'une grande nation, séparée du reste de l'Italie par ses lois, par son système monétaire, par ses poids, ses mesures, ses douanes, comme elle en est séparée par le cordon de désert, de solitude, de malaria qui règne autour d'elle;

Rome, foyer de la réaction qui ensanglante les provinces napolitaines et asile ouvert aux brigands;

Rome enfin occupée militairement par d'autres que par les Romains, à qui elle appartient, de l'aveu même d'un orateur du gouvernement français;

Questions vitales que la France peut et doit résoudre.

CHAPITRE II

Le Carnaval. — Le comité national de Rome et la police pontificale. — Pourquoi les mascarades ont manqué cette année au Corso.

15 février.

Le carnaval romain a une vieille réputation d'entrain, d'excentricité, de folie, justement méritée, ce qui ne l'empêche pas d'être d'une galanterie inconnue en France. Chez nous, on se réserve pour les plaisirs du bal masqué; en Italie, c'est en pleine rue que l'on évapore sa joie, et la jeunesse de toutes les classes de la société prend part à la fête publique.

Le masque a été proscrit du carnaval de Rome depuis que Pie IX est revenu de Gaëte; ce n'est pas dans une pensée religieuse que l'on a défendu de se couvrir la figure d'un morceau de carton; le clergé romain a sur les amusements de ce genre des idées toutes différentes de celles du clergé français, et il ne croit pas qu'un masque puisse en quoi que ce soit offenser le Dieu des chrétiens. C'est par peur que la police de Rome défend aux travestis de se voiler le visage; elle craint que des conspirateurs se cachent sous le masque et essayent de renverser le gouvernement à l'ombre de l'anonyme.

A cela près, le carnaval a été souvent remarquable par son animation, par l'originalité et la fraîcheur des costumes, par la beauté des chars. Si les dames de l'aristocratie et de la bourgeoisie ne s'y montraient pas sous des travestissements que le masque ne pouvait compléter, les belles filles du peuple y venaient en grand nombre sur des voitures découvertes. Du haut des chars, les jeunes gens lançaient adroitement des bouquets et des bonbons aux dames placées sur les balcons et aux fenêtres du *Corso*.

Dans les villes de la haute Italie, à Milan, depuis un temps que je ne saurais préciser, à Turin, depuis quelques années seulement, on fait, le dimanche et le mardi gras, une immense consommation de *coriandoli*. Horrible contrefaçon des dragées, les *coriandoli* sont de petits grains de plâtre préparés *ad hoc*. On en trouve des débits à tous les pas; les amateurs en remplissent des sacs, des cornets, et les jettent au nez des passants; des voitures s'attaquent et se livrent bataille; les piétons poursuivent les cavaliers; on en couvre les dames qui se croient abritées dans leurs magasins ou sous les portiques, et les hommes debout sur des chars les lancent, au moyen d'une petite pelle de bois, jusqu'aux étages les plus élevés. Personne n'échappe; les habits noirs semblent sortir d'un moulin à farine, les toilettes des dames sont perdues, et le lendemain de ces beaux jours les balayeurs de la voie publique littéralement couverte de *coriandoli* en remplissent leurs tombereaux.

Ce jeu n'est pas seulement absurde, il est encore fort dangereux. J'ai vu un homme si gravement atteint par ces projectiles, qu'un de ses yeux n'est pas encore rétabli, après un an de soins et de souffrances.

A Rome, on fait les choses plus noblement et plus gracieusement; au lieu de ces affreux grains de plâtre, on jette aux dames des dragées, des cornets de bonbons et des fleurs. De toutes les voitures partent des bouquets qui montent vers les balcons aux applaudissements de la foule. Puis, il y a le soir, quand la nuit est venue, le jeu des *moccoletti*, petits cierges. Chacun porte le sien, et l'allume à celui du premier qu'il rencontre en essayant de souffler celui-ci, dès qu'il a pris du feu. Tous en font autant, les feux brillent, disparaissent et ondulent. On dit ce spectacle fort amusant, mais je ne l'ai pas vu, et tout à l'heure je dirai pourquoi.

Persuadée que les travestissements, les promenades au Corso, les excentricités du carnaval, sont aux yeux des étrangers une preuve que la population de Rome est heureuse, satisfaite de son sort et de son gouvernement, l'autorité pontificale pousse les habitants à ces manifestations. Les journaux cléricaux, — et il n'y en pas d'autres ici, — loin de tonner comme chez nous contre les désordres du carnaval, en encouragent les folies, déclament contre ceux qui les voudraient empêcher au nom de la patrie en deuil, et les accusent de vouloir enlever aux ouvriers les bénéfices du travail que nécessitent les réjouissances publiques.

Mais il existe à Rome un pouvoir occulte, appelé *Comité national*, qui paraît se soucier assez peu de ces déclamations et des accusations dont il est l'objet. Qui le compose? On l'ignore. Où siége-t-il? On ne le sait pas. Sans cesse recherché par la police, il lui échappe toujours, et son existence est tellement mystérieuse, que certaines gens prétendent qu'il n'existe pas, que c'est un mythe, une ombre.

D'autres disent que cette ombre prétendue est bel et bien une réunion d'hommes animés de sentiments libéraux, patriotes sincères qui veulent la réunion de Rome à l'Italie. Ces derniers doivent avoir raison, car ce Comité exerce sur la jeunesse romaine une puissance que l'on voudrait en vain contester, et dont il vient de donner, à propos du carnaval, une preuve irréfragable.

Nous sommes en Italie, dans ce pays longtemps opprimé sous la domination de plusieurs maîtres, où la résistance à l'oppression n'a jamais été étouffée, où elle a bravé les exils, le bagne et l'échafaud, où enfin le carbonarisme a pris naissance. C'est donc le pays des choses faites dans l'ombre, et nous venons bien de le voir.

Au moment où l'on s'apprêtait à fêter le carnaval, une circulaire émanant du Comité et secrètement répandue partout a conseillé aux jeunes gens de Rome de s'abstenir de tous travestissements, de tous divertissements, de ne pas même paraître au *Corso* durant les jours consacrés ordinairement aux plaisirs. Et la jeunesse romaine a obéi à cet ordre mystérieux.

Le Comité a voulu davantage, il a voulu que la manifestation fût bien caractérisée et ne pût laisser aucun doute à personne. Des ordres ont été donnés en conséquence, et pendant que le *Corso* restait à peu près désert, une foule immense de jeunes gens en habit de ville se rendaient sur le Forum romain.

Ce vaste emplacement, qui s'étend du pied du Capitole au

Colisée, est toujours un des endroits les moins fréquentés de Rome, et à cette époque de l'année on n'y voit guère que de rares étrangers venant visiter les monuments qui y foisonnent. Ces jeunes gens se promenèrent là plusieurs heures, deux par deux, quatre par quatre, sans bruit, sans tumulte, sans pousser un cri, comme étrangers les uns aux autres, mus cependant par une même pensée.

Ainsi, la portion la plus intelligente, la plus active, la plus jeune de la population romaine, venait au Forum tout peuplé de grands souvenirs, où sont encore debout les vestiges mutilés de la tribune aux harangues, du haut de laquelle ses orateurs illustres ont fait entendre leurs voix, devant le palais démoli de César, et sa présence dans ce lieu était une protestation contre les divertissements officiels commandés par un pouvoir dont elle porte péniblement le joug.

Loin de Rome et dans les pays où la nation peut faire entendre sa voix par ses représentants légaux, où une armée étrangère ne lui impose pas l'obéissance, ce fait ne sera peut-être pas apprécié comme il l'est ici, et comme il mérite de l'être ; mais cette signification n'a pas échappé à la sagacité de l'autorité romaine. Elle a compris cette fois que cet insaisissable Comité, sans budget, sans armée, privé de tout ce qui constitue un pouvoir visible, exerce néanmoins une grande puissance sur les citoyens, et un journal romain a déclamé contre les opposants au carnaval avec une violence qui dénote combien on a frappé juste.

CHAPITRE III

Querelles entre les soldats français et les soldats pontificaux ; ils doivent se rencontrer le 3 mars auprès du Colisée. — Mesures prises par les autorités. — Des prêtres viennent en grand nombre sur le tertre où fut le temple de Vénus et Rome, devant le théâtre présumé du combat. — Les hommes du peuple s'attroupent sur les deux rampes du Capitole ; pour qui prendraient-ils parti ? — Étrange situation des soldats français maintenant le pouvoir temporel et attaqués par des soldats du pape. — Nouvelle maladie de Pie IX. — Folles dépenses ; projets d'emprunt.

Du 16 février au 8 mars.

Deux faits, par leur propre importance et par leur simultanéité qui les rend plus graves, préoccupent en ce moment l'autorité française et le gouvernement pontifical : le pape est encore une fois malade, et une nouvelle querelle vient d'éclater entre des soldats français et des soldats pontificaux.

Est-il vrai, comme on le dit, que les scènes passées il y a quelques mois à Albano aient laissé dans le cœur de ces derniers un ressentiment profond ? Les mêmes soldats qui s'étaient déjà mesurés se sont-ils rencontrés et reconnus à Rome ? Les pontificaux ont-ils voulu, par esprit de corps, venger leurs camarades ? Ou bien ces mêmes soldats dévoués au gouvernement pontifical, décidés à défendre le pouvoir temporel, obéissent-ils à un sentiment de fierté nationale et entendent-ils faire leurs affaires eux-mêmes sans secours étranger ? Qui le sait au juste ? Il se peut qu'il y ait de tout cela dans l'événement. Cependant on penche pour la dernière appréciation.

Quoi qu'il en soit, au commencement de mars, des Français isolés et sans armes furent attaqués par des soldats du pape, et plusieurs furent blessés. On va plus loin, et on assure qu'une patrouille française de huit hommes, passant dans la soirée sur le Forum romain, a été entourée et insultée par eux.

Les hommes qui composaient la patrouille ne firent pas usage de leurs armes ; quelques coups de fusil tirés en l'air eussent rapidement amené sur le lieu de la scène les soldats casernés au pied du mont Palatin, et une terrible mêlée eût pu s'en suivre.

Le bruit de ces attaques et de ces insultes se répandit rapidement dans les casernes, et le jeudi 3 mars, on devait, dans l'après-midi, se rencontrer aux environs du Colisée. Mais, vers deux heures, deux gendarmes français à cheval parcouraient la voie Sacrée, suivaient l'ancienne voie Triomphale et une partie de la voie Appienne, engageant les soldats de leur nation que le service n'appelait pas de ce côté à ne point rester dans ces parages et à s'abstenir de toute agression. Bientôt plusieurs gendarmes pontificaux à pied suivirent les mêmes chemins, probablement avec des instructions analogues relativement aux leurs.

On voulait empêcher toute rixe, mais on comprit sans doute que les conseils paternels de la gendarmerie ne suffiraient pas longtemps, et un peloton français vint prendre position contre l'arc de Constantin, du côté du Colisée. Un autre peloton plus nombreux, commandé par un officier, ayant deux tambours avec lui, alla former les faisceaux sur la voie Triomphale, au pied du mont Cœlius, et se tint prêt à tout événement. A côté, dans l'ancien jardin de la villa qui longe la place de l'église de Saint-Grégoire, stationnaient plusieurs officiers français et quelques fonctionnaires romains. Des personnes affirment que M. le ministre des armes s'y est lui-même rendu pour donner, au besoin, plus rapidement ses ordres.

Ces diverses dispositions font comprendre combien on redoutait une collision qui pouvait, en effet, avoir les plus graves conséquences.

En même temps que ces mesures étaient prises dans les environs du Colisée, des piquets de soldats français étaient sous les armes sur plusieurs points de la cité, afin de maintenir la tranquillité.

Les promeneurs, que l'on ne voit jamais en grand nombre de ce côté, commençaient à affluer, et, vers cinq heures, une foule considérable stationnait sur les deux rampes qui descendent du Capitole, principalement sur celle qui est placée du côté du Vélabre ; elle couvrait tous les abords du Forum romain, et parcourait lentement la longueur de la voie Sacrée. Des soldats, ou isolés, ou deux à deux, sillonnaient cette foule, se dirigeant vers l'Amphithéâtre.

Soit effet du hasard, soit curiosité, une multitude de prêtres étaient réunis sur le tertre élevé où se trouvent les ruines du temple de Vénus et Rome. Ils dominaient la voie Sacrée et regardaient le peloton adossé à l'arc de triomphe, évidemment dans l'attente de ce qui allait se passer. Se considéraient-ils comme intéressés dans ce jeu terrible, dont la première partie pouvait en effet se jouer sous leurs yeux sans qu'il fût possible d'en prévoir toutes les suites? Se rendaient-ils compte des dangers d'une lutte? Cela est difficile à savoir ; ils ne disent guère leurs sentiments intimes. Mais leur présence, et en si grand nombre, à ce lieu, dans ce moment, a été remarquée par les Français, et a donné lieu à bien des commentaires. Quant aux Romains, ils sont tellement habitués à les voir partout, qu'ils n'y ont peut-être pas fait attention.

Une autre question se présente à l'esprit, et bien plus importante. On se demande ce qu'eût fait cette population d'hommes attroupés sur les pentes du Capitole et sur le Forum, si une collision eût éclaté entre les soldats français et les soldats italiens. Fût-elle restée là tranquillement à regarder, comme les témoins et les spectateurs impassibles d'un duel? Eût-elle, au contraire, pris parti? Dans ce cas, de quel côté se serait-elle rangée? Ce sont là de graves problèmes que je n'ose résoudre.

Cette foule paraissait calme, mais ici le peuple est habitué à cacher sa pensée, depuis longtemps impuissante à rien décider, à rien produire. Point de joie, nul entrain, aucun chant. A Rome, on est toujours calme, on semble mort.

Les dispositions prises par les autorités militaires des deux pays ont eu pour résultat d'empêcher toute collision, mais elles n'ont pas paru suffisantes pour prévenir des rencontres ultérieures et une partie des troupes françaises a été consignée dans ses casernes le dimanche 6 mars, ce qui n'était pas de nature à calmer l'irritation des soldats. Ils obéiront certainement aux recommandations de leurs chefs, mais il en est qui ne peuvent se faire à l'idée de ne pas tirer vengeance d'un outrage; ils rongent leur frein avec colère, et ne demanderaient pas mieux que d'être attaqués par les pontificaux, afin de se trouver dans le cas de légitime défense.

Sans vouloir prêter à ces faits une trop grande importance, on ne peut pas toutefois dissimuler le danger qui en naîtrait, s'ils se renouvelaient, si la population surtout prenait parti, et l'autorité gouvernementale romaine s'en montre à bon droit très-préoccupée. Elle a résisté, elle a opposé l'immobilité à toutes les demandes de réformes que faisait le gouvernement français; quand elle a cru qu'il était temps d'avoir l'air de céder, elle l'a trompé par des semblants de réformes qui ne changeaient rien au fond des choses; et voilà qu'aujourd'hui des soldats au service du pape, à la solde du pape, attaquent les soldats français venus ici, non pas volontairement, mais envoyés par leur gouvernement pour maintenir le pouvoir temporel de ce pape.

Jamais situation ne fut plus étrange; une fois qu'on s'est jeté dans la confusion, on s'y enfonce chaque jour davantage. Les soldats de l'armée d'occupation sentent tout ce que leur position a de faux; ils obéissent en hommes dévoués aux ordres de leur gouvernement, mais ils comprennent très-bien qu'ils froissent les susceptibilités du peuple romain, que leur présence est contraire au principe représenté en Europe par le drapeau qu'ils promènent tous les jours le long du *Corso* au son de leur musique.

L'armée ne délibère pas, elle agit, elle exécute les ordres reçus; la loi et la nécessité le veulent ainsi. Mais rien ne s'oppose à ce qu'elle réfléchisse, à ce qu'elle pense; elle voit, elle se rend compte de ce qui se passe autour d'elle, et il y a beaucoup de soldats qui plaignent les Romains dont leur action gêne la liberté. Je touche ici un point très-délicat, je le sais, mais ce n'est pas une appréciation faite à la légère que je donne, et j'ai la certitude d'exprimer un fait réel.

Les attaques dont les Français ont été l'objet de la part des pontificaux vont bien certainement donner lieu à des différends d'un autre genre, la querelle remontera des rangs inférieurs jusqu'aux chefs. En empêchant des soldats français de se faire eux-mêmes justice, on leur a promis que leurs agresseurs seraient punis, et à ce sujet s'élèvera un conflit entre les autorités militaires françaises et romaines qui toutes deux veulent connaître des faits de cette nature. M. de Montebello veut que les accusés soient traduits devant un conseil de guerre français, M. de Mérode entend qu'ils soient jugés par un conseil de guerre romain. Des contestations de ce genre se sont déjà produites, et il n'est pas besoin d'être prophète pour prédire qu'elles se renouvelleront.

Ainsi, lutte à coups de sabre et de baïonnette entre les soldats, lutte à coups de plume entre les chefs, plaintes, récriminations, intrigues du gouvernement pontifical contre le commandant en chef de l'armée française, voilà quelle est aujourd'hui, quelle sera demain la situation ; il faut avouer qu'elle n'est pas brillante.

En même temps que ces querelles éclataient, la maladie du pape venait compliquer les affaires, ou tout au moins soulever des questions nombreuses. Cette maladie est-elle grave? Il est impossible de le savoir d'une manière précise dans un pays où les journaux croient tout cacher en ne disant rien. Dans tous les cas, elle est réelle. On parle de nouveau de l'érésipèle à la jambe, que l'on met en avant toutes les fois que le pape est souffrant. N'y a-t-il rien de plus? Une attaque d'épilepsie aurait-elle été déterminée par l'annonce des luttes entre les soldats? Je l'ignore. Il y a entre tous les gens de la maison du pape une sorte d'accord, de convention, un mot d'ordre qui consiste à dire qu'il est complétement guéri de cette affreuse maladie, ce dont beaucoup de personnes doutent ici.

Bien des gens, à Rome comme en France, comme en Italie, prévoient dans la mort éventuelle du pape la fin du pouvoir temporel, et échafaudent là-dessus toutes sortes de systèmes. On ne paraît pas songer en ce moment à un accord entre le royaume d'Italie et la papauté, mais on parle de Jérusalem, d'Avignon, de Malte, à donner pour résidence au successeur de Pie IX ; on répète tout ce qui a été dit à diverses reprises sur ce sujet ; on s'en entretient beaucoup, mais on ne fait pas une combinaison nouvelle. En somme, on désire, on attend la chute du pouvoir temporel sans s'inquiéter de la façon dont il mourra.

Le vent est aux économies. Entendons-nous ; ce n'est pas le pouvoir qui songe aux économies, c'est le public, et la cause en est simple : le trésor est à sec, et le pouvoir prépare en ce moment les bases d'un emprunt pour le placement duquel il aurait des courtiers d'un genre nouveau. C'est une idée assez ingénieuse, qui ne pouvait venir qu'aux membres du gouvernement pontifical, ce qui ne veut pas dire que le succès en soit assuré.

Quant aux partisans des économies, ils commencent à s'apercevoir que l'on fait des dépenses absolument inutiles, lorsque l'état de Rome en réclame vainement tant d'autres qui seraient d'une utilité réelle. Ils se demandent si les milliards engloutis dans la transformation des anciens monuments en temples chrétiens, dans l'édification des quatre cents églises ou chapelles qui encombrent le sol, n'auraient pas pu être mieux employés ; s'il n'eût pas été plus habile et moins coûteux de conserver de splendides ruines que de les mutiler pour mettre saint Laurent dans le temple de Faustine, saint Théodore dans celui de Vesta, et sainte Marie-des-Anges dans les thermes de Dioclétien, magnifique folie qui a absorbé et qui absorbe encore chaque année des sommes énormes.

L'esprit public est donc en ce moment aux économies, mais le gouvernement ne prend jamais en considération l'opinion de ses administrés, il continuera ses dépenses improductives, et il fera son emprunt, si ses courtiers trouvent des prêteurs.

CHAPITRE IV

Les Romains ont peu de foi. — Cris des gamins de Rome. — L'orteil de la statue de saint Pierre. — Chaînes de saint Pierre. — Sainte-Marie-Majeure. — Les *Adorations*. — L'orgue de Mosca et les chanteurs de la chapelle Sixtine. — Tableau pittoresque.

11 mars.

On se persuade volontiers dans les pays catholiques éloignés de Rome, que cette ville est le sanctuaire de la foi, parce qu'elle est le siége du gouvernement pontifical. On l'a entendu dire si souvent et lu dans tant de livres ! L'étranger croit donc en arrivant y trouver une population toute confite en Dieu, fréquemment agenouillée aux pieds des autels, ardente en ses croyances, fervente en ses prières, adoptant aveuglément tout ce qu'on lui prêche, inaccessible au doute.

L'erreur est grande, mais quelques semaines de séjour suffisent à dissiper l'illusion, à faire juger de la réalité des choses. Il suffit de regarder et de voir. Rome est peut-être de toutes les villes d'Italie celle où il y a le moins de foi, et on ne se tromperait guère en disant que les visiteurs étrangers en apportent plus qu'ils n'y en trouvent. Plusieurs aussi en ont perdu une partie au départ.

Demandez aux hommes sérieux de tous les pays, aux prêtres français d'un âge à apprécier froidement les choses, et qui ont voulu étudier ici les mœurs, les habitudes, les croyances, l'action du clergé sur le peuple, demandez-leur ce qu'ils ont vu, ce qu'ils ont éprouvé et quelle impression ils emportent, ils vous diront comment la population romaine considère les prêtres et les moines et les motifs sur lesquels repose son jugement.

Cette population se sent pressée de toutes parts, étouffée par le prêtre ; elle ne peut faire un pas hors des murs et dans l'enceinte même de la ville, sans trouver une vigne, un jardin, un enclos, appartenant à des moines, et elle comprend fort bien que ces immenses propriétés sont enlevées à la masse ; que leur division amènerait une meilleure culture, donnerait un produit supérieur et diminuerait la misère générale. Elle ne croit ni à l'humilité du prêtre, ni à la pauvreté du moine, même de celui qui mendie. De là à rejeter ce qu'ils prêchent, il n'y a qu'un pas.

Chef contesté du gouvernement temporel, chef de l'Église catholique accepté sans discussion, le souverain pontife dans ses fréquentes promenades voit tous les fronts se découvrir devant lui ; des femmes, des hommes même se mettent à genoux dans les rues, quand sa voiture passe, afin de recevoir la bénédiction du Saint-Père. Vieille coutume d'autres temps conservée jusqu'ici, contre laquelle beaucoup protestent sans oser toujours s'y soustraire. Il est vrai que l'on remarque dans l'une des voitures qui suivent celle de Sa Sainteté des figures d'inquisiteurs attachant de singuliers regards sur ceux qui ne s'agenouillent pas. Mais dans ces mêmes rues où l'on donne au pape ces marques de respect, vous entendrez les gamins de Rome imiter le cri du corbeau, en voyant passer des prêtres.

La première fois que je fus témoin de cette manifestation du gamin, sur la place d'Espagne, je crus me tromper ; mais elle se continuait, je regardai les prêtres, je regardai les jeunes gens, il n'y avait pas possibilité de faire erreur. Depuis, j'ai plusieurs fois entendu le même cri poursuivant des soutanes noires. Ce sont, il est vrai, des enfants de douze à quinze ans qui font cette espièglerie, mais si dans leurs familles on avait le respect du prêtre, montreraient-ils cette irrévérence à son égard ?

Si la foi se manifeste par la prière, ce n'est pas dans les grandes églises de Rome qu'il faut la chercher. Qui est-ce qui prie dans la basilique de Saint-Pierre ? Ce monument est une curiosité que l'on vient voir, comme les thermes de Caracalla, la basilique de Flavien, le temple de la Fortune. On y passe, on s'y promène, on y discute, on y cause, on admire ces marbres dont les murs sont revêtus, ces immenses piliers qui soutiennent la coupole hardiment élancée, ces sarcophages de porphyre, ces colonnes d'albâtre, de granits de toutes couleurs et de tout pays, de lapis et de bronze, cette quantité de statues trop peu nombreuses encore pour peupler cette vastitude, ces tableaux, ces mosaïques faisant illusion au point qu'on les prend pour des peintures ; à cette admiration les yeux sont occupés, à ce bourdonnement l'oreille est distraite ; la prière est loin des lèvres, loin surtout de l'esprit. Qui donc y songe? Quelques moines, croyant par état, ou se regardant comme obligés de donner l'exemple à des spectateurs qui n'en tiennent pas compte.

Parmi tous ces visiteurs, étrangers ou habitants de Rome, combien en est-il qui pensent sérieusement faire une œuvre méritoire en baisant l'orteil de bronze de la statue plus que douteuse de saint Pierre, à laquelle on a cru sans doute donner un cachet d'authenticité en surmontant sa tête d'un nimbe de fer de mauvais goût? Quelque pauvre femme demandant au prince des apôtres un allégement à sa misère, ou la faveur d'un terne à la loterie.

Il y a peu d'années encore, le soir du jeudi et du vendredi de la semaine sainte, on illuminait du haut en bas, et sur les deux bras, une immense croix qui faisait, dit-on, un admirable effet dans cette vaste basilique ; il a fallu par respect pour les mœurs supprimer cette illumination, parce que les trois cents lampes de la croix, malgré leurs deux mèches, ne jetaient qu'une clarté moins propice à l'adoration du Créateur qu'aux rendez-vous d'amour.

A l'église de Saint-Pierre-aux-liens, on garde soigneusement dans une armoire à guichets de bronze, des chaînes avec lesquelles on prétend que cet apôtre aurait été lié dans une prison de Jérusalem ; lorsque quelques personnes veulent voir ces chaînes, on les tire en grande cérémonie de leur cachette, on les étend sur des coussins de velours et on admet ces personnes à les baiser, moyennant une rétribution. Il est bien juste que l'on paye sa curiosité.

Il y a dans cinquante églises de Rome des reliques aussi authentiques, aussi soigneusement conservées que celles-là ; sont-ce les habitants de Rome qui se les font exhiber, qui payent pour les voir? Ils ne donneraient pas un paul. Ils ne croient pas aux reliques, ils en ont à tous les pas, ils savent comment on les fait, et où est le dépôt. Ce sont des dames étrangères qui se font montrer ces curiosités afin de pouvoir dire en s'en allant : J'ai tout vu.

J'ai souvent visité la basilique de Sainte-Marie-Majeure qui est fort belle, dont la forme, du moins, me plaît infiniment. Sa façade est celle d'un palais italien et non d'un temple chrétien, malgré l'absurde clocher qui la domine, et heureusement ne la touche pas ; l'intérieur, paré de trente-six colonnes de marbre blanc qui descendent jusqu'au sol, et de riches dorures, est de la plus grande élégance ; mais la population de Rome ne peut pas s'habituer à prendre ce monument pour une église, car on n'y voit jamais personne prier. On a eu beau y creuser une *confession*, que l'on a dernièrement restaurée à grands frais et où l'on a enterré de beaux marbres, rien n'y a fait ; elle est à peu près toujours déserte.

On dirait, au surplus, que cet édifice a été construit pour être le palais d'un sénat. Sa future destination est toute trouvée, et je le recommande à ce titre au gouvernement italien quand Rome sera la capitale du royaume.

Cette pensée de la réunion de Rome au reste de l'Italie est ici plus vivante, plus active qu'on ne le croit en France ; on s'abuse d'autant mieux à cet égard qu'il ne peut y avoir à Rome aucune manifestation de l'opinion publique, ni par la presse quotidienne, ni par les livres. Les Romains sont condamnés au mutisme, mais un fait suffira à faire comprendre quel progrès cette pensée fait dans la population, c'est que les prêtres la combattent avec énergie. Ils ont senti que l'intérêt religieux n'avait plus assez de puissance pour la faire repousser, ils se sont aperçus que le peuple mettait la question religieuse hors de page, et aussitôt se tournant d'un autre côté, ils ont invoqué l'intérêt matériel. Ainsi ils s'efforcent aujourd'hui de persuader que les *Piémontais*, s'ils entraient à Rome, la mettraient tout d'abord au pillage et renverseraient les monuments qui en font la gloire.

On aura peine à croire à cette injurieuse imputation de barbarie, et pour ma part, je ne l'aurais pas soupçonnée si des Romains étrangers à la politique, et l'esprit troublé par ces affirmations des prêtres, ne m'eussent communiqué leurs craintes.

La tiédeur religieuse et le manque de foi réelle que l'on peut facilement constater à Rome n'empêcheront pas les cérémonies de la semaine sainte d'attirer une foule considérable à Saint-Pierre. C'est l'époque ordinaire que choisissent pour visiter Rome les étrangers curieux de voir ces pompes de l'Église.

Déjà les *adorations* ont commencé ; on chante dans un temple, aujourd'hui ici, demain là, une grand'messe à laquelle les cardinaux assistent ; en même temps il y a *station* dans trois églises. Le soir, des chanteurs placés dans une tribune se font entendre, accompagnés par l'orgue. Cela ne manque pas de charme. Les visiteurs ne s'arrêtent pas longtemps et l'aspect change à chaque instant ; beaucoup d'étrangers, des jeunes hommes qui viennent voir passer les jolies femmes, une foule de prêtres, de séminaristes, et un nombre infini de moines, repoussoir de tous les tableaux.

J'ai eu ce spectacle hier soir à Sainte-Françoise du Forum ; mais le concert avait trop duré, les ténors se fatiguaient et les voix des choristes s'éraillaient. Sur la double rampe qui monte à ce tout petit temple s'étaient assises une vingtaine de mendiantes sollicitant l'aumône avec une incroyable ténacité, vous prenant par le bras ou jetant leurs enfants dans vos jambes, quittant leur place pour suivre le *forestiere*, — qu'elles devinent du premier coup d'œil, — lui promettant avec une générosité sans égale toutes les grâces de la Madone en échange d'un baïoque et même de la moitié.

L'une d'elles, à demi renversée sur une marche, le dos à la muraille, un enfant sur les genoux, étendait son bras nu jusqu'à l'épaule et déclamait sa prière aux passants dans sa belle langue italienne, avec un accent qui n'était pas celui de la basse classe, et un geste mesuré plein d'élégance.

Quelque improvisatrice égarée à Rome, quelque grandeur

déchue, héroïne de théâtre peut-être, tombée de la scène sur l'escalier d'une église.

Aujourd'hui, c'était à la basilique de Saint-Pierre au Vatican, dans la chapelle du *chœur*. Le bel orgue de Mosca alternait avec les voix des chanteurs de la chapelle Sixtine bien en vue dans leur tribune élevée et découverte, dont la balustrade monte à peine à hauteur d'appui ; la manche large et courte de leur petit surplis blanc laissait passer une autre manche noire et bordée d'un parement rouge, on pouvait voir tous leurs mouvements, et leurs voix s'étendaient sans obstacle dans la chapelle large et profonde.

Un jeune ténor de bonne humeur, dans les moments où il ne chantait pas, causait et riait avec l'un de ses voisins et attirait les regards. Ce voisin avec sa voix toute féminine provoquait les sourires. Les maris parlaient bas à leurs femmes, les dames le regardaient à la dérobée et chuchottaient entre elles. Du reste, on pouvait se faire illusion et se croire à l'Opéra.

Bien que la grille et les portes de côté fussent ouvertes, la chapelle occupée en grande partie par le clergé se trouvait trop petite pour contenir les spectateurs qui refluaient dans la nef. Il n'y avait là ni une chaise, ni un banc, les hommes se tenaient debout, de jeunes anglaises s'étaient juchées sur les angles des soubassements des colonnes et des piliers, l'une d'elles bravement accroupie sur ses talons trônait au milieu d'un large cercle que faisaient sa crinoline et sa robe de soie.

Il était près de six heures, l'office allait finir, les chants arrivaient là plus doux, moins vibrants, l'obscurité descendait lentement et commençait à se répandre dans la nef, le tableau était pittoresque et charmant.

Mais de religion, mais de prière, qui donc y pensait !

CHAPITRE V

Le roi de Naples. — Le palais Farnèse. — Deux tombeaux décorent le portique de ce palais d'une royauté morte. — Chancellerie royale, ses fonctions. — Désertions. — Ombre de cour. — La reine à Albano. — Bruits de la formation d'une sainte-alliance. — Attaque des journaux de Rome contre la France. — Plaintes de M. de Sartiges. — Le roi de Naples organisant la guerre du brigandage.

14 mars.

L'ex-roi de Naples habite ici le palais Farnèse, demeure vaste, grandiose, mais sévère, dont le vestibule donne tout d'abord une haute idée pleinement justifiée par le reste, et surtout par le portique à quatre faces auquel il conduit.

Ce palais, commencé par un pape, achevé par un cardinal, fut bâti avec les pierres arrachées au Colisée, dont les Farnèse firent une ruine; ils placèrent sous les arcades du portique les magnifiques statues et groupes connus sous le nom d'Hercule, de Flore, et de groupe de Dircé, puis la famille, en s'éteignant, laissa entre autres biens ce palais aux rois de Naples, qui le dépouillèrent pour enrichir leur capitale.

Veuves de ces chefs-d'œuvre, les arcades n'ont plus pour décoration que deux sarcophages dans l'un desquels ont reposé les cendres de Cecilia Metella, jusqu'au jour où l'on viola son tombeau encore debout sur la voie Appienne.

Une idée singulière a traversé mon esprit sous ces voûtes : par quel mystère le hasard a-t-il laissé deux sarcophages au pied d'un palais qui abrite une royauté morte? Qu'on me pardonne ce rapprochement, nous sommes dans le pays des augures, et beaucoup de gens croient à la jettature; car je vois tous les jours vendre de longues et belles cornes bien polies, que l'on retrouve plantées sur des consoles dans les établissements publics et dans les maisons particulières.

Sous ce portique encore fort beau malgré ce qui lui manque, est placée la chancellerie d'un roi sans royaume, n'ayant pas assez de philosophie pour accepter franchement la situation que la révolution lui a faite, croyant aux augures modernes, appelant auprès de lui des sorciers de bas étage qui font miroiter à ses yeux l'espoir d'une restauration ajournée de mois en mois.

Les fonctions de la chancellerie royale doivent être aujourd'hui réduites à peu de chose : l'expédition de quelques brevets des ordres napolitains accordés par l'ex-roi à ceux qui le servent et espèrent encore le voir remonter sur le trône ; des nominations à des grades impossibles donnés à des hommes qui essayent en vain d'élever le brigandage à la hauteur d'une lutte de parti ; petit semblant de puissance auquel on a tant de peine à renoncer, parce qu'il rappelle ce qu'on a perdu.

De ce palais où l'on attend avec une fiévreuse impatience une occasion qui semble favorable, partent des protestations contre tous les actes de souveraineté que fait le gouvernement italien dans les provinces napolitaines, des lettres confidentielles adressées aux souverains pour réclamer le secours de leurs armes. Là, François II reçoit les ambassadeurs de quelques puissances qui n'ont pas reconnu le royaume d'Italie. Là, il est assiégé par ceux qu'attirent même les royautés déchues, ambitieux d'argent, venant lui arracher quelques bribes en promettant des services qu'il ne rendront pas et un dévouement que la marche des événements frappe chaque jour davantage d'impuissance et de stérilité.

Dans cette ombre de cour qui entoure le spectre d'une royauté disparue, une certaine activité règne encore. Il y a au palais Farnèse des conseils de ministres titulaires où l'on discute des éventualités fantastiques ; il y a des réunions de conseillers sans titre, par qui tous les faits sont commentés, exagérés, expliqués dans le sens d'une restauration prochaine. Les petites agitations qui se produisent dans le royaume d'Italie, inséparables d'une révolution si récente, d'une situation si nouvelle, sont présentées comme le résultat de manœuvres habiles du parti bourbonien, comme le symptôme d'un mécontentement profond dans la bourgeoisie, comme un présage du retour de l'opinion publique, ou comme une manifestation de cette opinion trop longtemps violentée.

Dernièrement, l'abstention d'un certain nombre d'électeurs dans le collége napolitain où le général Garibaldi se présentait de nouveau, après avoir donné sa démission, a été interprétée dans ce sens, et l'on vit encore aujourd'hui sur cette idée.

Les conversions, que la présence à Naples d'un prince de la famille du roi d'Italie a déterminées dans l'aristocratie jusqu'ici fidèle, n'ont pas complétement dessillé les yeux. On en a éprouvé plus de colère que de découragement. La reine surtout aurait fait entendre ses plaintes avec une grande amertume, accusant les transfuges de céder à l'attrait des bals et des fêtes qu'elle ne peut plus donner.

Si l'on en croit certains indiscrets qui ne sont pas fâchés de tirer sur leurs anciens amis, l'ex-roi surexcité par ces plaintes aurait adressé d'assez vives paroles à un parent de l'un de ces grands seigneurs qui, las de bouder, se tournent vers le soleil levant; mais celui-ci aurait parfaitement justifié l'accusé en expliquant sa conduite par le besoin d'éviter les soupçons, d'échapper à une surveillance dont il était l'objet, et enfin par le désir de servir plus facilement la cause. Le roi a paru ou a bien voulu paraître persuadé; mais on assure que la reine n'a pas accepté ces explications avec autant de bonhomie.

Restée avec quelques dames sincèrement fidèles, amies dévouées, elle aurait dit dans un moment d'irritation :

— Oui, double jeu; un dans chaque camp; quelle que soit l'issue de la lutte, l'un couvrira l'autre!

C'est là du moins ce que racontent des personnes qui ont récemment quitté la reine, car elle n'est pas à Rome. Elle habite les bord du lac d'Albano, et on la dit dans un état de santé déplorable; toutefois, cet état ne paraît pas inspirer de craintes pour le présent, car les principaux membres de la famille sont ici, et ils se promenaient hier au Pincio au milieu d'une foule immense, attirée par un temps splendide.

Quelles que soient les agitations intérieures du palais Farnèse, on ne s'en aperçoit pas au dehors. Tout paraît dans le plus grand calme; point d'apparat, point de sentinelles en uniforme; entre qui veut, comme dans tous les palais de Rome. Seulement, deux grands gaillards, beaux garçons, bien plantés, sont presque toujours à la porte, ou se promènent sur la place, à quelques pas de l'entrée. En revanche, on voit quelquefois assis sur le banc de pierre encastré dans la longueur de la façade des hommes à figures étrangement énergiques. Coiffés de leurs chapeaux pointus, drapés sans affectation dans leurs manteaux, quelques-uns sentent leur chef de bande d'une lieue.

Parmi ceux qui assiégent le plus fréquemment le palais Farnèse, il faut compter les prêtres. Leur irritation est extrêmement vive contre le gouvernement italien, qui arrache à la mainmorte, à une demi-stérilité, rend à la circulation et au travail des biens d'une valeur considérable immobilisés depuis des siècles au profit des moines.

L'autre jour, à la première annonce de la formation d'une nouvelle sainte-alliance destinée à écraser par toute l'Europe la révolution, l'un des deux journaux politiques de Rome a publié un article d'une violence incroyable, dirigé contre la France autant que contre l'Italie, et expression fidèle des sentiments du parti prêtre.

L'attaque était si peu mesurée, la haine contre la France était si nettement exprimée, que l'ambassadeur français à Rome s'en plaignit à l'autorité, qui, pour la forme, réprimanda le directeur du journal.

Si donc la guerre éclatait cette année entre l'Autriche et l'Italie, on la considérerait ici comme le premier pas dans la voie des restaurations, et il ne faudrait pas s'étonner de voir les enrôlés de l'ex-roi de Naples reprendre la campagne avec vigueur, malgré les rudes leçons qu'ils ont reçues; tout se prépare en vue de cette éventualité.

Ces dispositions font naître de graves réflexions qui méritent d'être méditées.

L'asile donné par un État à un exilé, que celui-ci soit

prince ou simple citoyen, est accordé en vertu d'un droit sacré. Cet asile n'a pas le caractère d'une protestation contre la puissance qui a décrété l'exil, c'est un acte d'humanité, une manifestation d'indépendance, honneur des nations qui exercent ce droit que toutes doivent respecter.

Le gouvernement sur le territoire duquel le proscrit cherche un asile ne se fait pas juge du mouvement insurrectionnel qui a éclaté, de la révolution qui a chassé le prince, de l'acte qui a fait prononcer ou a amené l'exil du citoyen ; il dit à tous : Vous vous êtes réfugiés dans l'enceinte de mes frontières, vous y êtes libres, vivez sans rien craindre, à l'abri de mes lois, à la condition de ne pas les enfreindre.

Mais dans tous les pays civilisés, les mêmes lois qui protégent l'exilé lui ôtent ses armes s'il a passé la frontière en armes; elles lui imposent l'obligation de cesser toutes manœuvres, elles lui interdisent toutes menées qui auraient pour but de troubler la paix d'un État voisin ; elles lui défendent d'organiser des expéditions, d'enrôler des soldats destinés à porter la guerre sur le territoire qui lui est fermé, à moins que l'État qui donne asile ne soit lui-même en guerre avec l'État qui a prononcé l'arrêt d'exil. Dans ce cas, ce n'est plus un exilé qu'il recueille, c'est un auxiliaire qu'il recrute, courant dès lors toutes les chances de la guerre.

S'il n'est pas en hostilité avec ce voisin, et qu'il permette cependant sur son territoire des préparatifs d'attaque, des enrôlements de soldats, l'établissement d'une sorte de quartier général ; s'il ouvre sa frontière pour donner passage aux bandes qui vont combattre après s'être formées sous ses yeux, s'il l'ouvre encore pour recevoir les fugitifs quand ces bandes mises en déroute sont poursuivies et serrées de trop près, il cesse d'être neutre, il prend réellement parti; ce n'est plus le droit d'asile qu'il exerce, c'est un secours qu'il accorde à une cause contre une autre. Dès ce moment, il donne au gouvernement dont il s'est fait l'ennemi le légitime droit de faire passer cette même frontière à son armée, d'envahir son territoire, d'assiéger et de prendre, s'il le peut, sa capitale.

Tel est aujourd'hui le cas du gouvernement romain vis-à-vis du gouvernement italien.

Malheureusement la question se complique de l'occupation de Rome par les troupes françaises, occupation qui empêche l'Italie d'user du droit qu'ont toutes les puissances de veiller au maintien de leur tranquillité intérieure, et la contraint à entretenir dans le Napolitain une armée dont elle peut avoir besoin d'un moment à l'autre sur le Mincio.

Il est inutile de s'étendre sur cette situation parfaitement appréciée en Italie et en France. Le gouvernement impérial a demandé l'éloignement de Rome de François II, il ne l'a pas obtenu parce qu'il ne l'a pas imposé, seul moyen d'amener Rome à observer les lois générales qui forment le code des nations. C'est à lui de juger de la conduite qu'il doit tenir ; mais on peut lui demander comment il verrait un prince de la maison de Bourbon se retirer en Belgique, et s'y livrer ouvertement contre la France aux actes d'hostilité que François II commet contre l'Italie.

CHAPITRE VI

Les prétendues élections municipales. — Il n'y a point d'électeurs, il n'y a que des éligibles divisés en quatre catégories. — Privilége de la première catégorie. — Comment se compose le municipe romain. — Fiction électorale. — Comment on entend ici réaliser les réformes promises.

16 mars.

Les élections municipales, ou du moins ce qu'on appelle à Rome de ce nom, ont eu lieu lundi dernier 14 mars. Elles ont été faites en vertu de l'Édit du 25 janvier 1851 qui depuis treize ans resté à l'état de lettre morte, n'avait jamais été appliqué.

On ne manquera pas de présenter cette mise en pratique d'une loi si longtemps oubliée comme un progrès important, comme une preuve évidente, irrécusable, des bonnes dispositions du pouvoir envers ses administrés ; peut-être ira-t-on jusqu'à dire que c'est là une de ces graves réformes sollicitées en vain durant de longues années par la France à laquelle on donne une satisfaction en même temps qu'aux Romains.

Je prie le lecteur de suspendre tout jugement jusqu'à ce qu'il ait vu ce qu'est cette loi, comment elle fonctionne et quels peuvent en être les résultats, ce dont je vais rendre compte le plus clairement possible.

Il ne s'agit ici que de la ville de Rome, car il y a deux édits sur la matière : celui du 24 novembre 1850, appliqué dans toutes les communes, grandes et petites des États pontificaux, Rome exceptée, puis l'Édit de 1851 concernant Rome seulement.

Partout l'élection implique l'existence de listes électorales comprenant les noms de ceux qui ont droit de voter, de donner leur voix, d'élire enfin leurs mandataires.

A Rome on ne fait pas de listes électorales parce qu'il n'en est pas besoin, mais on dresse une liste d'éligibles qui ne reçoit aucune publicité avant d'avoir été rectifiée comme on le verra tout à l'heure.

Le municipe romain se compose : 1° de quarante-huit conseillers parmi lesquels, sur une triple liste dressée par eux, le pouvoir choisit huit conservateurs formant la commission administrative, qu'on appelle la magistrature ; 2° de deux conseillers ecclésiastiques nommés par le cardinal-vicaire, aujourd'hui Mgr Patrizi ; 3° d'un sénateur nommé directement par le Pape, et pris dans l'une des familles nobles dont il sera question plus loin, lequel préside et le municipe et la commission administrative.

Les citoyens romains concourant à fournir les quarante-huit conseillers forment quatre catégories.

La première se compose des membres de la noblesse inscrite au livre d'or du Capitole ; elle compte cette année cent huit noms appartenant à soixante-dix-sept familles.

La deuxième est celle des propriétaires non nobles, au nombre de quatre cent quatre-vingt-un.

La troisième comprend les commerçants, au nombre de deux cent quatre.

La quatrième, la plus nombreuse, se compose de professeurs, de savants et d'hommes exerçant des professions libérales, au nombe de mille vingt et un.

Ces quatres catégories donnent donc un chiffre total de dix-huit cent quatorze éligibles. Beaucoup de personnes prétendent que si tous ceux qui ont droit à être inscrits dans les deux dernières catégories l'avaient été, ce chiffre serait au moins quintuplé. Dans tous les cas, on affirme, et c'est un bruit public, que la première liste dressée par les recenseurs comprenait cinq mille noms.

Mais cette liste a été soumise à l'examen d'une administration publique chargée de faire ce qu'on appellerait ailleurs les rectifications, et qui est ici un simple travail de radiation. C'est après ce travail que la liste est affichée dans un vestibule du palais du Capitole. On va la voir par curiosité, mais personne ne réclame contre l'absence de son nom, d'abord parce qu'il n'y a pas de voie ouverte aux réclamations, et ensuite parce que, en fin de compte, lors même qu'on obtiendrait d'être inscrit sur cette liste, cela ne servirait à rien.

Il y aurait beaucoup à dire sur ces radiations et sur les motifs auxquels on les attribue, mais la loi a bien assez d'autres vices sans en chercher encore dans la manière dont on l'applique.

Ceux-là s'abuseraient étrangement qui croiraient le gouvernement romain capable de céder aux progrès du temps et d'établir l'égalité des citoyens devant l'urne électorale; le livre d'or constitue un privilége, et sur les quarante-huit conseillers formant le municipe, vingt-quatre doivent être pris dans la première catégorie. Les vingt-quatre autres sont choisis dans les trois dernières.

Il en résulte que la noblesse comptant cent huit noms donne au conseil 22 p. 0/0 de son chiffre à elle et que les dix-sept cent six autres éligibles ne lui donnent que 1,46 c. p. 0/0.

Ici une grave observation me frappe. Je demande à un éligible combien il y a de prêtres à Rome, il me répond : Deux mille cinq cents. Combien il y a de moines? Environ autant, sans compter les religieuses. Voilà donc une ville qui a cinq mille prêtres ou moines et qui n'a que dix-huit cents citoyens éligibles, c'est-à-dire aptes à s'occuper de ses affaires, à en surveiller les intérêts.

Arrivons maintenant à l'élection. Le municipe romain est nommé pour six ans, renouvelable par moitié tous les trois ans, avec la condition que les membres sortants sont rééligibles. A l'époque du renouvellement partiel du conseil, le pouvoir choisit trente électeurs sans aucune intervention de la part des citoyens, sans présentation de liste. La ville de Rome est divisée en quatorze *Rioni* ou quartiers; le gouvernement nomme deux hommes par quartier, soit vingt-huit; il en prend deux dans la chambre de Commerce: en tout trente. C'est là ce qu'on appelle le corps électoral. Le jour de l'élection venu, les cinquante-un membres du conseil se réunissent à ces trente, et ces quatre-vingt-une personnes procèdent à ce qu'on appelle l'élection.

Or, comme il n'y a pas eu même un semblant d'élection quand le municipe actuel a été formé, tous les conseillers ont été nommés par le Pape, en sorte que l'élément citoyen n'est pas représenté là par un seul homme.

J'ai voulu me rendre compte de la qualité de ces trente membres choisis dans les *Rioni* et dans la chambre de Commerce et j'ai trouvé sur cette liste quatre princes, un duc, quatre marquis, deux comtes, un commandeur et quatre chevaliers, c'est-à-dire seize personnes titrées sur trente.

Le municipe devant être renouvelé par moitié, il y avait à élire vingt-quatre conseillers, douze nobles, douze non nobles, puis douze suppléants. On pourrait penser qu'après toutes ces précautions, le droit des électeurs est entier, absolu, qu'il sont libres de prendre dans la liste des éligibles ceux qu'il leur convient de nommer. Ce serait une erreur; on a ici le nom des choses, mais point la chose elle-même. Les électeurs n'élisent pas. Dans tous les pays parlementaires ou de municipe, l'électeur est souverain devant l'urne, le jour du vote. Ce n'est pas long, mais enfin c'est un droit consacré dont on use à sa guise. A Rome, le pouvoir a peur même du corps électoral qu'il a nommé; il redoute que le libre choix introduise l'élément libéral dans le conseil; le corps électoral n'a donc pas le droit de nomination, mais seulement celui de dresser une liste portant deux fois autant de noms qu'il y a de conseillers à élire; en un mot, pour chaque place il propose deux candidats : le Pape en choisit un qui n'entrera au conseil qu'après avoir été nommé directement par lui.

C'est à la formation de cette double liste de présentation qu'on a procédé lundi. Au son de la cloche du Capitole qui les appelait, les électeurs se sont réunis dans la grande salle du palais des Conservateurs; leurs opérations ont été assez rapides, parce qu'on avait eu soin de leur envoyer, avec la lettre de convocation, la liste des conseillers sortants, celle des conseillers restants, celle des éligibles, et des bulletins blancs qu'ils avaient pu remplir avant de venir à la réunion, et qu'ils n'avaient plus qu'à remettre aux scrutateurs.

Ces scrutateurs ont été tirés au sort, et les bulletins ayant été recueillis par eux, on a pensé que le dépouillement en serait trop long pour être fait le même jour; on les a donc réunis en deux paquets, *fagotti*, celui des nobles, celui des non nobles, on les a enveloppés, ficelés, cachetés. M. le délégué président les a scellés de son sceau et renfermés dans une chambre dont il a pris la clef; puis la réunion s'est séparée. Le dépouillement a dû commencer le lendemain ; on croit qu'il durera une semaine.

Je dois dire que dans le public on n'attache pas le moindre intérêt au résultat de cette fiction d'élection ; tous les Romains auxquels j'en ai parlé m'ont répondu en haussant les épaules : Le pape est infaillible au temporel ainsi qu'au spirituel, et comme il a nommé tous les membres actuels du municipe, il est plus que probable qu'il renommera ceux que le sort a désignés comme sortants, lesquels sont tous rééligibles aux termes de la loi. Ajoutons qu'ayant tous le droit de voter comme électeurs, ils n'auront pas manqué de se donner leur voix.

Que l'on ne s'abuse donc pas en France, ni en Italie, sur la valeur de cette prétendue réforme, de ce faux progrès, de ce droit fictif donné aux citoyens de Rome de nommer leur conseil municipal; ici, tout est mensonge, tout est fait pour tromper l'Europe, pour égarer au dehors l'opinion publique. Comment! s'écrieront quelques journaux dévoués ou abusés, les habitants de Rome se plaindraient quand le gouvernement dresse une liste de dix-huit cents éligibles, quand il appelle tous les quartiers de Rome à nommer leurs mandataires! Exclut-on personne? Les peintres, les avocats, les médecins, les écrivains, les rentiers, les propriétaires, les industriels, les commerçants, la noblesse, c'est-à-dire tout ce qui honore le pays, tout ce qui concourt à sa gloire, à sa richesse, à son bien-être, est appelé à le représenter au conseil!

Ce langage est précisément celui que Rome veut faire entendre, ces idées sont celles qu'elle désire persuader aux hommes qui, par sympathie ou par lassitude de cette interminable question romaine, se contentent de regarder à la surface et ne se livrent pas à un examen approfondi. Mais on a vu par l'analyse donnée plus haut ce qu'il en est du prétendu libéralisme de la loi municipale, et on peut être bien certain qu'il n'y a rien à attendre de plus d'un pouvoir obstiné, qui met sa gloire à repousser tout ce qui n'émane pas directement du principe d'autorité.

CHAPITRE VII

Réception officielle de M. de Sartiges au Vatican ; le pape malade le reçoit dans son lit, entouré de toute sa cour. — Droits que donne à l'ambassadeur de France sa réception officielle. — Effet qu'elle produit dans Rome. — Gravité de la situation.

19 mars.

M. de Sartiges a été reçu aujourd'hui samedi en audience solennelle par Pie IX auquel il a remis les lettres qui l'accréditent en qualité d'ambassadeur de France auprès du Saint-Siége.

La réception a eu lieu au Vatican, avec le cérémonial ordinaire, légèrement modifié par l'état de santé dans lequel se trouve le pape, mais on dit que la cour pontificale avait une attitude froide, presque hostile.

Cette attitude envers le représentant de la France paraîtra peut-être un peu étrange de la part d'hommes dont le gouvernement français est le plus ferme appui, aussi mérite-t-elle quelques mots d'explication.

M. de Sartiges était à Rome depuis plusieurs mois, et sa réception officielle avait été ajournée par les réparations à faire à l'intérieur du palais Colonna, sa résidence, où il devait, suivant la coutume, donner une fête le jour de la réception. Tout étant terminé, cette cérémonie fut fixée aux premiers jours de mars; la maladie du pape qui se déclara à cette époque la fit retarder. La semaine dernière, une légère amélioration se manifesta dans l'état de Sa Sainteté, mais ne se maintint pas, et alors M. de Sartiges crut devoir insister pour être reçu officiellement. Il le fit avec toute la courtoisie d'un ambassadeur, et aussi avec la ténacité d'un diplomate agissant au nom d'un gouvernement qui, d'après les traditions de Rome, avait un grand intérêt à ce que cette reconnaissance officielle eût lieu le plus promptement possible dans les circonstances actuelles.

C'est dire que l'état du souverain pontife inspire des inquiétudes et fait craindre un dénoûment fatal. Il se pourrait donc que le conclave dût avant peu se réunir afin de donner un successeur à Pie IX. Or, le gouvernement français a un droit de *veto* sur les propositions du conclave, mais il ne peut l'exercer d'une manière entière, absolue, sans contesté, que s'il est officiellement représenté à Rome. Voilà, d'après l'opinion générale, pourquoi M. de Sartiges a insisté et pourquoi il a été reçu aujourd'hui.

Je sais bien que le droit du gouvernement français ne saurait être frustré, que le conclave ne peut pas proclamer un pape par surprise, que la mort étant connue, une dépêche télégraphique aurait en quelques heures nommé M. de Sartiges envoyé extraordinaire auprès du conclave, mais il importe d'éviter toute contestation, toutes difficultés, surtout en présence des bruits qui ont couru que le choix du successeur de Pie IX était déjà fait en secret, ce dont je doute.

La réception officielle donne en outre à l'ambassadeur français la faculté de se présenter trois fois par semaine au palais apostolique et d'être reçu par le pape, à la condition d'en donner avis dans la matinée du jour où il veut faire sa visite.

On regarde ici cette faculté comme une précaution contre toute intrigue qui aurait pour but de cacher la mort du pape pendant quelques jours. Mais franchement, je ne crois ni à la possibilité, ni à l'utilité de garder un tel secret. Pie IX a été si souvent en danger de mort depuis quelques années, que toutes les ambitions ont pu se produire, que les conditions de la succession sont peut-être déjà posées.

Le pape, en recevant M. de Sartiges, était environné de la cour pontificale, mais incapable de se lever, Sa Sainteté a donné l'audience dans son lit. On peut juger de ce qu'il y avait de triste, de forcé, dans une telle réception, d'autant plus que personne ne s'abusait sur les motifs du représentant français. On n'occupe pas un trône, électoral ou autre, sans savoir qu'on aura un successeur; on ne vieillit pas sans s'habituer à l'idée de la mort; et, d'un autre côté, on n'est pas ambassadeur pour faire du sentiment. Il ne faudrait pas s'étonner que M. de Sartiges trouvât ce soir même des courtisans parmi ceux qui lui ont montré tout à l'heure au Vatican la mine la plus froide. On est prêtre, on est cardinal, mais on est homme, et à Rome plus qu'ailleurs, car on y a toujours un trône en perspective.

Cette réception était à peine terminée qu'elle était déjà l'objet de toutes les conversations; on en connaissait les particularités, et chacun brodait sur ce fond; on savait d'une manière positive que, dérogeant forcément au cérémonial accoutumé, le pape ne fera pas demain la bénédiction et la distribution des palmes, ce qui avait été laissé dans le doute jusqu'ici, et l'on en concluait que son état est plus inquiétant qu'on ne l'avouait.

Tous les Romains avec lesquels j'ai causé des éventualités que peut faire naitre la mort du pape, considèrent cet événement comme devant avoir pour eux les plus graves conséquences. Je rapporte ici les opinions qui m'ont été exprimées, sans y rien changer, sans porter sur elles un jugement d'ailleurs bien inutile à tous égards.

Les souvenirs de la campagne de 1859 sont tout vivants ici; la participation de la France à la formation du royaume d'Italie a éveillé dans le cœur du peuple romain des espérances que cinq ans d'attente n'ont pas amorties. On pense que, antérieurement à l'expédition italienne, ou au moment de l'entreprendre, l'empereur Napoléon III avait fait à Pie IX des promesses qu'il a tenu à remplir lors de l'insurrection qui a réuni au royaume d'Italie les duchés, les Marches, l'Ombrie et Naples, mais que la mort du pape, le déliant de ses engagements, il dictera des conditions au successeur de Pie IX; on est persuadé qu'il ne donnera son assentiment, ou n'emploiera son influence réellement prépondérante qu'en faveur du candidat qui se sera engagé à renoncer au pouvoir temporel. Enfin, on croit qu'il y a un accord entre Napoléon et Victor-Emmanuel, ensuite duquel, à la mort du pape actuel et en vertu du principe des nationalités, le peuple romain sera appelé à voter, à prononcer lui-même sur son avenir; et l'on est persuadé, tout décompte fait de l'opposition des prêtres, des moines et de leurs créatures, que l'immense majorité, à Rome et dans les provinces, votera la réunion à la monarchie italienne, et que Rome sera alors, sans contestation, la capitale du royaume.

Les hommes d'une opinion plus avancée reconnaissent avec franchise, sans protestation, sans plainte, qu'ils sont la minorité, que leur heure n'est pas venue, et, loin de faire obstacle à l'expression du vœu de la majorité, ils l'appuieront de tout leur pouvoir, heureux d'obtenir la liberté pour leur patrie.

Les Romains sérieux, ceux qui s'occupent des affaires publiques, ne s'abusent pas sur la gravité de la situation actuelle; ils savent que, tout en niant la pensée d'attaquer l'Italie, le gouvernement autrichien prépare la guerre et s'entend parfaitement avec François II, qui, à un moment donné, jetterait ses brigands sur le royaume de Naples, mais ils pensent que Rome affranchie fournirait un nombre de volontaires suffisant pour neutraliser les efforts des bandes bourboniennes.

CHAPITRE VIII

Le dimanche des Palmes. — Les branches de palmier sont en papier peint. — Cérémonie religieuse. — Absence du pape. — Son remplaçant. — Les cérémonies ne sont pas faites pour la foule, mais pour un public spécial. — Costume uniforme des dames. — La tribune des chanteurs. — Question délicate.

21 mars.

Le jour qui s'appelle en France le *Dimanche des Rameaux* se nomme ici le *Dimanche des Palmes*. C'est une des grandes fêtes de l'Église romaine. Le pape dit la messe, bénit et distribue les palmes. J'expliquais la différence des noms par la différence des climats; la France n'a pas de palmiers, ou du moins fort peu, j'en ai vu deux entre Marseille et Toulon; peut-être y en a-t-il d'autres sur le littoral, plus au Midi, je l'ignore; dans tous les cas leur nombre est fort restreint, et on emploie pour cette fête des branches de buis. Le palmier, au contraire, vient très-bien sous le ciel de Rome, à en juger par ceux que l'on trouve au Pincio, à la place de Saint-Pierre-aux-Liens, dans les jardins du Vatican, et comme sa branche est fort belle, je trouvais tout naturel que l'Église s'en servît pour célébrer le triomphe du Christ.

Qu'on juge de l'étonnement que j'éprouvai lorsque, en regardant de près ces singulières palmes, je reconnus qu'elles étaient en papier peint, frisé, collé, bouclé, historié, de diverses dimensions, selon le rang de ceux à qui on les distribue. Franchement, le buis vert est plus joli; mais, à Rome, on aime la fanfreluche.

La fête a eu lieu hier; on savait depuis samedi que le pape n'était pas en état d'y assister et son absence n'a pas étonné; mais pour les dames étrangères, toutes envieuses de voir le souverain pontife dans l'exercice de ses fonctions, le principal attrait de la solennité avait disparu.

Le pape a été remplacé par le cardinal Guidi, l'un des moins vieux du sacré collège, et de récente création; il est du mois de mars 1863 et compte à peine une année de cardinalat. Archevêque de Bologne, il a abandonné son diocèse depuis que Bologne appartient au royaume d'Italie, et se regarde sans doute comme un évêque *in partibus*.

Grâce à la facilité avec laquelle on pénètre ici partout, j'ai pu sans peine arriver à quelques pas de l'autel et me placer à la gauche des officiants. Mgr Guidi paraît vigoureux, alerte quoique un peu gros. Quand le moment est venu où le servant a placé la mitre sur la tête du cardinal, en se tenant derrière lui, j'ai vu les lèvres de ce servant murmurer quelques mots en même temps que sa figure prenait une expression souriante. Peut-être lui disait-il :

« La mitre, monseigneur, en attendant la tiare ! »

Le cardinal remplaçait le pape, et ceux qui connaissent les habitudes romaines et le laissez-aller que l'on apporte ici dans les cérémonies accomplies en France avec la plus grande gravité, ne s'étonneraient pas que ces paroles eussent été prononcées.

Je ne suis point ennemi des pompes religieuses ou autres, je trouve tout naturel qu'un grand culte, ou une grande idée politique, se manifeste par des solennités, si elles ont de l'attrait pour les populations, mais je dois dire que les cérémonies de Saint-Pierre me paraissent au-dessous des descriptions que j'en avais lues.

Leur principal défaut est de n'être pas faites pour la foule, mais seulement pour un public spécial.

Il y a dans plusieurs des grandes églises de Rome, et entre autres dans celle de Saint-Pierre au Vatican, une substruction répondant sans doute à une pensée religieuse dont je ne comprends pas le sens, dont j'ai vainement cherché une explication satisfaisante, qui est fort défectueuse au point de vue de l'art, et c'est à ce point de vue que je juge.

On a creusé devant l'autel, regardé de la porte d'entrée et au pied même de cet autel ainsi intercepté de ce côté, une vaste chapelle souterraine dans laquelle on descend par un double escalier. Le sol, les parois des murailles, les marches, tout est de marbre et de marbre précieux; au-dessus du sol de l'église, cette excavation, qu'on appelle, je ne sais pourquoi, *une confession*, est entourée d'une balustrade à hauteur d'appui en dedans de laquelle brûlent quatre-vingt-sept lampes toujours allumées. Il en résulte que l'autel est séparé de la partie antérieure de l'église et par la balustrade et par ces feux qui arrêtent le regard; aussi dit-on la messe et fait-on les cérémonies de l'autre côté.

C'est ainsi que cela s'est pratiqué hier. Dans la partie qui s'étend de l'autel au fond de l'abside, on avait construit une espèce de chœur pour le clergé, car il n'y a pas de boiseries permanentes, l'espace est complétement vide, et on y élève ce qui est nécessaire à chaque cérémonie nouvelle. Dans un large banc, à gauche, étaient placées les autorités militaires pontificales et françaises; dans un banc, à droite, le corps diplomatique, et derrière lui les dames, parmi lesquelles brillait la belle madame de Sartiges.

Dans les branches du transept s'élevaient de vastes tribunes réservées aux dames et dont l'inclinaison permettait de bien voir. Toutes les dames, selon l'usage adopté dans ces grandes cérémonies, étaient uniformément vêtues de noir; le chapeau n'est pas admis, on porte un bonnet noir orné d'un voile de même couleur, retombant derrière la tête.

Il y avait là beaucoup de Françaises et d'Anglaises, mais peu de Romaines; nous retrouverons celles-ci dans d'autres solennités, ce n'est pas leur jour. En somme, plus de curiosité que de religion. Si quelques dames lisaient dans leurs heures, la plupart étaient distraites par le spectacle, en suivaient les phases et causaient entre elles; insoucieuses là comme partout, les jeunes filles babillaient et riaient; j'ai vu des jeunes femmes, de figure charmante, grignoter des pâtisseries, ce que fait comprendre la longueur de ces sortes de cérémonies.

Au-dessus de ces tribunes, dans la branche droite du transept, s'élevait la tribune des chanteurs de la chapelle Sixtine, adossée au deuxième pilier de la coupole, tribune ouverte par le haut, mais malheureusement grillée par devant et sur les côtés. On voyait les artistes à travers le treillis doré, mais on ne pouvait saisir ni leurs traits, ni l'expression de leur visage, et leur voix, en se brisant contre les barreaux, devait perdre de sa sonorité. Néanmoins leurs chants ont été la partie la plus intéressante de la journée ; ils étaient au grand complet, et ils ont eu des chœurs vraiment beaux, vraiment grandioses, et admirablement exécutés.

Il est à regretter, toujours au point de vue de l'art, que les cérémonies n'aient pas eu lieu, que les chœurs n'aient pas été chantés du côté de la grande nef du temple, si vaste, si majestueuse, qui aurait paru vide si les artilleurs n'y avaient pas formé une double haie laissant au milieu un large espace inoccupé. Le peuple y serait venu peut-être, et le peuple n'y était pas.

Une question très-délicate vient toujours aux lèvres du lecteur quand on lui parle des chanteurs de la chapelle Sixtine, de ces chœurs dont les femmes sont exclues et dans lesquels cependant on entend des voix de soprano parfaitement caractérisées. Le lecteur curieux veut savoir si les coutumes de l'Asie existent encore à Rome, et si les choristes qui chantent les louanges du Très-Haut sont réduits à l'état de ceux qui gardent les femmes des princes asiatiques.

Voici la réponse la plus simple et la plus précise que l'on puisse faire à la question. Les chanteurs sont au nombre de quarante, dont un maître qui peut être changé, *maestro pro tempore.*

Onze pensionnés participants faisant leur partie.

Vingt servants participants.

Huit surnuméraires servants.

Plus, deux retraités.

Sur les quarante chanteurs, il y en a dix qui ont des voix de soprano. Est-ce par accident, par vice de conformation, par un jeu de la nature ou par suite d'une opération? Il n'y a que Dom Remigio Quattrucci qui puisse vous le dire, mais il est révocable de sa maîtrise temporaire. Il ne vous dira rien de précis.

CHAPITRE IX

La mendicité. — Catégories de mendiants : médaillés, non médaillés, proprement vêtus ; le spectre noir ; le médaillé de Sainte-Hélène, mendiant sur la voie Appienne ; d'autres médaillés nourris par les soldats français ; les jeunes garçons, les jeunes filles ; les moines mendiants, les passionnistes, les sacconi ayant le corps enveloppé d'une longue robe, le visage couvert d'un masque de toile. — Étrange organisation des sacconi. — L'hospice de Saint-Michel.

25 mars.

J'ai parlé de la mendicité qui vous assiége à chaque pas dans cette cité bienheureuse ; l'habitant de Rome la connaît sous toutes ses faces, et elles sont nombreuses et variées ; le riche lui-même la pratique pour le compte d'autrui, soit par humilité chrétienne, soit pour obéir à une contrainte morale, à une coutume, à une invitation qu'il serait dangereux de repousser. Pour le boutiquier, l'aumône est une taxe forcée qui a pris le caractère d'un impôt perpétuel qu'il régularise de son mieux.

Quant à l'étranger, la mendicité se révèle chaque jour à lui sous une forme nouvelle, et il faut un long séjour pour l'apprécier d'une manière complète.

Nous avons les mendiants autorisés, qui n'appartiennent pas aux couvents, infirmes ou vieillards des deux sexes. Ils portent suspendue à leur vêtement une large médaille ovale ; c'est le signe de l'autorisation qui leur a été accordée, mais il ne paraît pas que celle-ci constitue pour eux un privilége, car ils ont de nombreux concurrents des deux sexes et de tout âge.

Ce sont des mendiants non médaillés, les uns toujours postés au même endroit, les autres errant à l'aventure dans les rues, réunis en troupe à la porte des églises où il y a une cérémonie, des femmes traînant des enfants sans souliers, en guenilles ou à demi nus, de petits garçons conduisant des aveugles, des hommes dont les membres sont enveloppés de linges hideux.

Des mendiants proprement vêtus vous arrêtant au passage ou vous murmurant tout bas leur demande en marchant à côté de vous, espèce de protées difficiles à classer.

Des hommes faisant un métier honteux et sollicitant l'aumône de quelques baïoques quand on a refusé leur dangereuse marchandise.

Des femmes, des spectres, qu'on ne rencontre qu'après le soleil couché, surgissant tout à coup de l'angle obscur d'une muraille et s'attachant à vos pas avec une incroyable hardiesse. J'en connais une comme cela, que je trouve presque tous les soirs dans la même rue, grande, osseuse, la tête couverte d'un voile noir, courant d'un passant à l'autre et répétant d'une voix étranglée :

— J'ai faim, je n'ai pas de pain, je n'ai pas de draps, je couche sur les carreaux nus, ma chambre est là, montez, vous verrez.

Je lui donne un baïoque, je passe et je ne monte pas.

Ce sont des médaillés de Sainte-Hélène vous tendant la main. J'en ai rencontré un deux fois hors de la porte *San Giovanni*, sur la voie Appienne nouvelle. Il avait le chapeau pointu, la culotte courte, la jambe entourée de rubans de laine; je voulus savoir s'il avait réellement servi, j'éprouvais un sentiment pénible en voyant à Rome une médaille donnée au nom de la France sur la poitrine d'un mendiant; je l'interrogeai : il avait fait partie d'une dernière levée au commencement de 1814, et avait été soldat quelques mois.

— N'est-ce pas bien triste, dis-je à un soldat français qui se trouvait là, de voir ces mendiants porter la médaille de Sainte-Hélène?

— Eh! fit le soldat, il en vient une vingtaine tous les matins à la porte de nos casernes, nous leur donnons la soupe, nous leur donnons le pain, et ils reviennent le soir. Ils disent qu'ils ont servi...

Ce sont de jeunes garçons qui jouent, de petites filles accroupies au soleil, suspendant leurs jeux ou leur caquetage et accourant vous demander en riant un baïoque. C'est l'enfant qui tourne la roue du cordier qui vous adresse la même requête quand vous passez près de lui.

Si vous allez au Colisée, c'est une mendiante qui semble être la gardienne de l'arc de Titus; un peu plus loin, au pied de la voie Sacrée, c'est une autre vieille enveloppée de deux petites filles. Un peu plus loin encore, si vous montez dans cette gracieuse allée d'arbres qui décrit un demi-cercle sur l'un des côtés du Colisée, vous rencontrez souvent trois ou quatre jeunes filles, vêtues comme les *minenti*, tête nue, foulard blanc à large bordure violette sur les épaules, presque toutes jolies. Pour peu que vous les regardiez, elles viennent à vous et demandent effrontément des baïoques; vous leur donnez, elles partent sans dire merci; vous refusez, elles s'éloignent en faisant la moue ou en vous jetant quelques mots dans un jargon que vous ne comprenez pas.

Vous passez dans une rue peu fréquentée, une femme proprement vêtue, qui n'est pas une mendiante de profession, est assise avec un enfant sur le seuil de sa demeure, elle dit un mot, et l'enfant vient vous demander l'aumône.

Vous vous promenez dans les allées de la villa Borghèse, un homme vous croise en disant :

— Quelque chose pour un pauvre artiste.

Il y a ensuite les mendiants appartenant aux ordres religieux sous toutes sortes d'habits; les mendiants faisant partie des confréries; vous pouvez rester longtemps à Rome avant de les avoir vu défiler tous.

C'est le moine brun que vous rencontrez partout, sa tirelire à la main, ayant passée au bras l'anse d'un seau qui ressemble par la forme à nos rafraîchissoirs.

C'est un prêtre, ou du moins un homme vêtu comme un prêtre, mais dont la tirelire est de forme différente, demandant la charité dans les rues.

C'est une femme aux vêtements bruns taillés comme ceux des hommes, une moinesse quelconque, allant quêter dans les magasins. Je l'ai vue les pieds nus dans ses sandales, je l'ai retrouvée avec des bas bleus.

C'est un gros prêtre, — toujours sous la réserve du costume, — au maintien assuré, au teint fleuri, parlant français, qui pénètre dans les hôtels, se place dans le vestibule, attend que les voyageurs entrent ou sortent, et, une bourse à la main, ce qui est moins disgracieux que la tirelire, le tricorne sur la tête, ce qui n'est pas d'une exquise politesse, répète tout haut ces paroles :

— Pour les pauvres passionnistes, messieurs !

J'ai demandé à un Romain quelle était la spécialité des passionnistes, ce qu'ils faisaient. Il m'a regardé en souriant, et m'a répondu :

— Ils boivent, ils mangent, ils ont des revenus, ils gueusent comme les autres.

Cette explication ne me suffit pas, j'ouvre l'annuaire pontifical, j'y trouve les passionnistes classés en tête des congrégations religieuses ; mais d'indication, point. Il faut se contenter de la définition du Romain.

Ce matin, j'ai vu passer dans la rue un grand gaillard, bien droit, aux mouvements vifs, évidemment jeune, vêtu d'une longue robe de laine blanche, la tête couverte d'un capuchon de même couleur dont la pointe retombait sur sa poitrine, ayant deux trous en face des yeux, deux trous à travers lesquels on voyait des sourcils bien noirs. Cet individu mendiait à la porte des boutiques, et d'assez fréquentes aumônes tombaient dans sa boîte de fer-blanc.

Voilà, me disais-je en le voyant recueillir les dons de la charité publique, voilà un pays où l'on donne sans savoir à qui ; c'est assurément à l'habit dont cet homme est affublé. Cet habit, qui dissimule si bien la personnalité, est donc une puissance.

Je tiens à savoir à quoi peut appartenir cet homme caché sous cet accoutrement ; on me répond qu'il est membre d'une confrérie recrutée dans les grandes familles, et dont font partie des princes romains. Ils vont mendier ainsi une fois ou deux par semaine ; ils ouvrent la porte des magasins, des boutiques, mais ils n'y entrent pas ; ils ne parlent jamais, ils se contentent de faire bruire la tirelire, et il serait inutile de les interroger, ils ne répondraient pas.

— Des princes! m'écriai-je, des princes romains qui consentent à se couvrir la tête de cette horrible cagoule!

— Sans doute!

— Dans quel but?

— Pour n'être pas reconnus; et on les accuse de se faire quelquefois dans ces quêtes remplacer par leurs domestiques.

— Est-ce du roman que vous me faites là?

— C'est l'exacte vérité que je vous dis. Vous autres, étrangers, vous êtes étonnés de tout parce que vous ne connaissez pas nos mœurs.

— Mais, repris-je vivement, quand en France, ou dans le royaume d'Italie, les officiers d'une garnison, les jeunes gens d'une ville, organisent une fête de chevalerie, un tournoi, une représentation au profit des pauvres, ils y vont joyeusement, le visage découvert, persuadés qu'ils n'ont pas à se cacher pour faire une bonne action; la population les accueille avec sympathie, et ils font de belles récoltes, parce que l'on sait pourquoi et à qui on donne.

— Que me parlez-vous de la France et de l'Italie! s'écria celui que j'interrogeais. Il n'y a point de ressemblance entre elles et Rome. Nous sommes une société vieillie dans l'immobilité. La pensée qui, dans le commencement, amena les princes à mendier pour les pauvres fut une pensée de bienfaisance et d'humilité chrétienne, et à ce titre elle avait droit au respect; aujourd'hui c'est une coutume, une tradition à laquelle ils n'osent pas déroger, mais la pensée d'humilité a disparu depuis qu'ils se cachent sous le masque.

— Alors, à quelle pensée obéissent-ils?

— A la nécessité.

— Mais ils sont riches et puissants.

— Riches, quelques-uns. Puissants, non. Personne à Rome n'est puissant que le pape et ceux à qui il délègue ses pouvoirs. Tout prince qu'on est, on peut avoir besoin du pape dans divers actes de la vie, et il est dangereux de ne pas se plier aux volontés de l'Église dans un pays où l'Église gouverne.

Nous en restâmes là. Rome possède un grand nombre d'établissements de charité entretenus par la bienfaisance publique, et on compte dans cette ville de très-grandes fortunes dont les possesseurs donnent souvent des preuves réelles de leur générosité. Mais cela ne suffit pas, et la mendicité a ici de puissants encouragements.

Les deux journaux de Rome et quelques feuilles d'Italie provoquent tous les jours les fidèles à apporter leur offrande au denier de Saint-Pierre. Ils inscrivent dans leurs colonnes les noms des souscripteurs et le chiffre du don. Petite provocation à la vanité qui n'est pas sans résultat. Or, le produit du denier de Saint-Pierre est une branche du budget des recettes des États pontificaux, et la classe pauvre de Rome croit ne pouvoir mieux faire que d'imiter son gouvernement. Comme elle n'a pas de moyen de publicité, elle tend la main, et le fait avec insistance.

D'un autre côté, cette classe pauvre a l'exemple des moines qu'elle voit mendier sous ses yeux, et elle fait comme eux.

Il y avait sur les bords du Tibre, dans le Transtévère, un vaste établissement connu sous le nom d'hospice Saint-Michel, fondé il y a près de deux siècles, augmenté, développé dans une pensée pieuse, sous une noble inspiration. Là étaient recueillis des vieillards des deux sexes qui passaient au moins leurs derniers jours à l'abri de la misère, n'étant pas contraints à mendier dans les rues par tous les soleils, par toutes les pluies, certains d'avoir un gîte pour la nuit. Là étaient réunis environ quatre cents jeunes gens, filles et garçons, soustraits aux incitations de la misère qui pousse les uns au vol, les autres à la prostitution.

En même temps qu'un hospice, cet établissement était une école d'arts et métiers; on enseignait aux hommes la sculpture, la peinture, la gravure, suivant leurs goûts, pendant que d'autres y apprenaient le métier d'imprimeur, de charpentier, de teinturier. Des artistes célèbres et des ouvriers habiles sont sortis de là. Les femmes s'y instruisaient aux travaux de la couture, quelques-unes au professorat.

En quittant Saint-Michel avec un art ou une profession qui leur fournissait des moyens d'existence, les jeunes hommes recevaient un don de trente écus romains ; les jeunes filles y restaient jusqu'à ce qu'elles se mariassent ou se fissent religieuses, et alors on leur donnait cent écus romains. Dot du ménage, dot du couvent.

C'était là une fondation éminemment utile qui provoquait chez les classes riches de généreuses sympathies. Les administrateurs qui étaient nommés par le pape, et qui n'étaient soumis à aucun contrôle, ont mal géré les biens de l'établissement ; les fonds qu'on leur remettait ont reçu une destination autre que celle à laquelle ils devaient être employés. On le savait, on le disait, le pouvoir fermait les yeux à l'évidence et l'oreille aux plaintes. Je ne puis pas entrer dans des détails sur ce sujet délicat, mais enfin les choses ont été poussées à ce point qu'on a fermé l'établissement et jeté sur le pavé enfants et vieillards, tous ceux qui y étaient entretenus, ce qui n'est pas de nature à diminuer la mendicité dans Rome.

Qu'on ajoute à ces diverses causes l'absence de toute grande industrie dans la cité, pouvant y donner du travail à un certain nombre d'ouvriers, la non-culture de la campagne romaine, la non-division de la propriété, et on comprendra pourquoi la mendicité est à Rome si active et les mendiants si nombreux.

CHAPITRE X

La Jettature. — Sotte croyance du peuple qui considère Pie IX comme un *jettatore*. — Le jour de Pâques à Saint-Pierre ; cérémonies religieuses ; orage au dehors, scène douloureuse au dedans.

29 mars.

Le hasard, ce grand maître des choses humaines, ce perturbateur des sociétés, ce roi de l'inconnu, vient donner quelquefois une sorte de confirmation aux opinions les moins raisonnées, aux croyances les plus absurdes, et dans ce nombre je range celle qui prête à un homme une influence sur les événements arrivés après qu'il a lui-même accompli tel ou tel acte sans aucun rapport avec ces événements. Il suffit qu'on soit entré dans cette voie pour se complaire et se livrer à des rapprochements souvent fort ingénieux, mais au fond ne reposant sur rien de sérieux : je veux parler de la jettature, et certainement je ne m'en occuperais pas si je n'y étais amené par les circonstances. Chroniqueur fidèle, je dis ce que je vois.

La foi en cette puissance mystérieuse d'autant plus redoutable qu'elle serait indépendante de celui qui l'exerce, sans être aussi grande que dans le royaume de Naples, est encore très-répandue à Rome et dans les campagnes environnantes. On compte ici un certain nombre d'hommes réputés jettateurs par la foule, et parmi eux le plus considérable, le moins contesté, c'est Pie IX.

Cette croyance est déjà ancienne. Comment est-elle née ? Je n'en sais rien. On a enregistré une foule de faits qui l'ont entretenue et grandie ; on a groupé les petits malheurs, les accidents arrivés après une visite faite au Pape, après un don reçu de lui, après une conversation. On dit cette liste fort curieuse, le pape en rirait tout le premier, mais on n'ôterait pas de la tête des paysans, des Transtévérins et de bien d'autres, l'idée qu'il est le plus grand jettateur de l'époque. Depuis trois jours j'entends les croyants faire des raisonnements à perte de vue sur des faits qui ne sont pas de nature à affaiblir leur foi.

Après des doutes, des incertitudes qui avaient duré toute la semaine et que faisaient naître l'état de santé du pape, une affiche apposée sur les murs, samedi vers midi, apprit aux habitants de Rome que le lendemain, du haut du balcon de la façade de Saint-Pierre, le souverain pontife donnerait la bénédiction à la ville et à l'univers.

Pour se rendre compte de ces préoccupations du public, et de l'annonce de l'autorité, il faut se souvenir que ce lendemain était le jour de Pâques, la plus grande fête de la chrétienté, que les cérémonies religieuses sont ici la principale affaire et que des milliers d'étrangers sont venus de tous les points exprès pour les voir.

A peine l'affiche était-elle posée qu'un orage se déchaîna sur Rome; le tonnerre éclata avec fracas, fit entendre de longs roulements dans l'espace sillonné par des éclairs et la pluie tomba par torrents pendant une heure, ruisselant des hauteurs, rendant les bas-fonds impraticables.

On ne balaye pas Rome le dimanche, ni les jours de fête, par esprit de piété, et il y a des rues pour lesquelles c'est bien souvent dimanche; aussi pensais-je que la ville était bien heureuse quand, le samedi, une pluie diluvienne faisait gratuitement le service de la voirie. Mais les hommes qui attribuent à Pie IX le don de la jettature ne pensaient point au service que l'orage leur rendait et allaient disant d'un air de triomphe:

— Vous le voyez, il fait apposer une affiche et aussitôt la foudre éclate!

Cependant les gens sérieux attendaient le lendemain avec une certaine anxiété. On disait, — et ce bruit était répété partout, — que les habitants du Transtévère et les paysans des environs devaient faire une imposante manifestation en faveur du *Pape-Roi*, et on redoutait de voir éclater quelque collision entre eux et les hommes du parti opposé.

Dimanche matin, une partie des troupes qui composent la garnison française, cavalerie et infanterie, occupait la place du Vatican. Un nombre extraordinaire de voitures apportaient des visiteurs et allaient se ranger des deux côtés des portiques. Des piétons arrivaient en masse, en flots incessants, par *Borgo nuovo* et par la Longara, et s'entassaient sous les immenses voûtes de l'église qui peu à peu se remplissait. Je n'avais jamais vu la foule à Saint-Pierre, ce jour-là je l'y ai vue.

Aux cinq portes de la façade de l'église pendaient de longues voiles en toile blanche servant de portières ; un immense *velarium* attaché au fronton de la façade, tendu et retenu par des cordes fixées aux piliers des deux galeries qui touchent aux portiques, ombrageait le balcon, parasol ou parapluie selon le temps. Sur la balustrade de ce balcon s'étendait une longue et large tenture rouge et blanc, d'un bel effet.

L'office commençait à peine que l'orage de la veille éclata de nouveau, toutefois moins bruyant. La pluie tombait par rafales, tantôt fine et serrée, tantôt par fortes ondées ; un vent du sud-est soufflait avec violence et la chassait jusque sous la galerie qui touche au palais, faisait voltiger la tenture du balcon, s'engouffrait dans les longues voiles des portes et les gonflait. C'était grandiose et pittoresque à la fois.

Mais laissons le spectacle du dehors, oublions les jettateurs et les folles croyances qui s'attachent à eux, et la puissance malfaisante qu'on leur prête ; la scène qui se passait au dedans de ce temple, métropole de la catholicité, où se prononcent les arrêts qui imposent des croyances à des millions d'hommes, cette scène avait bien un autre intérêt et était une des plus saisissantes que l'on puisse imaginer.

Pour se rendre complétement compte de l'effet qu'elle a produit, il faut se souvenir que le chef suprême de la religion catholique, le souverain pontife, le sacré collége des cardinaux, les évêques, les membres du gouvernement pontifical, le clergé romain, tous les prêtres de ce culte éparpillés sur les divers points du globe, attachent la plus haute importance aux cérémonies du jour de Pâques. Ce n'est pas seulement une affaire religieuse que la bénédiction donnée par le saint-père à l'intérieur de l'église et ensuite du haut du balcon de la façade, c'est pour eux tous un acte éminemment politique; la papauté proclame sa puissance en donnant la bénédiction à l'*Univers*, comme le doge de Venise affirmait la puissance de sa nation sur la mer en y jetant son anneau.

Dans le peuple de Rome il y a une foule nombreuse d'individus dont la foi est fort peu éclairée, la religion très-douteuse, et qui sont charmés que le Pape donne cette bénédiction. On leur a tant dit que Rome est la métropole du monde, la *Dominante*, comme on l'appelle tous les jours dans les journaux, les écrits et les sermons, qu'ils ont fini par le croire.

Ils en ont conçu un sérieux orgueil et, tout en se plaignant de la papauté à laquelle ils arracheront le pouvoir temporel un jour ou l'autre, ils sont très-fiers de voir le pontife proclamer la domination de Rome sur le Monde.

Les ambassadeurs de plusieurs nations, les consuls, les princes romains, le sénateur, le municipe, le commandant en chef et les généraux de l'armée française d'occupation, les dames du corps diplomatique et de l'armée, les cardinaux, tous les hauts fonctionnaires de l'Église et de l'État étaient présents. Les tribunes étaient pleines, les estrades couvertes de dames ; à gauche et à droite de l'autel se pressait une grande foule d'étrangers et de Romains.

Le pape n'assistait pas au commencement de la messe, mais on savait qu'il allait venir et on n'avait aucune inquiétude. Il arriva, en effet, après *l'élévation* et alla s'asseoir au fond du chœur sur le trône pontifical placé sur une estrade peu élevée et composé d'un haut fauteuil garni d'une étoffe blanche d'une grande beauté. Quoique le pape se tînt assez droit, assez ferme, l'altération de ses traits et son abattement étaient visibles.

A la fin de la messe, avant de se faire porter sur le pavois qu'on appelle la chaise *Gestatoria* jusqu'au balcon de la façade où il donne la bénédiction à la ville de Rome et au Monde, *Urbi et Orbi*, le pontife donne la bénédiction dans l'église aux fidèles et aux curieux. Le moment venu de prononcer les paroles sacramentelles : *Benedicat vos omnipotens Deus, Pater et Filius et Spiritus sanctus,* le pape se leva, replia deux doigts, étendit les autres, et d'une voix faible, bien différente de cette voix claire et vibrante, entendue autrefois du balcon sur le vaste espace entouré par les portiques et qui allait retentir jusqu'au fond de la place les Rusticcuci, il commença en faisant le geste : *Benedicat.....*

Et incapable de continuer, il n'acheva ni le geste ni les paroles, et il s'affaissa.

Si une pensée douloureuse traversa son esprit, elle ne dura pas longtemps, car à l'instant même, luttant contre sa faiblesse, il appuya fortement sa main gauche sur un des bras du fauteuil et essaya de se relever, mais il n'y parvint pas. Alors, un éclair passa dans ses yeux, ses lèvres se serrèrent, l'âme livrait au corps débile un rapide combat ; le pape posa ses deux mains sur les bras du fauteuil et, soulevé autant peut-être par la puissance de sa volonté que par l'effort de ses muscles, il se redressa... Mais ses forces étaient à bout, et sans pouvoir ni prononcer un mot, ni étendre la main, il s'affaissa de nouveau, à l'instant même. Alors on vit sur ses joues couler quelques larmes, qu'il ne sentit probablement pas et n'essaya pas de cacher.

Cette scène produisit une sensation pénible ; la tristesse s'empara de tous, on était muet, on était morne. Il ne s'agissait plus du pape-roi que les Transtévérins devaient acclamer sur le parvis, le pouvoir temporel et toutes les questions qu'il soulève étaient oubliés, on ne voyait en ce moment que le vieillard dans sa lutte impuissante contre la maladie et la faiblesse.

Une foule considérable placée de l'autre côté de l'autel ne vit rien de cette scène, mais elle n'entendit pas, au milieu du silence général, la voix du pontife, les paroles qu'elle attendait, et elle comprit tout avec cette rapide intuition des masses dans les lieux où le respect les empêche de crier et de s'agiter.

Le pape fut emmené, les troupes qui occupaient la place se retirèrent toutes trempées par la longue pluie, les *popolani* et les Transtévérins, convoqués pour l'ovation, regagnèrent tête baissée leurs demeures. Mais le monde officiel qui occupait le chœur, les dames placées sur les estrades, le public choisi des quatre tribunes de la croisée restèrent longtemps encore à leurs places dans une sorte de stupeur, comme s'ils attendaient une dernière et funeste nouvelle.

Parmi les cardinaux quelques-uns paraissaient atterrés ; dans l'inachèvement de la cérémonie la plus imposante de l'Église catholique, dans l'impuissance du pontife à proclamer sa suprématie sur le Monde, voyaient-ils le doigt de Dieu et un pronostic de décadence ? Comprenaient-ils qu'au sentiment pénible inspiré par cette scène venait s'ajouter un blâme sévère contre la cour pontificale, contre les hauts dignitaires qui avaient encouragé, poussé le pape à tenter une chose impossible, qui l'avaient galvanisé pour l'amener là.

Dans ce pays où l'on n'écrit rien librement, on parle beaucoup ; c'est une sorte de compensation ; les causeries tiennent lieu de journal. On interroge les médecins du palais, les gardes-nobles, les camériers, les hommes que les ambassadeurs et les consuls envoient au Vatican ; chaque matin on a le bulletin vrai de la santé du pape ; il faut le saisir au passage, car le soir il s'est grandement altéré en passant de bouche en bouche. Ceux qui ont le bulletin dans sa primeur savaient par quels moyens on était parvenu à donner à Pie IX une force factice, à produire en lui une surexcitation qui n'a pas duré assez longtemps pour lui permettre d'achever sa tâche, mais qui pouvait le tuer. Tout cela se racontait, ou plutôt se murmurait de bouche à oreille, dans l'église même, après l'accident, et l'on se récriait contre ces hommes qui n'avaient pas pitié de leur vieux pape toujours plein de bonté pour eux, et l'on se demandait ce qu'auraient fait de plus ses ennemis.

CHAPITRE XI

La santé du pape et les réjouissances publiques. — L'illumination de la coupole de Saint-Pierre. — Ovation sur la place de la Minerve en l'honneur du pape-roi. — Les pétales en papier. — Souvenirs du passé. — Les soldats français à la Minerve. — La *Girandola* au Pincio. — Le dernier jour de Pompéi.

5 avril.

Une cité qui n'a point d'institutions sérieuses, point de vie politique, point de grandes industries, point de liberté de parler ou d'écrire, où les cérémonies religieuses sont un spectacle et une distraction, s'occupe naturellement du pape son souverain qui préside ces cérémonies ; c'est donc de la santé de Pie IX que l'on s'est inquiété pendant toute la semaine qui a suivi le jour de Pâques.

Indépendamment de l'intérêt que l'on porte au souverain pontife, d'autres raisons motivaient cette préoccupation : le mauvais temps avait fait ajourner la brillante illumination des portiques et de la coupole de Saint-Pierre qui d'ordinaire a lieu le dimanche de Pâques ; la *Girandola* qui se tire au Pincio le lendemain avait été remise à un temps meilleur, et si l'on avait pu abriter sous un toit de planches hospitalières les fusées, les pots à feu et les tourbillons compliqués dont la réussite est toujours un problème de pyrotechnie qui fait battre le cœur des artificiers, il n'en était pas de même des milliers de tubes de carton qui formaient le grand palais. Il était à craindre que la pluie humectât la poudre et l'empêchât de prendre feu avec ensemble.

L'illumination de la Coupole avait été renvoyée au dimanche après Pâques, et la *Girandola* au lendemain ; mais ces deux spectacles étaient subordonnés à l'état du pape, et c'en était fait des joies populaires si la maladie empirait. Pour comble de complications, ce même lundi où la *Girandola* devait être tirée, — c'était hier, — arrivait la fête de l'Annonciation que l'on célèbre en grande pompe à Sainte-Marie-sur-Minerve et à laquelle le pape a coutume de se rendre ; on chuchotait que la manifestation politique forcément différée le jour de Pâques aurait lieu à la Minerve ; enfin, il y a ici en ce moment un nombre considérable d'étrangers très-curieux des cérémonies de l'Église romaine quand elles sont rehaussées par la présence du souverain pontife. C'était plus qu'il n'en fallait pour tenir Rome haletante et suspendue tout entière à cette question : Le pape ira-t-il lundi à Sainte-Marie-sur-Minerve?

Dès le samedi soir on sut à quoi s'en tenir, car ce jour-là le pape se trouva assez bien pour sortir en voiture et se montrer au *Corso* et dans la rue *del Babbuino* ; il n'était point encore rentré au Vatican que déjà courait dans Rome, sur cette visite *al Babbuino*, un jeu de mots trop irrévérencieux pour être répété.

En même temps, une affiche de l'autorité annonçait l'illumination de la Coupole pour le lendemain et la *Girandola* pour le lundi.

Tout cela paraîtra peut-être bien futile, mais ce sont là les grandes choses dont on occupe la ville de Rome.

Elle a eu en effet sa Coupole illuminée avant-hier ; j'ai contemplé ce spectacle du Pincio avec ma lunette ; à cette distance on ne voyait ni le dôme, ni la façade de l'église, on ne voyait que des milliers de feux ressemblant à des étoiles d'or qui scintillaient dans l'espace. Quand, à un signal donné par l'horloge, le nombre de ces étoiles s'est tout à coup doublé de feux plus étincelants encore, le spectacle tenait du merveilleux.

Je reverrai cette illumination de près à la fête de Saint-Pierre afin de juger de la différence et du moyen qu'on emploie pour doubler les feux d'une façon aussi rapide. Venons aux choses sérieuses.

Le pape s'est rendu hier à Sainte-Marie-sur-Minerve, et l'ovation manquée huit jours auparavant a pris largement sa revanche. C'était là le point essentiel pour les politiques de la cour pontificale.

La place de la Minerve n'est pas bien vaste; elle était en partie occupée par un détachement de soldats français du 71e de ligne; le reste était rempli par une foule compacte se pressant encore au débouché des trois rues qui y conduisent. Presque toutes les fenêtres étaient tendues de draperies rouges et garnies de spectateurs.

Le pape débouchant d'un petit carrefour voisin a paru dans sa haute voiture de gala où il est placé sur un siége élevé, ce qui permet de le voir parfaitement. C'est la même voiture que Mazzini sauva de la destruction en 1848 en la donnant au *Bambino*; il empêchait un acte de vandalisme en s'adressant à la superstition populaire. On avait fait avant lui et on a refait depuis, dans un but politique, le miracle de saint Janvier.

A l'apparition du pape, des mouchoirs blancs ont été agités aux fenêtres, des fleurs effeuillées ont voltigé dans l'air et de tous côtés sont partis les cris : *Viva il papa! Viva il santo padre!*

Je cherchais à démêler d'autres cris au milieu du brouhaha général et je n'y parvenais pas lorsqu'une voix partie seule, dans un court intervalle de silence, a longuement accentué : *Viva il papa-re!* Cette voix sortie d'une des fenêtres élevées du collège américain était déjà tellement fatiguée et éraillée, que malgré la présence du pontife qui distribuait ses bénédictions, elle a excité de grands rires parmi la foule. Toutefois, elle n'a bientôt plus été seule et les cris de *Viva il papa-re!* ont été assez nombreux.

Cette ovation a duré quelques minutes à peine, le temps que la voiture a mis à parcourir deux côtés de la place ; puis le pape est entré dans l'église et tout bruit a cessé. Les spectateurs des fenêtres ont disparu, ceux de la place se sont éloignés. La cérémonie de l'intérieur, les présentations, ont duré deux heures ; quand le pape est ressorti, la foule était moins grande, mais encore nombreuse. Ce n'était plus la même. Peu de dames, beaucoup de soldats français qui n'étaient pas de service, un assez grand nombre de jeunes prêtres, et des séminaristes, trois classes de spectateurs qui n'ont pas proféré un cri. Cependant la manifestation en faveur du pape-roi a été alors bien plus marquée. Les cris *Viva il papa-re!* partaient tous du collége américain; ils ne trouvaient pas d'écho, mais ils étaient rapidement et chaudement répétés. Aux fenêtres de ce collége, toutes occupées par des hommes en soutane, s'agitaient des mouchoirs d'où s'échappaient, non plus des fleurs, mais de petits carrés de papier blanc et de papier jaune. Ce n'était pas beau, mais c'était plus économique.

Le pape qui aime beaucoup ces sortes d'ovations a dû éprouver un moment de bonheur; cependant je le regardais avec attention et je n'ai pas vu briller sur sa figure même un éclair fugitif de joie; il m'a paru triste. Peut-être avait-il présents à l'esprit les souvenirs du passé? L'histoire du monde se répète; il y a des variantes dans ce livre fatal, le fond semble toujours le même.

Sur cette même place, devant le temple autrefois consacré à Minerve sur les ruines duquel s'élève l'église dédiée à la sainte vierge Marie, on a acclamé aussi les consuls, les dictateurs, les rois, les empereurs, souverains pontifes de la religion d'alors, puis tout est tombé, s'est englouti, a disparu, culte, pouvoir, temple, et de tout ce qui a tenu tant de place dans le monde il n'est resté que le nom de Minerve.

Un journal ultra catholique de Turin, arrivé le matin, distribué quelques heures avant la manifestation politique, racontait la visite faite par Pie IX à Ravenne, au tombeau du Dante, et citait avec un étrange à-propos les vers du grand poëte que le pape écrivit de sa main sur le livre où d'autres voyageurs illustres avaient déposé leurs pensées. Le journal est reçu au Vatican; peut-être le pape, au milieu de l'ovation, se rappelait-il les vers :

> Le bruit du monde n'est qu'un souffle
> De vent, qui va aujourd'hui ici, demain là,
> Et change de nom parce qu'il change de côté.

Peut-être encore se rappelait-il le commencement de son pontificat et les acclamations ardentes d'un peuple auquel il promettait la liberté, et leur comparait-il celles d'aujourd'hui. Peut-être aussi n'était-il pas bien guéri de son indisposition. Pape ou roi, il ne faut accepter les honneurs du char triomphal que quand on se porte bien.

La voiture du pape s'est éloignée par le chemin qu'elle avait pris en venant, et tout a été fini. Les soldats français trempés de sueur sous un soleil brûlant ont regagné leur quartier.

On retrouve les troupes françaises en armes dans toutes les cérémonies religieuses du gouvernement pontifical, ce qui ne laisse pas d'étonner un peu. Que ces solennités soient la plus haute préoccupation de la papauté; que l'artillerie du fort Saint-Ange fasse retentir les airs de ses détonations en l'honneur de tous les grands saints, personne ne proteste; les habitants de Rome ne font pas la moindre objection contre l'exercice du pouvoir spirituel; le pape jouit de ce pouvoir dans toute sa plénitude, sans restriction, sans obstacle, il fait ce qu'il veut, il ordonne ce qu'il lui plaît d'ordonner, il peut changer, modifier, ajourner, nul ne s'en inquiète, et ce n'est certainement pas pour lui assurer la conservation d'une puissance incontestée qu'une armée française occupe la ville de Rome. Cependant une partie de cette armée assiste officiellement à toutes ces cérémonies, comme si sa présence pouvait seule en permettre l'accomplissement.

Que les chefs de l'armée se rendent à ces fêtes comme simples particuliers, si ces fêtes leur plaisent, c'est un droit qui appartient à tous, mais on ne voit pas quel peut être là leur rôle officiel; on se demande sans pouvoir l'expliquer quelle mission quinze cents ou deux mille Français en armes avaient à remplir le jour de Pâques, sur la place du Vatican, par une pluie battante de plusieurs heures, quand on chantait au dedans de l'église la messe qu'ils n'entendaient pas; ce qu'avaient à faire hier sur la place de la Minerve une centaine d'autres soldats français qui cuisaient au soleil pendant que le pape faisait baiser son pied dans la sacristie.

Pie IX a son armée, il a ses zouaves, sa garde palatine, sa garde noble ; c'est à eux de l'accompagner dans les cérémonies religieuses et non aux soldats français dont la présence partout fait trop sentir aux Romains leur sujétion.

Hier soir, nous avons eu le feu d'artifice, la *Girandola*, sur le Pincio. Spectacle magnifique et bien ordonné. La foule était immense sur la place du Peuple d'où l'on ne perdait pas une fusée. On avait donné à ce feu de joie ce titre pompeux : *Le dernier jour de Pompéi*. Les artificiers italiens sont d'une grande habileté, et de ce programme impossible à exécuter en entier ils ont fait un drame en plusieurs tableaux que sa simplicité rendait parfaitement intelligible et dont l'effet a été immense.

Un vaste palais s'élevait sur la terrasse du Pincio en face de la place del Popolo ; il brillait de milliers de feux, il avait ses jardins, ses arbres, ses fontaines, ses jets d'eau, ruisselants de flammes ; des lumières qui semblaient lointaines figuraient à droite et à gauche les lampes des maisons de la cité. Pompéi était dans toute sa splendeur.

Un feu rouge dont les foyers étaient cachés par les murs inférieurs du jardin, par les garde-fous des rampes, s'est projeté d'étage en étage sur les allées, sur les arbres, sur les statues, sur les détours de la montée, sur le palais ; c'était un incendie saisissant.

Puis à ce rouge éclatant des flammes durant la nuit a succédé un feu gris, toujours projeté sans qu'on aperçût les foyers ; il s'est étendu partout, sur tout. Pompéi couverte des cendres du volcan.

Le tableau a changé lentement ; la couleur de cette lave grise s'est modifiée peu à peu, la cendre verdissait comme envahie par des lichens et des mousses encore légères, puis une verdure magnifique s'est étendue sur ces ruines ; la nature avait repris sa puissance.

C'était un vrai drame où les chœurs, les cris de désespoir, les sanglots, le bruit des édifices croulant étaient chantés, imités, figurés par les détonations et par le grésillement des flammes.

J'ai vu là dans une loge élevée sur le mur demi circulaire de la place, en face du Pincio, l'ex-roi de Naples, le duc et la duchesse de Trapani, les ministres avec portefeuille de ce roi sans royaume, sa cour, sa famille, moins la jeune reine Marie-Sophie qui ne veut pas consentir à retourner auprès de son mari ; j'avais vu, le matin, le pouvoir temporel malade et le titre de *Dernier jour de Pompéi* donné à la *Girandola* me semblait une sanglante allusion.

Le hasard fait de ces coups.

CHAPITRE XII

La loterie. — Ce qu'elle coûte à la population; ce qu'elle rend au gouvernement. — Les buralistes; *Le terne de la Fortune*; les moines cabaleurs. — Cérémonial du tirage; le tonneau de cristal; le monsignor; le crieur. — La *Riffa*; l'homme à la poule. — Pensée d'un haut fonctionnaire sur la loterie.

7 avril.

Je cherche à me rendre compte des rouages administratifs du gouvernement temporel, des revenus de l'État, de l'emploi de ses ressources, afin de savoir le plus exactement possible quelle sorte de pouvoir soutient l'armée d'occupation que Rome ne paye pas et qui coûte assez cher à la France.

Parmi les divers chapitres du budget des États romains figure la loterie; cette institution est tout à la fois une branche du revenu public et un moyen de gouvernement; à ce double titre, elle mérite de fixer l'attention; elle tient sa place parmi les questions d'économie politique, et, à ce point de vue, elle est déjà jugée et condamnée; je laisserai donc de côté les réflexions de cet ordre qu'elle inspire, et je me bornerai à peindre la façon dont on l'exploite. Ce mode de perception d'un impôt, volontaire en réalité, mais auquel les pauvres échappent difficilement, est assez curieux à étudier.

J'ai sous les yeux le budget de 1857, exercice accompli, alors que les États romains étaient dans toute leur intégrité, et le budget prévisionnel de 1864 pour le territoire restreint.

En 1857, et les années différaient peu l'une de l'autre, la loterie a coûté aux populations romaines, dépense brute, environ douze cent vingt mille écus romains, soit six millions et demi de francs. Sur ce chiffre, les buralistes, qui prélèvent 8 p. 100 de la recette brute, ont touché quatre-vingt-treize mille six cents écus; les lots à payer aux joueurs heureux se sont élevés à sept cent vingt-deux mille quatre cents écus;

le trésor public a encaissé quatre cent mille écus ; soit un peu plus de deux millions cent quarante mille francs.

En 1864, par suite de l'amoindrissement du territoire, la recette, basée sur celle de l'année dernière, est évaluée à sept cent quarante-cinq mille six cent dix-sept écus ; la dépense, — frais de perception et paiement aux gagnants, — à quatre cent quatre-vingt-dix-neuf mille trois cent trente écus. L'État ferait donc un bénéfice de deux cent quarante-six mille deux cent quatre-vingt-sept écus, soit treize cent dix-sept mille francs. Ajoutez à ce dernier chiffre trois cent vingt mille francs perçus par les buralistes sur la recette brute, la loterie aura coûté cette année aux habitants des États romains environ un million six cent mille francs.

Mais cette somme n'est rien en comparaison du temps qu'elle fait perdre, de la somme de travail qu'elle empêche, des idées de lucre dû aux chances du hasard qu'elle jette et fait germer dans la population.

La loterie, *il lotto*, comme on l'appelle en l'Italie, vous sollicite à Rome de toutes les manières. Ses agents sont nombreux et actifs ; ils parlent aux yeux dans toutes les rues, ils s'efforcent de faire naître le désir du gain, l'espoir du terne.

Le tirage a lieu le samedi. Dès le lundi matin, un vaste écriteau vous avertit que le jeu se clôra le jeudi à minuit ; si le jeudi est un jour de fête, la clôture se fait le mercredi ; les cabaleurs ont vingt-quatre heures de moins pour arranger leurs calculs, mais ils sont avertis par un autre écriteau.

Dès le lundi matin, à la porte des buralistes sont placardées à l'encre noire sur papier jaune des centaines de combinaisons d'ambes et de ternes, mais surtout de ternes ; on vous épargne l'ennui des calculs, vous n'avez qu'à choisir ; la pancarte indique le nombre d'écus que vous gagnerez pour dix, douze, quinze baïoques ; entrez, payez et emportez le précieux billet.

Puis il y a le grand terne, le terne suprême, affiché sur un transparent ; il est là tout le jour, qui appelle les passants, il scintille le soir au reflet des lumières qui font ressortir les couleurs tapageuses des lettres et des chiffres. Il s'appelle pompeusement le TERNE DE LA FORTUNE!

Il ne tient qu'à vous de vous enrichir, et cela promptement; un avis placardé sur une vitre vous apprend que les gains sont payés immédiatement.

Êtes-vous malade et retenu chez vous, des agents porteront des billets à votre demeure.

Vos calculs vous ont trompé, vous voulez recourir à la cabale, il y a des hommes et des femmes faisant métier de rêver des numéros pour le compte d'autrui, et si le hasard favorise une fois leur industrie, les voilà en renom. Ils gagnent quelques baroques qui les aident à trainer une vie misérable.

Mais vous rêvez vous-même, et l'esprit tendu vers le jeu, vous arrivez à vous persuader que la fortune vous viendra par la porte d'ivoire des songes. La difficulté est d'interpréter ce rêve bienheureux. Qu'à cela ne tienne! on ne manque pas un trésor pour si peu; il y a dans Rome des centaines de Daniels des deux sexes qui se chargent d'expliquer au point de vue de la loterie les fantaisies du sommeil, les choses gracieuses et les cauchemars. Chaque partie du corps a dans la cabale un numéro qui la représente. Toutes les fonctions de la vie sont désignées par un ou plusieurs chiffres. Les détails à donner à l'homme ou à la femme qui explique le songe ne sont pas toujours pudiques, mais c'est la faute du sommeil; et puis, que ne fait-on pas pour arriver à la fortune!

Vous aimez mieux appeler à votre aide la religion, pardon d'employer ce mot, c'est superstition qu'il faudrait dire, enfin vous croyez à l'influence d'un homme qui porte l'habit d'un couvent, voilà un moine qui passe, allez à lui, ou faites-lui signe d'approcher.

— Eh! *frate*, donne-moi un bon terne, et si je gagne tu auras une part de mon gain, je te ferai un joli cadeau.

Le moine tire gravement de sa poche crasseuse un papier crasseux; il a des ambes presque sûrs et des ternes qui ont de grandes chances. C'est un de ces derniers que vous voulez; vous lui expliquez vos idées, si vous en avez là-dessus; il écoute, il combine et vous indique votre terne. Si vous n'avez aucune idée préconçue, il vous donne un terne depuis longtemps préparé, fruit de profonds calculs, et vous promet le succès, s'il plait à Dieu.

N'oubliez pas cette restriction, c'est sa porte de salut en cas de perte. Vous lui avez promis une part du gain, donnez-lui tout de suite quelques baïoques, c'est plus sûr pour lui; cela ne l'empêchera pas de vous rappeler votre promesse si le sort vous favorise.

Vous savez que le jeu se clôt le jeudi, ou le mercredi, à minuit, sans remise; quelquefois le vendredi, mais c'est une exception fort rare, une fois ou deux par année. Cependant, si vos affaires ou vos plaisirs vous ont retenu loin de Rome, si enfin vous êtes arrivé trop tard, ne vous désespérez pas. Nous sommes dans un pays où l'on gouverne au nom du ciel, et, vous le savez,

Il est avec le ciel des accommodements.

Le buraliste, le *botteghino*, a pris à son compte, à ses risques et périls, un certain nombre de billets, parmi lesquels vous choisirez celui qui contient le numéro sur lequel vous aviez l'intention de jouer; il vous le vendra un peu plus cher, mais c'est trop juste, puisqu'il vous oblige.

Vous désirez peut-être appeler le sort à votre aide, lui demander un conseil; vous espérez qu'après s'être prononcé une fois, il tiendra à prouver qu'il n'est pas aussi aveugle qu'on veut bien le dire, et que de la roue de la fortune il tirera deux fois les mêmes numéros, exprès pour vous. Soyez satisfait.

Le vendredi, le buraliste dispose devant sa porte un guéridon qui fait l'office du couvercle de la grande boîte de la marchande d'oublies, où est imprimé un cadran dans lequel tourne sur un pivot une longue aiguille terminée d'un côté par une flèche, de l'autre par un cœur. Choisissez. Est-ce le cœur? Est-ce la *flèche*?

L'esprit inventif des buralistes de Rome a appliqué ce jeu aux combinaisons de la loterie. Au lieu de porter un cadran imprimé, le bord du guéridon porte sur toute sa circonférence une rangée de trous, et dans chaque trou est planté un billet roulé. Vous faites tourner l'aiguille, et vous prenez le billet devant lequel s'arrête le cœur ou la flèche.

Le samedi, un peu avant midi, une foule assez nombreuse d'hommes du peuple s'assemble sur la place du ministère des finances. Sur ce balcon viennent se ranger un monsignor portant robe violette, rochet blanc et camail violet, absolument comme s'il assistait dans une église à une cérémonie religieuse, un jeune enfant de dix à douze ans vêtu d'une robe gris blanc, coiffé d'une espèce de sombrero de même couleur, costume de l'hospice des Orphelins auquel il appartient, et trois autres personnages. On apporte un baril en cristal, parfaitement transparent, dont toutes les douves sont garnies sur leur jointure d'une bande de cuivre; aux extrémités, deux cercles de cuivre serrent les douves sur le fond de cristal. On apporte en même temps les étuis qui renferment les quatre-vingt-dix numéros; on les ouvre l'un après l'autre, l'un des trois personnages dit tout haut le numéro que l'on replace dans son étui et qu'on introduit dans le tonneau par une porte qui fait l'office de la bonde.

Il est midi, le canon quotidien du fort Saint-Ange résonne; le monsignor fait une prière, le jeune garçon lève son chapeau, fait le signe de la croix, remet son chapeau, décrit lentement un cercle avec son bras, plonge la main dans le tonneau, et en retire un étui qu'il remet au monsignor; celui-ci en extrait le numéro, l'annonce et le remet aux personnes placées à sa gauche, après l'enfant; le numéro passe de main en main jusqu'au dernier personnage, un fort bel homme, bien mis, qui, d'une voix de basse-taille, chante le numéro et jette aux spectateurs le papier qui le contient.

Le tonneau tourne sur son axe un instant, l'enfant arrondit son bras de nouveau et tire un second numéro, qui est remis, lu et proclamé de même, jusqu'au cinquième. Puis la foule s'écoule dans tous les sens; si les hommes qui sont là sont des travailleurs, ils ont perdu une partie de leur journée.

Sollicités par tous ces appeaux, les habitants de Rome se sont habitués au jeu. Dans un grand nombre de familles, la loterie a son budget particulier, et on m'assure que beaucoup de personnes s'astreignent deux jours par semaine à ne manger que du pain, afin de consacrer au jeu le fruit de l'épargne. Aussi, le jeudi soir, les bureaux sont pleins d'hommes, de femmes et d'enfants; de grands gaillards, forts et vigoureux; le crayon à la main, écrivent les numéros qu'ils vont faire passer au buraliste, de belles Minenti se mêlent à cette foule; des femmes en haillons portent et traînent des petits enfants, sans souliers, coudoient des dames accompagnées de charmantes jeunes filles en galantes crinolines et en coquets chapeaux. La misère et l'aisance associent l'enfance à des espérances folles. Qu'il y ait un jour de gain, et plus tard la désillusion amènera ce qu'elle pourra.

Je regardais tristement ce spectacle, un soir, à la porte d'un bureau, où les joueurs entrant et sortant se succédaient sans relâche, quand des voix plaintives frappèrent mes oreilles à droite et à gauche. Je regardai, j'étais flanqué de deux mendiants, un homme et une femme, hideux l'un et l'autre, qui me demandaient avec instance la *Carità*; le jeu allait se clore, ils voulaient jouer.

Quelque minimes que puissent être les mises — et elles descendent à trois ou quatre baïoques — il y a des gens trop pauvres pour jouer à la loterie du gouvernement. Il y a aussi beaucoup de familles trop riches pour penser au gain problématique qu'elle peut donner. Soit avec préméditation, soit par suite d'un hasard dont on a profité, on a amené ces deux classes à s'occuper du jeu, et on en a prélevé l'impôt sur elles.

La loi défend les loteries particulières, la tombola, la mise en loterie de tout objet; mais le gouvernement qui a fait la loi se croit le droit d'y déroger, et il autorise et tombolas et mise en loterie de toutes sortes d'objets, à la condition de prélever 20 p. 100 sur le prix des billets.

Un homme achète une poule et la met en loterie. Ne croyez pas que j'invente, je dis ce que nous voyons tous les jours. Cet homme fait quatre-vingt-dix billets, timbrés par le fisc, très-réguliers, à un baïoque le billet. Ce n'est pas cher et c'est à la portée de tout le monde. Il s'en va courant la ville, portant sa poule vivante dans un petit panier malpropre, où elle est assez étroitement logée, la pauvrette, la montrant à tout le monde, surtout dans les quartiers pauvres, et criant ses billets. On sait que le premier numéro qui sortira le samedi suivant au tirage officiel sera le numéro gagnant.

La première fois que je rencontrai un de ces singuliers entrepreneurs de jeux publics, il s'en allait criant :

« Voilà le numéro 67 ! Je n'ai plus plus que celui-là, mais c'est le bon, il est attendu, il va sortir, prenez 67 ! » Une jolie petite fille dont les vêtements suaient la misère, et que sa mère envoyait sans doute, paya d'un baïoque le numéro 67, et l'homme alla plus loin crier : « 68 ! Je n'ai plus que celui-là, c'est le bon, il est attendu, il va sortir, prenez 68 ! »

Il récolte ainsi quatre-vingt-dix baïoques, il en donne dix-huit au gouvernement pontifical ; il lui en reste soixante-douze pour payer sa poule, ses billets et sa peine. Il y a un pauvre diable qui met la poule au pot le dimanche, s'il ne la revend pas au teneur du jeu pour une quinzaine de baïoques, et il y a quatre-vingt-neuf pauvres petits enfants qui n'ont pas le pain du jour.

Mais que dis-je, quatre-vingt-neuf ! Il y a des *hommes à la poule* dans tous les quartiers, et ils ne bornent pas là leurs spéculations. On met en loterie un saucisson, un fromage, un quartier de chevreau, une chemise, tout ce qu'on peut imaginer, et le nombre de baïoques enlevés aux pauvres chaque jour doit être considérable.

Ce genre de loterie s'appelle une *Riffa*.

On vient de voir la riffa de la misère, la richesse a aussi la sienne, avec ses crieurs et ses chalands. Elle se compose de tout ce qui peut tenter et quelquefois d'objets d'assez haut prix. C'est, par exemple, un équipage, c'est-à-dire une voiture et deux chevaux. On les promène par la ville, dans les rues les plus fréquentées ; on les fait stationner sur les places les mieux habitées, afin d'attirer les regards et d'exciter les désirs ; et on y réussit toujours. Telle dame qui ne voudrait pas jouer un paul à la loterie, qui ne consentirait pas à envoyer sa domestique chez le botteghino, n'a pas la force de résister à l'espérance de gagner un bel équipage, et prend un billet qui lui coûte de vingt-cinq à trente écus romains, soit de cent trente-six à cent soixante francs.

L'entrepreneur touche douze ou quatorze mille francs, livre les chevaux et la voiture et donne au gouvernement de deux mille quatre cents à deux mille huit cents francs.

Il y a des hommes qui ne jouent pas à la loterie et qui ne prennent de billets ni à la *riffa* de la poule ni à celle de l'équipage; on en a inventé une autre pour eux, c'est la *riffa* des objets d'art dont on colporte les billets dans les cafés. On intéresse ainsi un grand nombre d'individus à savoir quel est le premier numéro sorti au tirage du samedi.

Frappé des dommages qui résultent pour la classe pauvre de cette institution de la loterie, j'en causais dernièrement avec un haut fonctionnaire romain, et je lui représentais qu'elle entretient dans le peuple l'amour du jeu; l'espoir de s'enrichir par un coup du hasard l'empêche de s'occuper de choses plus sérieuses, de se livrer avec ardeur au travail, seule source réelle de fortune, et en somme lui enlève une partie de ses ressources.

Le fonctionnaire souriait.

— Le jeu, me dit-il, est devenu pour le peuple de Rome une occupation sérieuse, une nécessité. On en parle tous les jours; il est un grand nombre de familles où l'on n'aurait aucun sujet de conversation si celui-là était supprimé. On se visite pour en causer, pour concerter ses calculs et préparer ses chances. Enfin, le tirage, bien qu'il ait lieu chaque semaine, est toujours un événement qui ravive les espérances.

— Oui, mais dont le résultat amène de cruelles déceptions et coûte bien des larmes.

Il hocha la tête et reprit.

— Il faut à une certaine portion de la société, chez tous les peuples, une occupation intellectuelle, un but à poursuivre, un grand intérêt à discuter; nous lui avons interdit la politique...

— Et vous lui avez donné la loterie, m'écriai-je.

— Que voulez-vous? poursuivit-il, c'est un exutoire; c'est l'emploi d'une activité d'esprit qui, tournée ailleurs, appliquée à autre chose, pourrait être dangereuse. La loterie est devenue, pour quelques-uns, l'opposition que l'on fait au gouvernement, en cherchant à lui gagner son argent; et cela est si vrai, que dans les journaux étrangers on proclame la victoire remportée sur lui, l'échec qu'il a éprouvé, quand un joueur a gagné le gros lot de dix-huit mille écus.

— Bien, repris-je; c'est de l'opium moral que vous infusez dans les veines de ce peuple.

Il fronça le sourcil, mais se remit aussitôt, me regarda dans les yeux et répondit tranquillement :

— On gouverne comme on peut.

CHAPITRE XIII

Le futur conclave. — Ceux qui font un pape peuvent-ils imposer aux Romains un roi électif que la nation n'est pas appelée à élire ? — Graves questions ; singulières anomalies. — Le droit des peuples.

9 avril.

La santé du pape, depuis longtemps chancelante, dont on ne peut plus cacher la profonde altération, malgré les efforts qu'il fait pour paraître en public, l'âge avancé auquel il est arrivé, la marche naturelle des choses qui pose des limites à la vie humaine, permettent de penser qu'un conclave peut être appelé bientôt à disposer de la tiare.

La grande famille catholique éparse sur le globe attache naturellement une grande importance à ce que le souverain pontificat soit confié à un homme tout à la fois digne et capable de l'exercer, et cette importance explique l'intérêt qu'elle prend toujours aux discussions et aux décisions des conclaves. Membres de cette famille, vivant pour ainsi dire à l'ombre du Vatican, les habitants des États romains ne sauraient voir sans une certaine émotion la nomination d'un pape destiné toujours à exercer une haute influence autour de lui ; mais, pour eux, dans la situation actuelle, s'élève une question d'un autre ordre, complètement en dehors des affaires spirituelles et qui touche à l'existence matérielle de ce peuple, petit par le nombre, grand par les souvenirs du passé, par ses aspirations nouvelles, et digne de toutes les sympathies.

Il s'agit, en effet, pour lui, de savoir si une assemblée d'étrangers réunie uniquement dans un but religieux, celui de donner un chef à l'Église catholique, a le droit d'imposer un roi à la population romaine, qui ne lui a donné aucun mandat pour agir en son nom et ne prendra aucune part à l'élection.

Je pose la question dans sa plus grande simplicité, dégagée de tout nuage, débarrassée de toutes les considérations qui l'obscurcissent, telle qu'elle peut se présenter demain, telle que la poserait certainement le peuple de Rome s'il avait un moyen d'exprimer sa pensée, étouffée aujourd'hui dans un réseau d'entraves habilement combinées pour ne laisser aucune issue à la manifestation de l'opinion publique.

De toutes les populations qui composent les États de l'Europe, celle de Rome est assurément la plus mal partagée dans l'exercice des droits civiques; aucun peuple n'a moins de part à la nomination de son gouvernement, bien que ce gouvernement soit électif; aucun ne concourt moins à l'administration du pays.

Sous les monarchies les plus absolues des temps passés, la nation avait des droits, des priviléges que le souverain appelé au trône *par la grâce de Dieu* jurait de respecter. Elle avait des constitutions que ce même gouvernement s'engageait à ne point violer. Ici, elle accordait l'impôt sous le titre de subsides, d'aide, de taille, par l'organe de ses États spécialement convoqués pour examiner les demandes de la couronne et discuter avec elle. Ailleurs, dans les pays où les envahissements du pouvoir royal en étaient arrivés au point que l'on se passait des États, la nation avait encore ses parlements qui examinaient les édits sur les taxes et refusaient parfois de les enregistrer.

Il y avait lutte, c'est vrai; mais lors même que la nation ne l'emportait pas, cette lutte confirmait son droit et le maintenait pour l'avenir.

Le peuple de Rome, sous le gouvernement papal, n'a rien, ni droits, ni priviléges, ni constitution, ni états généraux, ni parlement. En arrière de plusieurs siècles sur tous les autres peuples, il subit une administration dont il ne peut pas contrôler les actes, avec laquelle il ne lui est pas même permis de compter par ses mandataires.

Dans les gouvernements électifs, c'était la nation qui donnait la couronne; si toutes les classes n'étaient pas appelées à voter directement, ce droit, du moins, était dévolu à une ou plusieurs de ces classes, qui stipulaient pour la nation entière et recevaient le serment du nouveau chef, jurant de respecter la constitution et le droit en vertu duquel il était élu.

A Rome, ce n'est pas la nation assemblée au champ de Mars ou au Forum, ce n'est pas la noblesse, ce n'est pas la bourgeoisie, ce n'est pas le peuple dans ses comices, ce ne sont pas ses tribuns qui choisissent le roi dont l'élection sera ratifiée par tous; ce sont des évêques étrangers, espagnols, portugais, autrichiens, allemands, français, italiens, suisses, anglais, belges, qui se réunissent sans aucun pouvoir civil, sans aucun mandat émanant du pays, et proclament l'homme qui sera, non pas leur roi à eux, mais le roi des Romains.

Ces évêques électeurs obéiront-ils au chef temporel qu'ils viennent de créer? Nullement. Ils sont sujets du roi, de l'empereur, de la république de leur pays. Lui prêtent-ils foi et hommage en tant que roi? Du tout. Ils ne tiennent rien de lui, ni fiefs, ni titres. Si ce pape-roi, revenant aux traditions de ses prédécesseurs, ceignait l'épée et se mettait à la tête d'une armée, le suivraient-ils à la guerre? Non. Lors même que quelques-uns d'entre eux en auraient la velléité, ils ne pourraient le faire sans l'autorisation de leur gouvernement, lequel ne l'accorderait pas, tant cela heurterait les idées et les mœurs de notre époque. On recule malheureusement quelquefois, mais pas si loin. Lui imposent-ils quelque obligation relativement à l'exercice de ce pouvoir civil dont il va être investi par le seul fait de sa nomination à la papauté? Ils n'ont point à s'en préoccuper.

Ce souverain de Rome une fois proclamé, ces évêques électeurs s'en retournent chez eux, et par une anomalie des plus étranges, si le souverain de leur pays faisait la guerre au pape, ils contribueraient par l'impôt à couvrir les frais de cette guerre. Bien plus, dans ce cas de collision entre le pape et le chef de leur nation, s'ils allaient défendre de leur épée le roi qu'ils ont fait, ils se rendraient coupables du crime de trahison, et encourraient la peine capitale comme tous ceux qui combattent contre leur patrie.

Au temporel, ils ne doivent aucune obéissance à ce chef qu'ils ont élu, aucun lien ne les lie à lui ni dans sa fortune, ni dans ses revers. Au spirituel, ils n'ont pas le droit de publier les ordonnances qu'il rend, c'est-à-dire ses bulles, sans la permission officielle et publique de leur gouvernement.

D'un autre côté, ces singuliers électeurs jouissent dans leur patrie de toutes les prérogatives attachées au titre de citoyen. Ils sont propriétaires, électeurs, membres parfois des grands corps de l'État; ils participent à la création des lois par la nomination directe des députés qui ont mission de les discuter, de les modifier; par eux ils élèvent ou abaissent les charges publiques constituant les revenus du pays; par eux ils contrôlent les dépenses, par eux ils approuvent ou blâment la marche du pouvoir, par eux enfin ils prennent part au gouvernement de leur nation. Les Romains, au contraire, sous le roi qu'on leur impose, sans parlement, sans mandataires, sont tenus d'obéir à des lois promulguées en vertu d'un pouvoir qu'ils n'ont délégué à personne; de payer des taxes sur la quotité et sur l'opportunité desquelles ils n'ont pas été consultés, dont ils ne contrôleront pas l'emploi.

Ces évêques électeurs, si une grave question surgit dans leur pays, usant de la liberté que la loi leur accorde, prendront la plume, écriront une brochure, un livre, sur la question. Si elle ne comporte pas un si long travail, les colonnes des journaux leur sont ouvertes pour exprimer leur pensée. A Rome, toute question peut surgir, eût-elle un intérêt européen, universel, personne n'écrira, parce que personne ne peut écrire, parce qu'il n'y a ni presse, ni journaux libres. Nul imprimeur ne se charge de faire composer un ouvrage si le manuscrit n'est pas revêtu de l'autorisation des deux censeurs, le censeur politique et le censeur religieux.

Tout cela est contraire à la logique et au bon sens.

Les évêques qui choisissent un pape n'ont aucun mandat pour élire un roi; personne au monde ne leur en a conféré le pouvoir, ce droit n'est écrit nulle part. S'il est quelqu'un qui puisse choisir un roi pour le peuple romain, c'est ce peuple lui-même; à lui seul appartient de faire cette élection. Les évêques ne sauraient valablement donner à l'un d'entre eux une ville, une province, un État qui ne leur appartiennent pas, dont la plupart ne sont pas même citoyens.

Mais, dira-t-on, ces évêques ne songent pas du tout à nommer un roi de Rome; ils remplissent un mandat inhérent à leur caractère, attaché à leur fonction épiscopale, en élisant le chef de l'Église catholique, le représentant, le titulaire d'une autorité spirituelle, sans regarder au delà, sans se préoccuper de la puissance matérielle dont il jouira. Ce raisonnement est parfaitement erroné, et les évêques savent fort bien qu'ils vont donner à un homme un royaume qui n'est pas à eux.

C'est une flagrante contradiction que dans une royauté élective le roi ne soit pas élu par ceux qu'il doit gouverner, qui ont seuls intérêt à ce qu'il use avec sagesse du pouvoir qu'on va lui donner. Elle a duré assez longtemps, cette contradiction, elle a soulevé assez de plaintes, causé assez de maux, il est juste qu'elle cesse, que les Romains redeviennent maîtres d'eux-mêmes. S'ils veulent un gouvernement électif, ils choisiront leur chef après s'être entendus avec lui sur les conditions auxquelles il exercera la puissance.

Veut-on prétendre que Rome est un fief de la papauté, qu'elle appartient au chef de l'Église catholique, quel qu'il soit, comme autrefois sous la féodalité telle ou telle cité était le fief héréditaire d'une famille, d'un évêché, d'une abbaye? Mais la féodalité a croulé partout, ses derniers vestiges s'en vont en lambeaux; Rome et ses environs sont semés des ruines de ses châteaux démolis, de ses tours démantelées bâties sur les aqueducs, comme pour marquer deux états sociaux renversés l'un et l'autre dans la succession des temps et des idées.

Voilà, au nord, la Russie qui a émancipé ses serfs, et qui aujourd'hui appelle toutes les classes, nobles, bourgeois et paysans, à nommer leurs représentations provinciales et communales. Vous voulez que Rome soit en arrière même de la Russie, qu'elle soit un patrimoine féodal? en ce cas, laissez la commune romaine régler ses intérêts avec son possesseur, écrire les articles de sa charte, et que nulle puissance n'intervienne entre elle et lui au mépris du droit. Si vous ramenez les États romains au moyen âge, donnez-leur au moins les bénéfices de ce temps-là.

Mais cette prétention est surannée quand on proclame partout le droit des peuples. Naples, Milan, la Toscane, Modène, Parme, les Marches, l'Ombrie, ont voté leur réunion au royaume d'Italie. La Savoie et Nice ont été appelées à voter sur la cession de leur territoire à la France. Le peuple grec a voté l'acceptation de son nouveau roi après avoir renvoyé l'ancien. Le Mexique a voté, on le proclame, sur la proposition qu'on lui faisait d'accepter un empereur. Que le gouvernement français, qui a fait cet empereur, soit donc conséquent avec lui-même, et, quand les évêques éliront un pape, qu'il laisse Rome élire un roi, choisir, en un mot, la forme de gouvernement qu'il lui conviendra d'adopter.

CHAPITRE XIV

Double anniversaire du retour de Gaëte et du *miracle* de Sainte-Agnès. — Visite du pape à l'église de Sainte-Agnès hors des murs. — Le cardinal Bedini. — Manifestations politiques en faveur du pape-roi. — Arrestations. — Historien emprisonné avant d'avoir achevé et publié son livre. — Coutumes des anciens triomphateurs conservées jusqu'à nos jours.

16 avril.

Mardi dernier a été célébré le double anniversaire qui, sous le gouvernement actuel, est la fête publique de Rome. Deux événements, l'un d'une haute importance politique, l'autre, résultat du hasard, ont en effet marqué ce jour, et tiendront une certaine place dans l'histoire de Pie IX.

Le 12 avril 1850, ce pape revenait triomphant de Gaëte, rentrait à Rome occupée par une armée française, et reprenait possession du pouvoir temporel sous la protection des baïonnettes. On appelait cela céder aux vœux des populations. C'est l'histoire de toutes les restaurations.

Le 12 avril 1855, le pape étant allé faire une visite au couvent de Sainte-Agnès hors des murs, donnait gracieusement son pied à baiser aux assistants, quand le plancher de la salle où il était, au premier étage, s'effondra tout à coup. La plupart des personnes qui se trouvaient là tombèrent au rez-de-chaussée avec les débris, et quelques-unes furent blessées. Le pape, assis dans un fauteuil, reposant sur un tapis épais, séparé de la foule, descendit plutôt qu'il ne tomba et ne se fit aucun mal.

Le pape sortait sain et sauf d'un danger; on a voulu voir en ceci l'intervention de la sainte Vierge, sans réfléchir qu'elle aurait bien pu empêcher l'accident tout entier et arrêter le plancher en l'air; mais elle a eu sans doute ses motifs pour le laisser tomber; il n'appartient à personne de sonder le secret de sa pensée, ni les mystérieuses combinaisons du ciel. Aujourd'hui on est en train de faire d'un hasard heureux un bel et bon miracle que la peinture a déjà reproduit et qui servira très-probablement un jour à la canonisation de Pie IX. Les anciens romains mettaient leurs souverains au rang des dieux; les nouveaux les mettent au rang des saints.

Le couvent de Sainte-Agnès a gagné à cette affaire la restauration de son église maintenant fort élégante, fort riche, et qui a dû coûter des sommes considérables. Le pape s'y rend chaque année, à pareil jour, et le soir Rome est illuminée.

Mais s'il y a un miracle dans le salut du pape, il y a dans le retour de Gaëte un fait tout politique, et on met à profit cet anniversaire pour faire une démonstration en faveur du pouvoir temporel. On y a procédé mardi avec un certain apparat. C'était la seconde de ce genre dans l'espace de quelques jours. Les lampes, au moment de s'éteindre, jettent un plus vif éclat.

On attendait le pape vers quatre heures, et une foule considérable était réunie sur la voie Nomentana qui est fort large auprès du couvent; foule composée de gens de toutes conditions, mais dans laquelle dominaient de beaucoup les prêtres, les religieux, les moines, les séminaristes portant 'habit de toutes sortes de congrégations.

L'attente a été longue. Le pape s'était couché après son dîner, ordonnant qu'on l'éveillât à trois heures, mais peut-être avait-on respecté son sommeil, peut-être avait-il eu besoin d'un plus long repos.

Quelques porporati revêtus de leur éclatant costume arrivaient de loin en loin, semblant annoncer la venue de leur souverain; ils mettaient pied à terre à la porte du couvent et passaient inaperçus. A un seul d'entre eux, Mgr Bedini, archevêque de Viterbe, appartenant à la congrégation de la Propagande, on a fait une petite ovation fort bien préparée, et qu'il a reçue de la plus joyeuse humeur.

Au lieu d'aller jusqu'à la porte du couvent, sa voiture s'était arrêtée à vingt pas de là, et le prélat traversait un groupe nombreux de jeunes séminaristes qui, charmés de le voir au milieu d'eux, l'y avaient retenu et s'agenouillaient tour à tour pour lui baiser la main. Le cardinal paraissait les connaître tous, adressait la parole à chacun d'eux, en riant de tout cœur, et les jeunes écoliers étaient ivres de joie.

Au milieu de ce petit brouhaha, un homme portant le costume bourgeois, et d'un âge avancé, entra dans le cercle, et pliant le genou, baisa la main du prélat. Le spectacle d'un homme qui s'humilie devant un autre homme m'a toujours vivement froissé, et j'éprouvai un sentiment de tristesse en voyant ce vieillard s'abaisser ainsi, sur un chemin public, et aux yeux de la multitude ; je dus me rappeler que nous étions à Rome. Toutefois, il accomplit cet acte avec une certaine dignité, et avant qu'il eût donné cette marque de respect au cardinal, celui-ci l'avait reconnu, et toujours riant, l'avait tout haut interpellé par son nom.

— Ah! vous voilà, monsieur de Fossombrone; il y a longtemps que je ne vous ai vu, comment vous portez-vous?

Ce nom de Fossombrone me rappela l'ancien ministre du grand-duc de Toscane; le visiteur était probablement un de ses parents, son frère peut-être. Bientôt Mgr Bedini quitta les joyeux écoliers et disparut dans le couvent.

La multitude lasse d'attendre commençait à s'éclaircir. Un mot d'ordre circula dans les rangs, à voix basse, quelques personnes s'éloignèrent pour aller se poster un peu plus loin, le devant de la porte resta libre, il était évident que le pape n'entrerait pas à Sainte-Agnès par là, et qu'on lui épargnerait la fatigue de descendre le long escalier qui conduit du couvent à l'église.

Enfin, le souverain pontife arriva au galop dans son carrosse à quatre chevaux, et fut accueilli par les acclamations de : *Viva il papa!* A peine sa voiture était-elle arrêtée, qu'un groupe d'une trentaine de prêtres ou religieux portant soutane et chapeau à l'avenant, se précipita à l'entour, agitant des mouchoirs et criant avec de vigoureux poumons : *Viva il papa-re!* Quelques hommes, non prêtres, assez mal vêtus, agitaient avec frénésie des morceaux de toile blanche attachés au bout d'une gaule en poussant le même cri.

Le pape entra dans l'église, et une partie de la foule reprit le chemin de Rome, pendant que les plus zélés ou les plus curieux restaient là pour revoir le pontife. Sa visite à Sainte-Agnès a duré environ une demi-heure; un plus long séjour eût pu être dangereux dans ce temple profondément enterré au-dessous du niveau de la route, où le froid vous saisit aux épaules dès que l'on commence à descendre les premières marches du grand escalier.

A sa sortie, Pie IX fut accueilli par les mêmes hommes et par les mêmes cris, politiques et autres, qui l'avaient salué à son arrivée.

Près de la porte Pia, une longue balustrade pratiquée sur le mur de soutènement d'un belle villa, et donnant sur la voie Nomentana, était tendue de tapisseries et ornée d'un grand nombre de tout petits drapeaux blanc et jaune. Un cardinal, plusieurs prêtres, quelques jeunes femmes, jeunes filles et jeunes garçons, se promenaient, jouaient, causaient là, en attendant le retour du pape. Le site est charmant; la villa s'élève sur une éminence dominant la route qui elle-même surplombe un vaste champ dans lequel on aperçoit le délicieux palais Albani; au-dessus du palais, dans l'éloignement, la vue n'est bornée que par les montagnes Tiburtines, se détachant sur le ciel bleu. A ce point de la route, rien ne cache au regard ce vaste paysage, car le mur immense qui la soutient est terminé par un parapet à hauteur d'appui. Des hommes du peuple étaient assis sur les dalles qui couronnent ce parapet, en face du balcon, et quand le pape est revenu, des cris, des vivats sont partis et de la villa et de la route.

Un peu plus loin, sur les deux places extérieure et intérieure de la porte Pia, stationnaient un grand nombre de personnes; là encore les prêtres et les moines abondaient, mais ne dominaient pas comme à Sainte-Agnès. Là aussi, des acclamations ont salué le passage du pape.

Entre la place des Termini et la rue des Quattro-Fontane, la garde palatine arrivait musique en tête lorsque a passé le dragon qui précède toujours le pontife; elle s'est arrêtée, s'est alignée, a ployé le genou et présenté les armes, le pape a donné la bénédiction. Là, quatre jeunes gens réunis en un groupe ont fait entendre le cri de *vive le pape-roi!* Puis, le carrosse qui marchait grand train a disparu dans la direction du palais Quirinal pour aller prendre la route par laquelle le pape, quand il vient de ce côté, rentre toujours au Vatican.

En somme, tout ce que j'ai vu de cette manifestation a été, en tant que manifestation politique, froid et mesquin. Pie IX n'a été salué comme roi que par un très-petit nombre d'hommes.

On dit tout haut dans Rome le nom des personnages riches qui paient à trois pauls par journée de travail les désœuvrés chargés d'exprimer l'amour et les vœux du pays. Pour cette fois, cela n'a pas dû coûter cher ; les temps sont durs et l'on fait des économies pour souscrire à l'emprunt. Quant aux prêtres, religieux et séminaristes, en allant à Sainte-Agnès, ils avaient évidemment obéi à un ordre, en leur qualité de milice du Saint-Siége. L'arrivée du pape les a laissés fort calmes ; ce n'était pour eux que la fin de la corvée. Ceux qui poussaient le cri de *vive le pape-roi* formaient un groupe à part, parfaitement distinct ; ils répétaient dans leur enthousiasme ambulant la scène faite huit jours avant sur la place de la Minerve. C'étaient les mêmes hommes.

Mais leurs cris ne trouvaient d'écho ni parmi les prêtres, ni dans le reste de la foule. Il n'y avait point là de transports véritables, rien qui ressemblât aux marques d'un attachement réel. Ce n'était pas là un peuple proclamant son gouvernement juste et sage.

Sans doute il ne faut pas attacher un bien grand prix aux ivresses trop souvent passagères des multitudes, mobiles comme le flot ; mais quand on recherche leurs acclamations, c'est qu'on pense en avoir besoin, c'est qu'on espère y trouver un appui, une force, et ici il n'était pas possible de se faire illusion sur l'appui, sur la force que le pouvoir temporel peut attendre de la population romaine.

Employés du gouvernement, recevant fort peu, faisant encore moins, employés des anciennes provinces de l'Église appartenant aujourd'hui à l'Italie, qui ont trouvé plus agréable de venir toucher à Rome les appointements des fonctions qu'ils ne remplissent plus que de les gagner en exerçant leur emploi dans leur pays ; exilés volontaires toscans et napolitains, qui attendent la restauration ; voyageurs étrangers ; voilà, avec les prêtres et les moines, ce qui compose les foules dans les fêtes papales. Mais la bourgeoisie, mais les travailleurs n'y sont pas.

Des bruits douloureux circulaient dans Rome au moment de la manifestation. On assurait que la veille, et le jour même, le gouvernement représenté toujours comme si doux et si paternel, avait fait arrêter plusieurs hommes connus par leur attachement aux saines idées de liberté.

On ne disait pas de quel délit ils étaient accusés ; peut-être prétendra-t-on qu'ils voulaient organiser quelque protestation contre les cris poussés en l'honneur du pape-roi ? Eh ! qui pouvait y penser ? Qu'auraient fait quelques opposants au milieu de jeunes exaltés et des manœuvres salariés ?

Les adversaires du pouvoir temporel suranné, hostile au droit des peuples, destiné irrévocablement à tomber, dédaignent ces criailleries appréciées à leur juste valeur, ces manifestations dont trop d'étrangers sont témoins pour qu'elles puissent longtemps tromper l'Europe, si toutefois elles la trompent encore. Mais Rome, au milieu de la civilisation moderne qu'elle combat et repousse, n'a point abdiqué les souvenirs et les barbares coutumes du passé. Les empereurs et les consuls quand, après de grandes victoires, ils obtenaient les honneurs du triomphe, traînaient enchaînés à leur char les rois et les généraux vaincus, puis les envoyaient au supplice, ou les faisaient ensevelir dans une prison.

Aujourd'hui à Rome, c'est la liberté qui est vaincue, et l'on jette dans les cachots ses amis et ses défenseurs. Le temps a changé la forme du triomphe. Mais si on osait ! Demandez aux dominicains !

C'est assez la coutume des gouvernements tyranniques d'incarcérer sans jugement ceux qu'ils savent, ou qu'ils croient hostiles, afin de supprimer les principaux éléments d'opposition, et de dominer par la terreur ceux qui ne leur sont pas dévoués.

Cette mesure est entrée tellement dans les habitudes romaines, que beaucoup de personnes s'éloignent aux époques de ces bienheureux anniversaires célébrés par des réjouissances publiques.

Si du moins, à ce prix, elles achetaient leur tranquillité ! Mais non ; il n'est point de sécurité à Rome pour quiconque désire des institutions libérales. On est enlevé au milieu de la nuit par des agents de police et jeté en prison sans pouvoir obtenir que l'on vous fasse connaître les motifs de votre arrestation. Un procès est instruit en secret, sans qu'il en soit rien communiqué à celui qui en est l'objet. Au bout de quelque temps, le directeur de la prison lui fait la douce confidence qu'il ne s'élève aucune charge contre lui... mais qu'il ne peut être mis en liberté parce que de nouvelles recherches vont être faites en prenant un autre point de départ.

Le prisonnier passe ainsi des mois, des années, séparé de tout ce qui lui est cher, puis un jour on lui dit : rien n'a été trouvé qui vous incrimine, vous pouvez vous en aller. D'autres fois, le pouvoir a la délicate attention de lui envoyer un passe-port pour l'étranger, bien en règle, bien et dûment visé. Il faut s'éloigner de la patrie aimée, de sa famille, de ses amis, perdre sa profession, laisser à d'autres le soin de ses jeunes enfants, l'administration de ses biens, et aller manger le pain amer de l'exil.

Qui pourrait dire combien il y a aujourd'hui dans les prisons de Rome, sous le gouvernement temporel de la papauté, de malheureux qui gémissent sans savoir quand leur captivité finira, que l'on ne juge pas, que l'on ne jugera jamais.

Je n'ose pas donner le chiffre qu'on m'indique, il effraierait, et je désire qu'on exagère.

Parmi les personnes arrêtées mardi est un historien, écrivain de mérite, qui mettait la dernière main à un ouvrage sur la Rome du moyen âge. On ne se livre pas à un travail de ce genre sans être obligé à de longues recherches, sans fouiller les bibliothèques, sans compulser les documents qui permettent d'exposer les faits avec clarté et de les appuyer de preuves authentiques ; peu à peu le secret de l'auteur devient forcément le secret d'un grand nombre. Il n'est aucun écrivain, dans aucun pays, qui ait tout à coup jeté au milieu de la société un ouvrage de longue haleine sans que cet ouvrage ait été attendu.

L'histoire peut avoir des vérités dures, mais elles s'appliquent au passé, à ce passé inexorable qu'on ne refait pas, que tous ont le droit de mettre en lumière, afin qu'il soit la leçon du présent et de l'avenir ; et les plus sages gouvernements, justement persuadés qu'ils n'ont point à répondre des fautes du passé, comme ils ne se parent pas de sa gloire, respectent les travaux historiques et souvent les honorent.

Si les conséquences que l'auteur a tirées des faits paraissent à certains égards dangereuses pour la société, il y a des magistrats qui examinent l'ouvrage, des tribunaux qui l'apprécient et prononcent, après l'avoir lu, après avoir entendu les explications de l'écrivain.

A Rome, on feint d'oublier que pour publier un livre il faut l'autorisation de deux censeurs ; que s'il s'imprime à l'étranger, la frontière lui est fermée, la douane l'arrête jusqu'à ce qu'il ait obtenu la permission d'entrer. Ce n'est pas assez d'assujettir les travaux historiques, les plus hauts résultats du savoir, du talent, du génie parfois, au laissez-passer de la douane, à Rome, on arrête l'écrivain, on le jette en prison, et on confisque le manuscrit, sans l'avoir lu.

C'est l'inquisition, moins l'auto-da-fé sur la place publique. Mais hélas ! la prison n'est-elle pas le supplice ?

La publicité donnée à un livre peut seule constituer le délit, si délit il y a. Tant que cette publicité n'existe pas, l'écrivain, historien, poëte, romancier, libelliste si l'on veut, eût-il cent fois outragé la vérité dans son œuvre encore inconnue, n'en doit compte à personne qu'à sa conscience, parce que son œuvre est couverte par sa propre obscurité.

Telle est la loi des nations civilisées, loi de justice et de raison. Mais Rome n'est pas gouvernée par la raison et la justice ; elle subit l'arbitraire sans règle, le despotisme sans frein qui veulent tuer la pensée dans son germe.

CHAPITRE XV

Amour du pape pour les ovations. — Visite à Sainte-Marie-Majeure. — Les *Cent-Chauves*. — Rencontre de monseigneur Bedini. — Assassinat de M. Allard, peintre français. — Blondin à Rome. — Passage à Rome de l'empereur Maximilien.

19 avril.

Les membres de la cour pontificale qui ont le plus d'influence sur le pape tiennent décidément à persuader au public que leur souverain est complètement rétabli, que les forces lui sont revenues, qu'il peut sans danger braver les fatigues des petites excursions et des longues cérémonies. Le pontife est à leurs yeux si près du ciel qu'il ne peut être atteint par les douleurs ordinaires de l'humanité. Peut-être le prodigue-t-on un peu. Je le vois fort abattu pendant que d'autres croient le voir tout brillant de santé. Effet d'optique. Je m'incline devant la liberté des appréciations, mais je garde la mienne.

Au surplus, il n'y a pas de lutte entre le pape et ceux qui disposent de lui, il les croit très-volontiers quand ils lui parlent de ses forces physiques. Pie IX a toujours été heureux de se montrer en public; il aime la représentation, les cérémonies où il joue un rôle, et par-dessus tout, les acclamations de la foule. Il s'abuse très-probablement sur leur valeur.

Le pape s'est donc rendu avant-hier dimanche à la basilique de Sainte-Marie-Majeure afin d'y consacrer un autel souterrain placé dans la *Confession* qu'il a fait construire. Ces excavations, je l'ai déjà dit, sont, au point de vue artistique, une chose déplorable, mais qu'il ne faut pas discuter à Rome où, sous prétexte de religion, on dépense des sommes considérables à faire des absurdités. On semble créer des curiosités exprès pour attirer des voyageurs et les occuper à les visiter. On a l'air de protéger les arts en commandant des œuvres inutiles à la réputation des statuaires, car peu de personnes descendent dans ces caves.

Toutes réserves faites contre la pensée de ces sortes de substructions, il faut reconnaître que la *Confession* de Sainte-Marie-Majeure est d'une grande richesse; les escaliers, les parois des murailles sont faits de marbres rares et coûteux; on a prodigué les dorures sur le fer et sur les bronzes, et la balustrade qui entoure l'excavation est fort élégante. L'architecte Vespignani a mis près de deux ans à construire cette singularité.

On croit que Pie IX a l'intention de se faire enterrer dans cette *Confession* et qu'il a voulu bénir le tombeau où il reposera un jour.

Sa visite à Sainte-Marie-Majeure y avait attiré peu de monde. La curiosité avait été satisfaite par les deux dernières cérémonies, et les étrangers commencent à partir. Et puis, il faut bien l'avouer, la foule se réservait pour l'après-midi, où l'attendait un spectacle émouvant. Blondin faisait une de ses périlleuses ascensions dans le vaste champ appelé aujourd'hui *Macao*, qui fut autrefois le camp des Prétoriens. La foule y est accourue à flots pressés, immense. Qui ne laisserait-on pas pour le *héros* du Niagara! modeste titre que l'acrobate prend sur ses affiches.

Toutefois, le petit troupeau chargé de manifester chaudement l'amour de la population a été exact à son poste, et a suivi fidèlement le pape, en le régalant de ses acclamations. Le peuple de Rome, dans un jour de bonne humeur, a donné aux entrepreneurs d'enthousiasme et à leurs salariés un nom assez bizarre et fort peu poétique, mais qui, dans l'intérêt de l'histoire, mérite d'être enregistré.

Sous ce beau climat de l'Italie, les jeunes hommes et surtout les femmes romaines ont une magnifique chevelure; les dames, quelle que soit la forme de leur chapeau, s'arrangent de manière à laisser bien voir cette parure que la nature leur a donnée, et elles ont, ma foi, bien raison. Quant aux minenti qui ne portent jamais ni bonnet ni chapeau, et qui durant les froids se contentent de faire remonter leur châle des épaules sur la tête, elles étalent leurs cheveux dans toute leur magnificence. Les jeunes hommes eux-mêmes en ont un soin tout particulier.

Mais l'âge, la malaria, les refroidissements qui résultent des brusques changements de température, l'humidité de Rome, la fraîcheur des soirs, amènent assez promptement la calvitie, chez les hommes surtout.

L'organisation des crieurs de vivats en l'honneur du pape-roi date du pontificat de Pie IX; la raison, la justice, les besoins du pays réclamaient la suppression du pouvoir temporel, on leur opposa des acclamations payées. Les Romains ne trouvèrent pas que cette innovation valût grand'chose, mais le pouvoir ne tint aucun compte d'une opinion à ce point subversive, et continua d'administrer, aux applaudissements de ces nouveaux chevaliers du lustre.

Les premiers qui organisèrent ce corps, et les premiers qui s'y enrôlèrent avaient eu, paraît-il, le malheur de perdre leurs cheveux; on cite et on montre encore dans Rome les organisateurs, quant aux autres ils changent souvent. Faut-il voir dans le fâcheux état de leur tête, ou chercher dans un autre ordre d'idées l'origine de la dénomination qu'on leur a donnée? J'avouerai franchement que mes recherches, malgré tout le soin avec lequel je les ai faites, n'ont pas pu me conduire à la découverte de la vérité; mais je dois dire aussi que la majorité des personnes que j'ai consultées à ce sujet s'est prononcée pour la première interprétation.

On connaissait les Centumvirs, les Cent-Suisses, les Cent-Gardes; le peuple romain baptisa le corps des applaudisseurs, chefs et soldats, d'un nom assez comique, il les appela *I Cento-Calvi;* les *Cent-Chauves.*

Ce nom leur est resté, et on ne les désigne plus autrement dans Rome.

Depuis la création, des prêtres, des religieux, des séminaristes, comme on l'a vu à la Minerve et à Sainte-Agnès, s'adjoignent à cette bande et font entendre les mêmes cris. Or, comme ils portent la tonsure, il est arrivé que la dénomination *i Cento-Calvi* leur allait assez bien; seulement, dans ce cas, ces mots voudraient dire les *cent tonsurés*, les *cent tondus*.

Les étymologies sont toujours difficiles à établir quand on s'éloigne du point de départ. Peut-être les historiens à venir chercheront-ils l'origine de ce nom ; je leur livre les faits pour les éclairer dans leurs investigations. J'ajouterai, pour dissiper tout nuage, que l'on m'a montré au *Corso* des princes romains faisant partie des Cent-Chauves. Ceux-là ne crient pas, ils payent.

J'ai eu, depuis la fête du 12 avril, l'insigne honneur de rencontrer M. le cardinal Bedini. Il n'y avait plus de foule, plus de jeunes écoliers autour de lui, plus d'ovation à recevoir, plus de Fossombrone pliant humblement le genou, et cette figure que j'avais vue à Sainte-Agnès si joyeuse, si riante, quelques jours auparavant, était alors pâle ou plutôt blafarde à faire peur. On eût dit que la vie s'en était retirée si les yeux injectés de sang n'eussent brillé d'un sombre éclat et promené à droite et à gauche des regards inquiets. Le contraste était si grand que je fus frappé de stupeur et pensai qu'un malheur était arrivé au prélat.

— Qu'a donc aujourd'hui monseigneur ? fis-je à un homme à qui je pouvais tout demander et qui pouvait tout me dire ; je n'ai jamais vu ses traits altérés à ce point.

Cet homme hocha la tête, se pencha vers moi et me répondit tout bas, d'un air mystérieux, en poussant un profond soupir :

— Il a reçu tout à l'heure une lettre de Bologne...

Je ne saisis pas tout de suite le rapport qu'il pouvait y avoir entre la réception de cette lettre et l'état où je voyais le cardinal ; je cherchais dans ma mémoire.

— De Bologne, dis-je tout à coup, de Bologne où il fut envoyé en qualité de légat par Pie IX, lorsque les Autrichiens se furent emparés de la ville.

— Précisément, après la reddition de Rome aux Français.

— Oui, je m'en souviens bien ; il a dû laisser là beaucoup de souvenirs.

— En effet, reprit mon interlocuteur avec une profonde

tristesse ; mais des souvenirs affreux qu'il s'efforce de repousser et qui reviennent avec une persistance implacable. Vous savez ce qui se passa à Bologne sous sa légation?

— Oui, répondis-je; il fut un ministre de vengeance et non un ministre de pacification et d'apaisement; il déploya dans la persécution des patriotes vaincus par l'Autriche une ardeur cruelle; il fit emprisonner et fusiller sans pitié.

— Il alla si loin, si loin, que les autorités autrichiennes elles-mêmes durent modérer son zèle et mettre un frein à la réaction.

— Je sais tout cela, mais en voyant l'autre jour le cardinal à Sainte-Agnès, si joyeux, si bruyant, si heureux de l'ovation des écoliers de la Propagande, je pensais qu'il avait tout oublié.

— Oublié!... Oh! il l'a essayé; mais il y a là-bas, à Bologne, des cœurs endoloris qui pleurent encore, après quinze ans, ceux qu'il a tués ou emprisonnés; et de temps en temps, quand la gaieté lui revient, ils lui redemandent ses victimes, qu'il ne peut plus rendre.

— Et cela dure depuis longtemps? demandai-je à celui qui me faisait cette confidence.

— Depuis qu'il a quitté la légation, me répondit-il. Il a voulu échapper à cette poursuite, il a obtenu du pape, né comme lui à Sinigaglia, une mission religieuse lointaine et le titre d'évêque de Thèbes. De retour, il a été fait archevêque de Viterbe, il a reçu la pourpre, objet de tant de vœux, mobile de tant d'actions inexpliquées, et au milieu des honneurs dont il est comblé, il n'a pas retrouvé la paix de la conscience. Ces lettres reviennent le bourreler; elles sont peu fréquentes, bien simples, point injurieuses, d'une douceur qui ne se dément pas, mais empreintes d'une douleur poignante. Ceux ou celles qui lui écrivent doivent bien souffrir. Elles le mettent dans l'état où vous le voyez.

— Ainsi, toute cette gaieté, tout ce bruit?...

— Cette gaieté, mensonge! Ce bruit, un moyen. Le tout ensemble, un calcul.

— Que veut-il donc encore? Quelle ambition se cache sous cette recherche de popularité ?

— Qui peut savoir quelle ambition ne germe pas au cœur d'un cardinal? En ce moment, il veut prouver au public, pour lequel il joue ces sortes de comédies, que sa conscience est tranquille sur le passé et qu'il n'a point de remords. Le plus triste de ceci, le plus fâcheux, c'est qu'il montre à ces jeunes écoliers, heureux de se trouver autour de lui, qu'on peut être un prêtre cruel, appeler dans des vengeances réactionnaires la prison et le supplice à son aide, mériter ainsi les faveurs, arriver aux plus hautes dignités, vivre l'âme en repos, le cœur en joie et donner à baiser une main tachée de sang.

— Hélas! fis-je avec tristesse, quels déplorables germes de pareils exemples doivent semer dans l'esprit de cette jeunesse dont l'âme est ouverte à toutes les impressions!

Mon homme leva les yeux au ciel et me quitta.

L'empereur Maximilien est arrivé hier à Rome, faisant une courte halte dans son voyage au Mexique. Les Romains sont toujours avides de spectacles, et une foule incroyable est accourue au-devant de lui; la même qui se pressait, la veille, à la représentation de Blondin.

Presque à la même heure, un horrible assassinat était commis à Rome; c'est le second en deux mois. Le premier avait eu lieu en pleine rue, à deux pas du Corso, à la tombée de la nuit, dans un fiacre, où les assassins avaient tué les deux commis d'un banquier qui portaient chez leur patron la recette du jour. Inutile d'ajouter qu'ils n'ont pas encore été découverts.

Cette fois la victime est un peintre français, M. Allard, de Lyon. Il avait son appartement rue Frattina, où sa femme vient d'accoucher de deux jumeaux, et son atelier place de Florence, un des quartiers les plus peuplés de Rome.

C'est là que les voleurs l'ont frappé à coups de marteau à la tête. On l'a trouvé baigné dans son sang, respirant encore, mais dans un état qui laissait peu d'espoir. Il est mort à quatre heures du soir.

Rome est l'asile des brigands enrôlés par François II, auxquels les troupes italiennes et les gardes nationales des provinces napolitaines laissent peu de repos. Le métier commence à devenir dangereux. Soit que l'ex-roi ne montre pas assez de générosité, soit qu'ils attendent que la guerre éclate entre l'Italie et l'Autriche, les honnêtes soldats des bandes réactionnaires séjournent tranquillement ici, s'entretiennent la main par l'assassinat et suppléent par le vol à l'insuffisance de la paye.

Quand finira cette déplorable situation ?

CHAPITRE XVI

La fête de Shakespeare. — Les Anglais et l'autorité romaine. — Le buste d'Alfieri exilé du Pincio. — La fête du dieu *Quine* et de la déesse *Tombola*. — Deux meurtres à ajouter à celui de M. Allard.

23 avril.

On fête aujourd'hui en Angleterre, à cette heure, la mémoire d'un grand poëte, d'un penseur profond, d'un peintre vigoureux des mœurs de son temps et des passions éternelles de l'humanité ; de l'un de ces hommes qui s'élèvent sans maître, doués d'une facilité d'assimilation qui répare avec promptitude le défaut d'instruction de leur jeunesse, qui ont plus deviné qu'ils n'ont appris ; écrivain longtemps ignoré ou méconnu hors de son pays dont il est l'une des gloires, et pour lequel l'heure de la popularité, c'est-à-dire de la justice, est enfin arrivée.

Les Anglais qui habitent ou visitent Rome en ce moment, fiers à bon droit de leur poëte, persuadés que tout citoyen d'une grande nation emporte à l'étranger un reflet de la gloire nationale, ont voulu s'unir par la pensée à leurs compatriotes et célébrer ici l'anniversaire de la naissance de Shakespeare. C'eût été la fête de l'intelligence, un hommage rendu dans la capitale de l'ancien monde, à cette force qui s'appelle l'esprit, à cette puissance éternelle qui s'appelle le génie.

Il leur semblait tout naturel d'honorer sur la terre italienne un talent qui n'appartient plus à l'Angleterre seule, mais dont la patrie est dans tous les pays où l'on a le sentiment du grand et du beau. Ils allaient associer Rome l'arriérée, Rome l'immobile, au mouvement intellectuel de l'Europe.

On avait demandé au prince Borghèse une des salles du palais de sa villa hospitalière du faubourg *del Popolo*, qui s'ouvre aux spectacles publics, aux tournois, aux tombolas, et tous les jours à la foule amoureuse de ses merveilleux ombrages. Le prince consulta l'autorité et, sous la pression d'une haute influence, ne consentit pas à être l'hôte de Shakespeare.

Les Anglais s'adressèrent au nouveau propriétaire de la villa Albani qui vient de la restaurer avec tant de luxe et de bon goût, et alors absent de Rome, et leur demande fut accueillie aussitôt. Le télégraphe joua deux fois et tout fut dit. Il était impossible de choisir mieux ; le palais, ou plutôt le temple d'une suprême élégance, tout rempli de chefs-d'œuvre, consacré à la statuaire et à la peinture était bien digne d'entendre les hommages rendus à la poésie.

Il ne s'agissait pas d'un banquet politique ; qui donc ici pouvait y songer à propos du poëte anglais ! L'art est assez riche pour qu'on n'ait pas besoin de toucher au fruit défendu, et les orateurs étaient d'accord pour s'abstenir dans leurs toasts de toute allusion qui pût éveiller les susceptibilités du gouvernement.

Mais fêter Shakespeare à Rome ! Un libre penseur, un auteur dramatique, un comédien ! Rendre un hommage public à un pareil homme ! La villa Albani est hors des murs, c'est vrai ; mais l'écho des paroles pouvait résonner sur les sept collines. Est-ce qu'il a été canonisé, ce Shakespeare ! Est-ce qu'il est saint ? Est-ce qu'il a été béatifié, au moins ? Est-ce qu'il a été pape ? Non, ce n'était qu'un grand génie. Vous nous la donnez belle ; qu'avons-nous affaire de cela ! Et puis, il n'y a de vrai génie que dans l'Église catholique, apostolique et romaine. Parmi les vivants, on ne fête ici que le pape, et parmi les morts, que les saints, et les rois, dont on fait des saints quand cela est utile. Nous avons fait enlever du parterre du Pincio le buste d'Alfieri, oui, d'Alfieri, un poëte italien, dont on dit quelque bien, mais qui n'était pas des nôtres.

On a l'air d'inventer une Rome fantastique lorsque l'on raconte ce qui se passe dans cet étrange pays, mais l'invention ne vaudrait pas la réalité. Sous l'habile direction d'un jardinier français, homme d'un vrai mérite, le Pincio est devenu une délicieuse promenade. Dans un jour de libéralisme artistique, le municipe romain y a fait placer un grand nombre de bustes d'hommes illustres dans tous les arts ; et comme le laurier croît en abondance sur le Pincio, le jardinier a eu l'idée heureuse et originale de faire ombrager tous ces bustes par des lauriers. Le buste d'Alfieri était là avec ceux de Boccace, Métastase, Le Tasse, l'Arioste, Dante, Virgile, Cicéron, Giotto, Léonard de Vinci, Le Titien, Corrége, Goldoni, et vingt autres illustrations de tout genre, et pendant quelque temps personne ne soupçonna que ce buste fît courir à la ville de Rome le moindre danger. Mais un beau jour le Vatican s'émut, le sénateur fut mandé... et le pauvre Alfieri disparut.

Rien ne peut rendre l'étonnement, ou plutôt la stupeur que manifesta le haut fonctionnaire romain quand les représentants de la société anglaise lui exprimèrent la pensée de célébrer l'anniversaire de la naissance de Shakespeare. Fêter le génie dans ce pays où l'on n'en reconnaît pas l'influence ; la liberté de penser dans un monde où toute liberté effraie ; le talent devant des hommes pour lesquels il n'y a pas de talent hors celui qui chante les miracles ou les dignitaires de l'église. Les Anglais ne soupçonnaient pas que l'on pût s'opposer à la réalisation de leur désir, le magistrat ne soupçonnait pas qu'un pareil désir eût pu venir à quelqu'un. On fut un moment sans se comprendre.

Il fallait cependant se prononcer, refuser ou laisser faire ; le fonctionnaire s'est jeté sur le terrain de la politique et la scène a été d'un haut comique. Il a fait intervenir Garibaldi à propos de Shakespeare : la population de Londres, les membres du parlement venaient de faire à l'ennemi de Rome, à l'ennemi de la papauté, une réception pleine de tant d'enthousiasme, si extraordinaire, qu'elle avait mécontenté le saint-père... Il était à craindre que les orateurs fissent allusion à ce fait, et que leurs paroles agitassent les esprits.

Suivant les errements du gouvernement pontifical, rusé, cauteleux, toujours louvoyant, le fonctionnaire n'a pourtant pas refusé nettement de laisser faire le banquet, mais il a présenté tant d'observations, soulevé tant d'objections, jeté tant de mais, tant de si, que les Anglais froissés se sont retirés avec dignité, puis ont renoncé à un projet qui inspirait tant de terreur à des hommes incapables d'une grande idée. Et Shakespeare ne sera pas fêté à Rome.

Mais si le génie n'est pas honoré aujourd'hui, le grand, le beau, le noble, le spirituel jeu de *Lotto* aura demain sa fête publique. Oui, demain dimanche, le cirque d'Alexandre Sévère, maintenant place Navone, l'une des plus vastes de Rome, verra réunis vingt mille joueurs, ayant tous à la main un papier et un crayon, et pointant les numéros qui sortiront de la roue de la fortune. Le premier terne recevra vingt écus, le premier quaterne 30, le premier quine 50, le premier carton plein, ou tombola, 600 écus, le deuxième 200, le troisième, 100.

Vous croyez peut-être qu'il s'agit d'une œuvre de bienfaisance, qu'avec le produit du jeu on pourra secourir quelques familles pauvres, doter une institution charitable, purifier l'acte par le but. Point du tout, c'est un entrepreneur qui tient la tombola ; sur le chiffre brut des mises le trésor prélève 20 0|0. Mais cette petite recette n'est pas ce qui intéresse ; il faut occuper Rome, et depuis six jours on y a parfaitement réussi. Les joueurs ont écrit, effacé, refait, cette semaine, des milliards de numéros pour calculer le terne, amener le quine et s'assurer la tombola. Vingt mille journées de travail ont été perdues, vingt mille intelligences ont été absorbées dans cette noble occupation, et je suis sûr que les boulangers vendront moins de pain aujourd'hui qu'à l'ordinaire parce que chaque carton coûte onze baïoques, un pour le papier, dix pour la mise.

Mais on ne s'occupe pas de politique durant ce temps-là ! On ne songe aux poëtes d'aucun pays. Et la multitude s'amuse à se donner son propre spectacle.

Ainsi, Rome, la prétendue capitale des arts, refuse à une centaine d'honnêtes gens l'autorisation d'honorer la mémoire d'un génie immortel, et demain Rome la catholique appelle le peuple à célébrer la fête du dieu Quine et de la grande déesse Tombola.

Tout le Latium va suivre l'exemple. Voici venir le mois de

mai, Tibur, Tusculum, Albano célébreront la fête du printemps en chantant sur la place publique l'hymne sacré du Carton plein. Les annonces couvrent déjà les murs.

Je n'ai pas, dans mon dernier chapitre, rendu assez de justice aux assassins qui infestent Rome. Le jour même où M. Allard était tué à coups de marteau, deux autres hommes étaient assassinés à coups de couteau, l'un près du *Corso*, l'autre auprès de l'église de Santa-Croce. Trois meurtres en un jour, c'est raisonnable.

On a répandu le bruit que l'assassin de M. Allard avait été arrêté à Civita-Vecchia au moment de s'embarquer et ramené à Rome ; on a donné sur cette arrestation, sur les aveux du coupable, les détails les plus minutieux. Tout cela était un conte destiné à faire croire à l'activité de la police romaine. Les auteurs du crime sont encore inconnus [1].

---

[1]. Madame Allard, mère du peintre, a déployé une activité infatigable, une énergie que rien n'a rebutée, pour arriver à la découverte et à la punition du coupable. Tous ses efforts se sont brisés devant l'incurie du pouvoir ; elle s'est adressée au gouvernement français, et enfin, à ce qu'on assure, à l'Empereur lui-même. Alors seulement, l'assassin a été trouvé, jugé, condamné aux travaux forcés à perpétuité, sauvé de l'échafaud par son âge. Il n'avait pas vingt et il avait tué le peintre auquel il servait de modèle pour lui voler sa montre.

CHAPITRE XVII

Exposition des Beaux-Arts : peinture, sculpture. — Pourquoi cette exposition n'est pas aussi riche qu'elle pourrait l'être. — Comment les arts sont traités à Rome.

30 avril.

L'exposition romaine des Beaux-Arts vient d'être close après deux mois de durée. J'espérais qu'elle me permettrait de revenir sur l'opinion que j'avais émise avant son ouverture touchant l'état actuel de l'art dans ce pays ; j'aurais été heureux de m'être trompé et de le reconnaître hautement ; mais, je le constate avec un regret profond, elle n'a que trop justifié ce que j'avais précédemment écrit.

Elle n'a point excité ce bruit qui se fait partout ailleurs autour des ateliers au moment où les partisans et les adversaires des diverses écoles, des différents systèmes, vont apprécier les œuvres des maîtres. Nul enthousiasme ne l'a accueillie ; elle n'a valu aux artistes ni éloges brillants, ni attaques ardentes, ni articles de savante critique dans lesquels les écrivains les plus versés dans la science du dessin, de la couleur, et de leur harmonie, tracent les règles de l'art tout en pardonnant à la fougueuse inspiration de s'en écarter quelquefois, à la condition de racheter cet oubli par des qualités réelles.

Le salon n'a pas même inspiré cette curiosité qui, dans tous les pays où l'on s'occupe des arts, où le public les aime, s'éveille à l'heure où les artistes viennent dire à la foule : Me voilà, jugez-moi ; votre voix m'indiquera si la route que j'ai suivie est la bonne ou si j'en dois changer. Vous apprécierez ce que j'ai acquis, vous me direz ce que j'ai à conquérir.

L'exposition a ouvert ses portes et les a fermées au milieu

d'une indifférence et d'un abandon qui seraient incompréhensibles dans toute autre ville que Rome. La solitude eût été complète si les étrangers ne l'eussent de temps en temps peuplée.

La sculpture était représentée par six morceaux, et l'on conviendra que c'est trop peu ; la peinture par environ cent cinquante toiles dont la plus grande partie ne valaient pas l'honneur qu'on leur a fait en les offrant aux regards de ceux qui pensaient trouver dans une exposition publique l'occasion de juger l'art romain de notre époque.

De toutes ces toiles, les meilleures, les seules vraiment remarquables étaient des portraits de M. Capalti et de M. de Sanctis, deux artistes dont les œuvres, avec des qualités différentes, méritent les plus grands éloges. Le premier est doué d'une vigueur peu commune ; le second a beaucoup d'éclat et de charme. Tous deux sont naturels et vrais, on sent la vie sous leur peinture.

Le premier tableau à citer après ces portraits est la *Béatrix Cenci*, de M. Valles, un Espagnol. L'artiste a représenté la malheureuse jeune femme exposée après le supplice aux regards de la foule, sur le pont Saint-Ange. Quelques gardes sont en faction, les passants ont jeté des fleurs sur les vêtements de la suppliciée; un jeune seigneur, un bouquet à la main, la contemple avec douleur, la foule circule à gauche, laissant bien en vue le brancard sur lequel repose le corps. Il y a dans cet ensemble des figures heureuses et des poses d'un grand naturel. Le groupe des deux jeunes filles dont l'une fait l'aumône à un moine mendiant est, à mon avis, une des meilleures choses du tableau. Le groupe des gardes est aussi fort bien traité. D'autres parties sont moins bonnes, quelques figures blafardes gagneraient à avoir un peu de sang sous la peau.

Un Prussien, M. Wider, a donné un *Intérieur d'atelier* qui rappelle Jacquand et qui est traité avec goût.

Ce n'est pas par le côté poétique et la grâce que brille le petit tableau de M. Lund, un Danois; son *Savetier* a une figure d'une affreuse trivialité, mais l'ensemble de cette toile, où sont groupés trois personnages, le savetier, un enfant dont la mère veut faire raccommoder le soulier, est d'une vérité saisissante qui vous arrête au passage.

Quelques paysages de MM. Chérubini, Knebel et Post, les deux premiers romains, le troisième allemand, offrent des parties bien traitées à côté d'autres qui attestent encore le manque d'études suffisantes.

Il est imposible de n'être pas frappé de l'indigence de l'exposition romaine en fait de paysages, quand on a vu les expositions de Paris, de Lyon, des villes d'Italie où l'art se réveille, qui toutes comptent de nombreux paysagistes. Ce ne sont pourtant pas les sites qui manquent dans ces oasis vertes, fraîches, fertiles, qui enveloppent le désert de la campagne romaine, dans ces collines étagées les unes sur les autres avec des ondulations charmantes, portant des villages pittoresquement assis sur leur croupe. Partout il y a une beauté particulière, de la grandeur ou de la grâce. Il n'est pas un artiste étranger venu à Rome qui n'en parcoure les environs et n'en rapporte des esquisss.

Quoi de plus coquet et de plus frais que les bords du lac de Nemi? De plus grandiose, de plus varié que la route nouvelle d'Albano à Genzano par l'Arricia, passant sur des vallées reliées par de grands ponts viaducs, surplombant le vieux chemin qui dessine ses contours à travers les bois, les jardins, les vergers et les arches des ponts, route dominée elle-même d'un côté par des montagnes, ayant de l'autre la mer pour horizon? Il y a là des perspectives changeant à chaque pas, cent sujets de tableau dans l'espace d'une lieue, sans en chercher ailleurs où il n'est pas plus difficile d'en trouver. D'où vient donc que l'exposition romaine est si pauvre en paysages?... Hélas! pourquoi est-elle si pauvre en tout?

Beaucoup de dames romaines ont bravé le grand jour du salon, et appelé sur leurs œuvres les regards du public; leur nombre est relativement plus grand que partout ailleurs. Mais elles ont eu moins de bonheur que de courage, et ont trop présumé de leurs forces. Les flatteries de l'atelier égarent souvent; de vrais amis leur conseilleront d'attendre que l'étude et le travail aient développé les facultés que la nature a mises en elles.

Si la sculpture ne comptait pas à l'exposition de nombreux morceaux, en revanche elle brillait dans l'étroite sphère à laquelle les artistes l'avaient bornée. Parmi les sujets exposés se trouvait une statue de demi grandeur, de M. Rossetti, un Milanais, qui a reproduit avec un rare bonheur la jeune fille à la *Cruche cassée*, de Greuze. Le sculpteur a supprimé la cruche ; il a gardé les fleurs dans les plis de la robe, la fleur dans la main droite ; le visage rend bien l'inquiétude, l'étonnement de l'enfant ; les plis de la robe sont d'une vérité, d'une légèreté admirables, ce n'est pas du marbre, c'est de l'étoffe. La ressemblance de la jeune fille est, dans le tableau et dans la statue, tellement frappante, qu'au premier coup d'œil, je me suis écrié : Voilà Greuze!

M. Rossetti a dû voir le tableau du Louvre, ou une reproduction bien exacte de ce tableau, et loin de le blâmer, je le loue fort d'avoir donné l'éternité du marbre à cette œuvre charmante.

A propos de la ressemblance entre la toile et le marbre, je puis assurer que le type de figure reproduit par les deux artistes n'est point perdu. Quelques jours après avoir vu la statue, j'ai rencontré dans une rue de Rome, près de la fontaine Trevi, une jeune fille qui semblait le modèle vivant du peintre et du statuaire ; je l'ai retrouvée une seconde fois, l'effet a été le même. Le regard, les traits, la bouche, la taille, tout m'a paru semblable. Son arrière-grand'mère a-t-elle servi de modèle à Greuze? Je n'en sais rien. A-t-elle servi elle-même de modèle à M. Rossetti? Je suis tenté de le croire.

La statue a été achetée par un Américain, ce qui persuadera peut-être aux artistes romains que l'exposition est bonne à quelque chose.

Parmi les autres morceaux, trois bustes, deux de M. Tielh, un Prussien, et un de M. Marsiliani, un Romain, se faisaient remarquer par un excellent travail. Ils reproduisaient les traits de ces petites filles au costume pittoresque des campagnes napolitaines, d'une famille de modèles que l'on trouve tous les jours sur l'escalier de la Trinité-des-Monts. Les coiffures sont légères, bien fouillées, infiniment gracieuses.

Ceux qui ont exposé, sculpteurs et peintres, ne forment qu'une petite minorité parmi les artistes de Rome. Étonné de ce dédain que la plupart d'entre eux manifestent pour l'exhibition publique de leurs œuvres, ce grand moyen de renommée, de vulgarisation, j'ai désiré en connaitre les causes. Nous avons vu en France de grands artistes mécontents d'un refus, d'une décision, d'un acte qu'ils croyaient injuste, bouder l'exposition pendant quelques années, mais du moins on savait pourquoi ils restaient sous leur tente, et le nombre de ces boudeurs a toujours été fort restreint. A Rome, au contraire, c'est la grande majorité des artistes les plus estimés qui s'abstient; il devait donc y avoir un motif puissant.

Mais si la vérité est partout difficile à obtenir de ceux qui n'osent pas la dire, elle l'est bien plus à Rome où la prudence ferme la bouche, parce que toute plainte entendue serait considérée comme une tendance à la révolte contre l'autorité. A toutes mes demandes, les artistes répondaient invariablement : On laisse l'exposition aux jeunes gens qui commencent, c'est un encouragement qu'on leur donne.

C'était simplement constater le fait qui était par lui-même assez évident. Je ne fis plus de questions, j'étudiai les conditions matérielles de l'art, je les discutai avec les artistes, et j'arrivai enfin à me faire une idée exacte de la situation.

L'absence d'une presse libre, indépendante, est une des principales causes qui éloignent les artistes de l'exposition. A quoi bon prendre tant de peine pour montrer leurs œuvres à un public qui ne viendra pas, et ignorera peut-être que le salon lui est ouvert moyennant quelques baïoques?

Qui parlera d'eux? Qui dira leurs noms, qui jettera au vent de la publicité le titre de leurs œuvres? Quand les nations voisines enregistrent dans toutes leurs feuilles publiques les productions de leurs statuaires et de leurs peintres, qui révélera le talent des artistes romains à ces nations, ou seulement à la population de la cité? Personne.

Le *Journal de Rome*, feuille officielle du gouvernement pontifical, et l'*Observateur romain*, journal ultra-catholique, ultra-défenseur du pape-roi, plein de haine, suant le fiel, attaquant avec âpreté toutes les tendances libérales, ont bien autre chose à faire qu'à s'occuper des arts! Il y a une autre petite feuille artistique, littéraire, qui paraît une fois par semaine; elle a consacré cinquante lignes à l'exposition.

Dans toute l'Europe, Rome exceptée, il n'y a pas un souverain qui crût déroger en allant visiter une exposition de peinture et de sculpture, pas un qui ne voulût se rendre compte de l'état général de l'art sous son règne, pas un qui ne soit heureux de le voir grandir et qui ne recherche le reflet de gloire que la prospérité de l'art peut jeter sur une couronne. Le pape ne daigne pas donner aux artistes une marque publique d'estime en faisant une visite à leur exposition. On dit qu'il accorde fréquemment des secours à ceux d'entre eux qui en ont besoin; mais ces secours ne sont obtenus qu'après des sollicitations, des démarches qui enlèvent à l'étude et au travail un temps précieux. Honorez d'abord le talent, ce lui sera un secours plus efficace que l'aumône.

Le municipe romain suit l'exemple du maître. Rien n'eût été plus simple et plus facile que d'ouvrir aux artistes, pour exposer leurs œuvres, l'un des trois palais du Capitole. Mais leur faire tant d'honneur! Il leur a prêté un local dont pourrait se contenter le propriétaire d'un musée de figures de cire allant de foire en foire exhiber les portraits authentiques d'Alexandre le Grand, du roi Hérode et du sultan Mahmoud, mais qui ne saurait convenir à une exposition des beaux-arts, et qui est indigne de Rome, où les musées, les villas, les palais regorgent de chefs-d'œuvre dont les auteurs ne sont pas arrivés non plus du premier coup à la réputation qu'ils ont acquise par le travail.

Turin n'avait pas été jusqu'ici une ville artistique, mais l'art éclôt au souffle de la liberté, il se développe à son ombre, il grandit dégagé d'entraves; Turin a fait un appel aux artistes, ils l'ont entendu, il y sont accourus des divers points de l'Italie; la municipalité leur a bâti un local parfaitement approprié à sa destination provisoire; elle va leur faire un palais, mais en attendant, l'exposition de Turin de 1863 était de beaucoup plus riche et meilleure que celle de Rome en 1864.

La Société qui s'est fondée à Rome pour protéger les arts, et sous le patronage de laquelle se font les expositions, a parfaitement imité le dédain du pouvoir et du municipe ; elle n'a pas même fait imprimer un livret des ouvrages exposés. Comprend-on ce parti pris d'étouffement? Pas même la publicité du livret! Elle a bien voulu cependant, à côté et au-dessous de chaque toile et de chaque marbre, attacher avec une épingle à la tenture de la muraille une étiquette portant le nom de l'auteur. C'est grâce à cette délicate attention que j'ai pu citer les noms de quelques artistes.

Les peintres, les sculpteurs romains se résignent à cette obscurité, à ce silence. La plupart des exposants sont des jeunes gens qui commencent leur carrière ; les uns n'ont pas encore appris à se courber sans résistance sous le suaire qui couvre cette ville morte ; les autres sont des étrangers qui ne resteront pas à Rome quand ils auront achevé leurs études, et qui ont besoin de l'exposition pour donner une preuve de travail à leurs parents ou aux villes aux frais desquelles ils sont entretenus ici.

Les artistes qui, à force de labeur et de patience, ont acquis de la réputation, sollicitent, ou plutôt font solliciter par leurs protecteurs quelques commandes pour une église, car le protectorat s'exerce ici en toutes choses, et on n'arrive que par lui. Quand ils ont exécuté le travail, ils annoncent dans l'*Observateur* que leur atelier sera ouvert pendant quinze ou vingt jours à qui voudra voir leur œuvre.

C'est une toile, la copie, ou le martyre, ou la figure de saint va se cacher dans l'ombre des chapelles, dans quelque recoin bien noir ; les prêtres ici n'ont point de goût, ils manquent du sentiment de l'art.

Ce sont des statues, on les placera sans calculer leurs dimensions, comme à Saint-Jean de Latran, où des figures colossales trop rapprochées du sol paraissent monstrueuses. Destinées à parer des tombeaux, elles seront enfouies dans la demi-obscurité des nefs où l'on ne découvrira jamais le nom de l'auteur.

Cela ne suffit pas aux besoins de tous les jours, il faut faire du métier, travailler pour les marchands et les brocanteurs qui achètent au rabais. Vous trouveriez en ce moment aux étalages deux cents copies de la *Speranza* du Guide, et cinq cents de son portrait de *Beatrix* coiffée du turban, à laquelle, d'altération en altération, de copie sur copie, on en est arrivé à donner une figure de grisette provocante.

Rome vit de ses anciennes richesses, sur les chefs-d'œuvre des grands maîtres qui ne sont plus et que nul ne remplacera. Elle vit sur les sculptures que la Grèce lui a données, que Rome païenne lui a léguées, sur les dépouilles des vieux monuments; elle attend toujours que des fouilles heureuses mettent à découvert quelque statue de Cérès, de la Pudeur, de la Force, dont elle fera la Religion, la Foi, ou une autre vertu théologale.

Rome appartient tout entière au passé et ne soupçonne pas l'avenir. Quand le mouvement artistique se manifeste partout, Rome est en pleine décadence. C'est la ville des ruines en toutes choses.

CHAPITRE XVIII

La terreur règne dans Rome. — Le bruit se répand qu'une longue liste de proscription a été dressée par le pouvoir. — Les avocats Ballanti, Pompiani, Tito Marsciali, les médecins Sani et Carlucci sont exilés des États romains. — Formes doucereuses de la tyrannie. — On prête au pape une lettre violente qu'il aurait écrite à l'empereur Napoléon à propos de l'arrestation en Italie de l'archevêque de Jesi. — Nouvelle maladie du pape.

7 mai.

Les emprisonnements politiques opérés dans le courant du mois dernier étaient le prélude d'une persécution préparée en secret sur une assez vaste échelle et qu'un calcul d'intérêt fit alors ajourner. En avril, les étrangers affluaient à Rome, et comme ils laissent dans les églises, dans le commerce, dans les hôtelleries, et aux pauvres, de fortes sommes, on a craint de troubler leurs fêtes par des mesures qui auraient jeté dans beaucoup de familles romaines un deuil difficile à voiler, et dont le premier résultat eût été d'éloigner trop tôt ceux qui font vivre ce pays.

Les visiteurs ont su que des arrestations avaient été faites, mais des articles perfidement écrits dans les journaux de Rome, des dépêches télégraphiques habilement arrangées pour l'extérieur, ont persuadé au dedans et au dehors qu'elles avaient eu lieu après l'éclat d'une bombe sur la place de la Minerve, tandis qu'en réalité les arrestations importantes ont été opérées avant cet événement.

Aujourd'hui les étrangers sont partis, sinon tous, du moins en grand nombre, on ne redoute plus qu'ils emportent de Rome une pénible impression, qu'ils aillent redire au dehors ce qui se passe ici ; la moisson est faite, et on s'abandonne à ses instincts.

La terreur règne depuis mardi dans une partie de la population, et c'est dans la partie la plus intelligente, la plus éclairée et la plus active de la bourgeoisie. Des bruits sinistres sont répandus, et s'ils sont exagérés, comme je le pense, ils reposent malheureusement sur des faits que l'on ne peut révoquer en doute.

Cette partie de la population se trouve dans une situation analogue à celle d'une cité frappée par le choléra, où l'on cherche ses amis en redoutant de ne les plus trouver, où l'on ne sait pas si le lendemain on sera soi-même parmi les citoyens de Rome.

Beaucoup de personnes assurent qu'une longue liste de proscription a été dressée, elles citent le nombre des hommes qui y sont portés, et que l'on va contraindre à s'éloigner du sol de la patrie. La rumeur publique en a bien certainement grossi le chiffre, je ne puis croire à une aussi grande folie de la part du gouvernement; toutefois, il est positif que des avocats, des médecins, hommes d'étude et de science, auxquels on ne peut reprocher aucun fait précis, mais connus par leurs opinions ou leurs tendances libérales, ont reçu l'invitation de se rendre à la police, au bureau des passeports.

Il ne leur a été donné communication d'aucun dossier, on ne leur a fait connaître aucune charge s'élevant contre eux, mais il leur a été signifié d'avoir à quitter les États romains dans trois jours, et on leur a offert des passeports, en laissant à chacun d'eux le choix entre l'exil et la prison.

La tyrannie romaine, que les étrangers ne peuvent juger qu'après un long séjour et par la fréquentation des citoyens, a des formes extrêmement doucereuses; elle a l'hypocrisie de la clémence. L'employé chargé de notifier aux proscrits l'arrêt qui les rejette du sol de la patrie leur a fait remarquer avec quelle bonté paternelle agissait le gouvernement qui, pouvant emprisonner, se bornait à exiler; il comprenait, a-t-il dit, quelle perturbation le bannissement devait apporter dans leurs affaires, dans leur fortune, mais il fallait se plier aux nécessités de l'époque; enfin il a témoigné un profond regret d'avoir à remplir un devoir pénible. C'est toujours l'inquisiteur embrassant le malheureux qu'il va pousser dans un couloir où une trappe s'abaissera sous ses pieds pour le précipiter dans un abîme à travers des fers de lance et des lames tranchantes ; c'est le bourreau disant au condamné :

« Pardonnez-moi d'être obligé de vous couper la tête. »

Parmi ces proscrits se trouve le frère de l'historien jeté le mois dernier dans une prison où il est encore, sans qu'on puisse prévoir quand il en sortira. Cet exilé, forcé de désigner le lieu où il entendait se retirer, a indiqué un point de la Sabine sur le territoire annexé à l'Italie ; mais le pouvoir pontifical ne reconnaît pas les faits accomplis, on lui a répondu que la Sabine appartenait tout entière aux États romains, et il a dû indiquer un autre lieu. On ne sait de quel nom appeler un pareil procédé. Est-ce de la folie ? Est-ce de l'orgueil ?

Pour plusieurs des hommes contraints à s'expatrier, l'exil c'est la ruine, c'est la misère succédant à l'aisance que donne le travail aidé par le savoir longuement et péniblement acquis ; c'est le désespoir jeté dans de malheureuses familles qui s'en iront à l'aventure sans trouver peut-être un coin où reposer leurs têtes.

Le gouvernement pontifical ne l'ignore pas ; mais il entend bien qu'il en soit ainsi ; il ne punit pas des conspirations qui n'existent point, il punit l'absence d'amour, il se venge de l'éloignement qu'il inspire, et il veut que la punition, que la vengeance soient éclatantes afin d'effrayer.

Les premiers coups sont tombés sur les avocats Ballanti, Pompiani, Tito Marsciali, sur les médecins Sani et Carlucci.

Ou cette fureur de proscription est du vertige, ou elle indique assez clairement que la cour de Rome ne compte plus sur une longue durée de l'occupation française, et que tremblant pour sa propre existence, elle prend des précautions contre les éventualités de l'avenir.

Les préoccupations que ces exils ont fait naître sont venues couper court à de nombreux commentaires sur une lettre dont on parlait beaucoup depuis quelques jours, lettre que Pie IX aurait, dit-on, écrite à Napoléon III ; les termes prêtés au pape sont si peu dans les habitudes romaines, tellement en dehors des formes usitées dans les relations entre gouvernements, que cette lettre serait un acte d'inconcevable emportement.

L'arrestation du cardinal Morichini, archevêque de Jesi, emprisonné par ordre d'un tribunal italien, aurait donné lieu à cette missive. Ne voulant pas intervenir auprès de Victor-Emmanuel, le pape se serait adressé à Napoléon et lui aurait reproché avec amertume de ne couvrir le saint-siége que d'une fausse et impuissante protection. Se laissant aller à de sanglantes injures contre le gouvernement du roi, appréciant d'une façon très-inexacte les relations entre la France et l'Italie, il aurait dit à l'empereur que lui, fils aîné de l'Église, manquait à ses devoirs envers sa mère...

Tirant parti de la singulière position dans laquelle s'est placé Napoléon en acceptant le titre de chanoine de Saint-Jean de Latran, il aurait parlé à l'empereur comme un pape tout puissant se croit en droit de le faire quand il s'adresse à un chanoine de l'église qui est sa cathédrale à lui, souverain pontife, qui en a pris possession lors de son couronnement.

Peut-être y a-t-il au fond de tout cela quelque chose de vrai, une lettre à l'empereur. Puis on aura grossi la colère du pape et exagéré la portée de ses paroles. L'entourage aime assez à faire croire que le maître parle haut. Dans tous les cas, la confusion de la question romaine semble encore augmentée par le canonicat conféré au chef d'un gouvernement dont l'armée est le soutien du pontife roi.

L'empereur est en réalité le maître du pape, l'arbitre de son sort; et voilà qu'il accepte et reçoit un titre qui, dans la hiérarchie de l'Église romaine, le fait le subordonné de ce pape. C'est un peu la tour de Babel.

Les conséquences possibles de cette situation n'ont point échappé à la perspicacité des grands dignitaires de la cour pontificale, et pour eux le chanoine de Latran s'est fait, à ce titre du moins, l'homme-lige de la papauté. Je n'entre pas dans l'examen des motifs qui ont pu engager l'empereur à recevoir un titre en dehors des idées de notre temps, mais on peut être assuré que ces dignitaires de Rome le lui reprocheront amèrement quand il sera amené à faire, à l'égard du pouvoir temporel, des actes commandés par les progrès de la civilisation et par la raison publique.

L'heure n'est point encore venue et l'on a pour le moment de plus pressantes préoccupations. Le pape était sur le point de quitter Rome pour aller passer quelques mois en villégiature; son départ était fixé au 15, et avant de le conduire à Castel-Gandolfe, sa résidence d'été, on voulait le mener à Porto d'Anzio, beau site d'où la vue s'étend sur la mer et sur les côtes et dont le climat est, dit-on, fort sain. En attendant, il devait se rendre avant-hier jeudi, jour de l'Ascension, à Saint-Jean de Latran avec tous les cardinaux présents à Rome et y donner, du haut du balcon de la façade, la grande bénédiction dont l'Univers a été privé le jour de Pâques. Il est probable qu'avant son départ il aurait fait une promenade dans Rome et se serait montré au Corso, où une petite ovation lui aurait été préparée.

Tous ces projets ont été subitement arrêtés dans leur exécution par une rechute qui justifie pleinement mon incrédulité à l'égard du prétendu rétablissement du pape. J'avais de bonnes raisons d'en douter. Le médecin a dû passer la nuit de mardi au Vatican; de nouvelles attaques d'épilepsie ont eu lieu, la fièvre s'est déclarée et l'état du malade a été depuis lors des plus graves.

Ce mardi était précisément le jour où les exilés recevaient l'ordre de quitter Rome. De son lit de souffrance, le pontife signait des arrêts de proscription. Vieille ombre qui s'en va et sème encore la douleur autour d'elle. Main glacée qui se réchauffe en frappant.

CHAPITRE XIX

Entretien de M. de Sartiges avec un haut fonctionnaire romain à propos des arrestations et des exils. — Pétitions adressées au commandant de l'armée française. — On cache l'état du pape ; les médecins ont un air souriant, les cardinaux sont muets, la garde-noble ne fait plus de service. — On discute dans le public les chances de divers cardinaux à la papauté. — Emprunt pontifical. — Intrigues pour ramener Marie-Sophie auprès de son mari.

14 et 17 mai.

Les exilés dont je parlais dernièrement ont quitté les États de l'Église ; trois sont partis sans adresser de réclamations à des hommes qu'ils savent inexorables ; un ami qui a cru devoir intervenir en faveur d'un autre a vu sa demande repoussée ; le cinquième a obtenu un sursis de quelques jours pour mettre ordre à ses affaires.

Ils ont entendu l'arrêt d'exil avec un calme stoïque, en hommes préparés à tout sous un gouvernement qui ne respecte rien. On s'attendait à voir d'autres proscrits prendre la route des frontières, mais la maladie du pape a eu pour effet de suspendre les coups prêts à tomber sur les victimes désignées. Devant les incertitudes de l'avenir, devant la mort qui menace, ceux qui dirigent les affaires ont hésité à poursuivre la persécution au nom d'un homme qui bientôt peut-être va s'éteindre. Les morts ont-ils le droit de jeter le deuil parmi les vivants, de troubler encore la société dont ils sortent sans appel et sans retour ?

Ce n'est pas que les haines s'apaisent ; mais il y a quelque chose de plus fort que la haine, c'est l'intérêt. Si le système allait changer ! Si les proscrits devaient être bientôt rappelés, s'ils revenaient appuyés par le nouveau maître ! Pourquoi se faire des ennemis ardents en servant une politique dont le chef peut disparaître demain de la scène du monde ! Les pontifes romains n'ont pas d'héritiers, ils n'ont que des successeurs. Quelle sera la politique de celui qui viendra? Et puis, si celui-là n'était plus que pape, et point roi? Cela mérite et appelle la réflexion.

Enfin, pour dire toute ma pensée, je crois qu'en face de l'émotion générale causée par les premières proscriptions, le gouvernement français est intervenu et a fait entendre des paroles de conciliation. Il a sans doute compris que, maître réel de Rome, il porte à tort ou à raison une part de responsabilité des actes de la cour pontificale. Je ne l'affirme pas, mais je suis amené à le penser par plusieurs motifs.

Je crois être sûr que M. l'ambassadeur de France a eu un entretien, — je ne veux pas dire une explication, — avec un haut fonctionnaire du gouvernement romain sur les faits qui avaient jeté la terreur dans la cité. Le fonctionnaire, essayant de justifier les arrêts rendus, aurait accusé les proscrits d'être les complices de Fausti, se serait efforcé de démontrer la bénignité du pouvoir qui, au lieu de les faire condamner aux galères, se borne à les exiler; enfin, il aurait insisté sur ce point que, s'ils se croyaient sûrs de leur innocence, ils pouvaient se constituer prisonniers, et qu'on les jugerait. Ainsi, on veut bien s'arrêter dans la route fatale où l'on s'est jeté, mais on ne reconnaît pas qu'on a eu tort d'y entrer.

M. de Sartiges a souri sans doute de l'alternative laissée aux exilés; il doit avoir une opinion sur la justice publique de Rome, et si la réserve du diplomate ne lui a pas permis de l'exprimer, il a pu faire dans son for intérieur de tristes réflexions sur les singulières garanties que la procédure donne aux accusés. Au surplus, si cette opinion n'était pas formée au moment de l'entretien, elle n'a pas tardé à l'être, car un recours lui a été adressé de vive voix par une personne qui réclamait son intervention en faveur de l'un des exilés et qui lui a bien certainement fourni tous les renseignements de nature à l'éclairer sur ce point.

Ces recours à l'autorité française se produisent fréquemment ici. On s'adresse à l'ambassadeur et plus volontiers encore au commandant en chef de l'armée d'occupation. L'épaulette et le sabre, ce qui représente la force, exercent leur prestige accoutumé. On ne se borne pas à prier les Français d'intervenir, on leur écrit à chaque instant et on leur dit : Vous êtes les maîtres, prenez donc le pouvoir, gouvernez donc, rendez donc la justice ; nous aurons avec vous des garanties et une sécurité que ne nous offre pas l'administration pontificale.

Rien ne peint mieux la confusion qui règne dans cette Rome bienheureuse. Assommé par la crosse, le peuple demande justice à l'épée. On ne songe pas que les Français, en cédant à ces désirs, briseraient le pouvoir temporel qu'ils ont mission de maintenir et se substitueraient à lui. Est-ce que la crainte, la défiance, la souffrance raisonnent ? Le spectacle que les Romains ont sous les yeux peut bien égarer les esprits.

Tout en reconnaissant l'impossibilité d'accéder en ce moment aux vœux exprimés par un certain nombre de Romains, il faut convenir que leur réalisation simplifierait grandement la question et rendrait un jour bien facile la remise de Rome au gouvernement italien. Ceux qui poussent à ces mesures l'ont-ils compris ? C'est probable, mais on ne l'avoue pas, on ne discute pas ce point-là. Dans les pays où règne la tyrannie, celui qui observe afin de se faire une juste idée des choses, se trouve souvent placé entre une absurdité et une ruse.

Devine si tu peux.

Depuis quelques jours on cache avec soin le véritable état du pape. Les journaux en parlent peu et, quand ils le font, c'est pour proclamer qu'il vivra, qu'il vivra longtemps ; ils vont presque jusqu'à dire qu'il est immortel. Pauvres flatteries !

Les médecins que l'on interroge prennent un air souriant :

— Mais il va bien, il est au mieux, il ne nous a jamais donné moins d'inquiétude.

Et ils vous quittent à la hâte. Les cardinaux sont muets. La garde-noble se rend tous les jours au Vatican, et tous les jours on la renvoie par ces mots :

— Messieurs, Sa Sainteté vous remercie, il n'y a pas de service aujourd'hui.

Les gardes-nobles ont d'ordinaire accès dans tous les appartements; ils entrent chez le pape, dans sa chambre, à toute heure, ils s'entretiennent avec lui, ils vivent pour ainsi dire avec Pie IX et lui sont généralement très-dévoués, mais enfin ils disent ce qu'ils voient, et dans ce moment on ne veut pas qu'ils voient rien.

Cette obscurité dans laquelle s'enveloppe le Vatican fait travailler les imaginations et l'on parle à Rome d'un prochain conclave comme si le pape était notoirement à toute extrémité; déjà on discute sur la question de savoir quels cardinaux pourront dans l'élection exercer de l'influence sur leurs collègues et l'on examine les chances que chacun d'eux semble avoir d'arriver à la papauté. Je me suis fort amusé l'autre jour à une discussion de ce genre.

— Le cardinal Wiseman, archevêque de Westminster, dit l'un des assistants, est l'homme le plus apte à diriger le conclave; c'est lui qui décidera du choix.

Cette opinion, fondée ou non, est assez répandue à Rome.

— Le choix est déjà fait, répliqua un autre; que M. Wiseman le veuille ou ne le veuille pas, c'est le cardinal de Angelis qui sera proclamé pape afin de donner une leçon au Piémont qui le persécute. Un souverain pontife martyr, à notre époque! Eh! Eh! quel honneur pour notre mère, la sainte Église!

— De Angelis! y pensez-vous? s'écria un troisième. Il ne faut pas y songer; on veut un pape dans les idées nouvelles, un pape libéral, pour conjurer les dangers du libéralisme; c'est Pentini qui sera nommé, et tout le peuple l'acclamera comme un conciliateur.

— Ah! par exemple! dit un autre d'un ton narquois; il s'agit bien de libéralisme! Le sacré collége se lasse de n'être rien depuis le règne de Pie IX; il choisira l'homme qu'il pourra le plus facilement mener par le bout du nez, le cardinal Patrizi, parce qu'il est le plus..., non le moins... enfin vous comprenez.

Des sourires effleurèrent les lèvres et le mot que l'orateur n'avait pas osé prononcer circula à demi-voix dans l'assemblée. Je suis trop poli pour le répéter.

— Vous êtes tous dans l'erreur, dit gravement un personnage qui se prétendait bien informé, on ne veut ni d'un Patrizi dont la faiblesse est notoire, ni d'un libéral à la façon de Pentini, on nommera Pannebianco, le plus ardent défenseur des droits de la papauté, le plus capable de résister aux prétentions du Piémont et de la France.

— La France! murmura en souriant un autre assistant; elle ne fait pas grand bruit en ce moment, elle prépare son jeu, c'est elle qui fera le pape, croyez-le bien, et son choix est déjà fixé, je le tiens de bonne source.

— Sur qui? Sur qui? demanda-t-on de toutes parts.

— Je ne sais si je dois divulguer ce secret...

— Dites! dites!

— Eh bien! reprit-il, le pape sera le cardinal d'Andrea.

— Oui, si, non!

Toutes ces exclamations se croisèrent. Un homme se leva au milieu de l'agitation causée par le nom du cardinal présenté comme l'homme de la France, et dit fort tranquillement, moitié en italien, moitié en français:

— Buffa, Buffa, tutto questo! Pie IX mort, on n'attendra pas les étrangers venant avec un mot d'ordre, on passera par-dessus toutes les règles, et dans les vingt-quatre heures on fera et on proclamera un pape. Qui sera-ce? Je n'en sais rien; le Saint-Esprit inspirera l'assemblée, comme à l'ordinaire.

Tel est le résumé fidèle de la discussion à laquelle j'ai assisté dans une grave réunion, et de tout ce que j'ai appris d'ailleurs il résulte que le même accord règne à peu près partout.

Le décret (*chirografo*) sur l'émission du nouvel emprunt papal a paru le 9 mai dans le journal officiel. Il est daté du 26 mars et on a attendu quarante-cinq jours pour le publier afin de prendre sans bruit les mesures nécessaires au placement des titres.

Le décret par lequel le pape a ordonné à son ministre des

finances d'émettre un emprunt nouveau représentant deux millions cinq cent mille francs de rente, en addition à celui de pareille somme émis en 1860, a frappé le monde financier de Rome par le ton dans lequel il est écrit et par le peu de garantie qu'il offre aux souscripteurs éventuels. On a beau être le pape, du moment où l'on fait appel au crédit on n'est plus qu'un emprunteur ordinaire auquel, à défaut d'hypothèque, les prêteurs demandent quelque chose de plus solide que des promesses. Les papes n'ont pas plus que les autres souverains échappé à la nécessité de donner caution, de mettre en gage leurs bijoux, leur vaisselle, parfois même une province, pour se procurer de l'argent.

Aujourd'hui ce n'est plus le souverain qui emprunte pour les besoins du pays, c'est l'État, et quand il le fait, les preneurs de l'emprunt ont pour garantie le vote des représentants de la nation, les revenus du budget et les propriétés nationales. Le pape n'offre rien de tout cela et, par la plus étrange des hardiesses, il hypothèque la rente sur l'aumône. Ce trait suffirait à peindre le gouvernement pontifical et indique le peu de sécurité que les souscripteurs trouveront dans l'opération qui leur est proposée.

Le chirographe du pape n'est pas seulement un acte ayant pour but de combler le déficit du budget, c'est encore une protestation contre les faits accomplis par l'Italie et un manifeste politique. On pourrait même y voir un petit coup d'État si nous n'étions dans un pays où il n'y a d'autre loi que la volonté absolue du maître.

Cette volonté varie sur les mêmes objets, suivant les circonstances, mais tout est pour le mieux toujours, et personne n'a rien à y reprendre quand le pape dit, comme aujourd'hui : « De notre propre mouvement, avec le senti-
« ment certain et dans la plénitude de notre suprême
« puissance, nous vous ordonnons, etc. »

Quant au coup d'État, pour se convaincre qu'il existe bien dans la pensée du pontife, il suffit de lire le dernier paragraphe du décret.

Le pape déclare que, quoique ce décret n'ait été admis, ni

enregistré en chambre, il entend néanmoins qu'il ait toute valeur, reçoive à toujours pleine exécution, et soit mis en vigueur, sur sa simple signature, nonobstant une bulle de Pie IV, malgré la règle de sa propre chancellerie, nonobstant toutes constitutions et ordonnances apostoliques de lui ou de ses prédécesseurs, malgré lois, statuts, réformes, usages, coutumes, pratiques, et quoi que ce soit, qui serait ou pourrait être contraire, toutes choses auxquelles en général et en particulier, il entend déroger spécialement et expressément.

Il est impossible, on le voit, de prendre un ton plus hardi, plus net, plus tranchant. Le gouvernement personnel réagit même contre son passé. Les récriminations ne manquent pas non plus; le pape attribue la pauvreté du trésor à *l'usurpation* des provinces qui se sont bel et bien soulevées et se sont données au royaume d'Italie ; il ne comprend pas que la tyrannie pontificale les a conduites à secouer le joug qui pesait sur elles.

Que les besoins du trésor soient très-pressants, il faut bien l'admettre puisque le gouvernement le proclame, et on n'avoue guère ces choses-là qu'à la dernière extrémité. Que les revenus soient insuffisants pour couvrir les dépenses, tout le monde le sait. L'administration est si éclairée, si intelligente, qu'il n'en pouvait être autrement.

Que dirait-on d'un homme qui, réduit à emprunter, et possédant dix magnifiques palais, s'en construirait un onzième? On dirait qu'il a perdu la raison, et court à sa ruine. Que peut-on penser d'une administration qui ayant dans Rome quatre cents églises ou chapelles en bâtit encore de nouvelles? Quel nom donner à une pareille conduite?

On refait Saint-Paul-hors-des-murs depuis quarante ans, et elle coûtera des sommes folles. On travaille à la basilique de Saint-Laurent devant laquelle on place le piédestal d'un obélisque de granit qui sera élevé dans quelques mois. On remue des marbres à Sainte-Marie-des-Anges. On construit de nouveaux temples. On élève une nouvelle porte Pia pour doubler l'ancienne qui est en parfait état de conservation. Le marteau, la truelle, le ciseau ne s'arrêtent jamais, et on demande l'aumône !

Le simple bon sens, dans la situation actuelle des finances, disait de mettre un frein à ces coûteuses fantaisies, mais ce n'est pas de lui que l'on prend conseil, la vanité l'emporte. Il est si agréable, paraît-il, de voir son nom sur une large plaque de marbre blanc surchargée d'un mauvais latin façonné à chanter les louanges du pape ! ! Ah ! les plats valets qui imaginent ces inscriptions !

Des dépenses insensées, une bureaucratie trois fois plus nombreuse que ne le réclamaient les besoins du service, même quand l'État était plus étendu, et qu'on n'a pas voulu réduire lorsque la nécessité en faisait une loi. Maintenir ses dépenses sur le même pied qu'avant les annexions, c'est, dans la pensée de ces habiles gens, faire une protestation permanente. Voilà où ils en sont.

Revenons à l'emprunt. Sera-t-il couvert ? Grave question. Les quarante-cinq jours de retard apportés à la publication du décret ont-ils suffi pour assurer le succès de l'opération ? Je sais que l'on s'est adressé à plusieurs princes romains pour obtenir des souscriptions particulières importantes et que l'on rencontre beaucoup d'hésitation. Il faut convenir que le moment est peu favorable à une nouvelle émission de rentes. La maladie du pape et les complications que sa mort peut amener ne sont pas de nature à encourager les prêteurs d'argent. La ferme volonté du gouvernement italien de ne pas reconnaître de pareilles dettes éloignera certainement ceux qui cherchent un placement sûr.

On dit bien que la cour pontificale a imaginé de créer des agents de change et des banquiers d'un nouveau genre ; qu'elle a chargé tous les évêques de la chrétienté du placement des coupons, que les évêques les ont distribués entre les curés. Le confessionnal deviendrait une succursale de la bourse, et l'on discuterait entre un *confiteor* et un acte de contrition les chances de l'opération et le prix d'achat.

Cela est-il vrai ? Cela peut-il réussir ? La rente et l'amortissement seront servis par les recettes du denier de Saint Pierre, — pauvre hypothèque! — Or, les curés ne peuvent guère s'adresser pour placer les coupons qu'à ceux-là même dont les offrandes constituent ce denier. Ils feront valoir la notable différence qu'il y a entre un don et un prêt garanti par un coupon de rente,

Le bon billet qu'a Lachâtre!

Ils trouveront des fidèles qui aimeront mieux prêter que donner ; mais quand les échéances arriveront, ces mêmes fidèles qui auront d'un seul coup envoyé à Saint Pierre, qui ne s'en doute guère, la somme destinée aux offrandes de plusieurs années, n'en verront plus rien, ou restreindront leur générosité, à moins qu'ils ne veuillent se payer à eux-mêmes leurs intérêts.

Disons-le franchement, cet emprunt est immoral. On trouve que le zèle refroidit ; le denier de Saint-Pierre ne rend pas assez pour couvrir des dépenses dont on n'entend rien diminuer, on veut frapper un grand coup, faire une récolte en offrant pour garantie un grand chiffon de papier. On aura ce qu'on pourra. Quand viendront les échéances on priera les prêteurs d'envoyer à Saint-Pierre leurs coupons d'intérêts pour offrande.

Pour payer les revenus à ceux qui les réclameront, pour amortir la dette, on compte sur le hasard, sur la guerre étrangère, sur la guerre civile que l'on fomente dans les États de Naples.

On m'assure que de riches propriétaires napolitains auraient consenti à prendre part à l'emprunt pour des sommes assez fortes, mais qu'ils auraient mis à leur participation deux conditions importantes. La première c'est que la jeune reine reviendrait auprès de François II ; ce retour aurait pour but de réunir les forces, de rallier à François des hommes qui sont dévoués à la reine mais qui ont peu d'estime pour le mari. Hommes assez nombreux et formant un camp à part.

La seconde condition c'est que l'ex-roi de Naples garantirait l'emprunt, en cas de restauration. Les propriétaires prêteraient au pape sous la caution de François II, mais cette garantie n'aurait de valeur et d'effet que si l'ancien roi parvenait à remonter sur le trône. Dans le cas contraire, ils auraient prêté à leurs périls et risques.

La personne qui me donne ces renseignements m'assure que la première condition est déjà remplie. Il y a eu rapprochement entre les deux époux, au moins pour le monde, et un de ces jours nous verrions la reine au Pincio dans la voiture de François.

Quant à la seconde, je ne sais si l'ex-roi a donné sa caution éventuelle, mais dans tous les cas le gouvernement italien saura bien empêcher que cette condition soit remplie.

CHAPITRE XX

La santé du pape s'améliore ; on annonce qu'il fera la *fonction* à la procession de la Fête-Dieu ; il renonce à son excursion à Porto d'Anzio, il ira en villégiature à Castel-Gandolfe. — La persécution recommence. — Exil d'un tailleur. — Impression produite à Rome par les discussions du parlement italien sur la question romaine et par la déclaration de M. Visconti Venosta, ministre des affaires étrangères d'Italie. — Ce qui a le plus frappé les hommes du pouvoir. — Retour de Marie-Sophie auprès de François II. — Les deux époux s'ennuient ensemble.

Du 18 au 24 mai.

L'état du pape qui semblait désespéré la semaine dernière a depuis quelques jours éprouvé une amélioration fort sensible. Mercredi, Pie IX a pu se lever et recevoir debout, en se promenant dans sa chambre, une personne qui venait officiellement demander le bulletin de sa santé. Le lendemain, il était assez bien pour dîner dans une pièce voisine de sa chambre. Aujourd'hui on répand dans le public qu'il est complétement rétabli et qu'il assistera jeudi prochain à la procession de la Fête-Dieu.

Cette procession se fait à l'intérieur des portiques de Saint-Pierre et sur la place *dei Rusticucci* au sommet de laquelle ils débouchent. Déjà sont plantés à l'entour de cette place les mâts surmontés de la grande pomme de pin traditionnelle, destinés à soutenir les tentures. Que le pape y paraisse ou s'abstienne, les apprêts sont toujours les mêmes, mais sa présence y attire naturellement une plus grande affluence, et l'on dit qu'il tient beaucoup à s'y montrer cette fois afin de donner une preuve du rétablissement complet de sa santé. Paraître fort et vigoureux est toujours sa pensée dominante.

Cependant, ceux qui vivent près de lui ne se dissimulent

pas qu'il est dans cette situation grave où un malade passe successivement par les alternatives souvent répétées d'un péril pressant et d'un mieux réel, mais où la dernière amélioration est toujours inférieure à la précédente. En d'autres termes, il éprouve un affaiblissement progressif dont il n'a peut-être pas complétement conscience, mais qui ne saurait être méconnu par les hommes dont il est entouré et par ceux qui lui donnent des soins.

On paraît avoir renoncé au séjour de Porto d'Anzio et après la Fête-Dieu, on conduirait directement le pape à Castel-Gandolfe ; il passerait aux bords du lac d'Albano la saison des grandes chaleurs, mais ces dispositions peuvent changer au premier jour. Cela n'a pas une grande importance et voici qui en a beaucoup plus.

Le danger dans lequel s'est trouvé le pape durant quelques jours avait fait suspendre la persécution, et il est triste d'avoir à constater que l'amélioration de son état a été le signal d'une reprise de rigueurs. Un nouvel exil vient d'être prononcé, un homme encore ira chercher du travail et du pain à l'étranger, loin de la patrie où il avait l'un et l'autre.

On avait reproché aux proscripteurs de frapper spécialement des hommes adonnés aux professions libérales, des avocats et des médecins ; ils ont été, paraît-il, fort sensibles à cette observation faite par tout le monde ; ils ont tenu à prouver que devant la persécution toutes les classes sont égales, et le coup est tombé sur un artisan.

L'exilé est un tailleur, M. Dortoni, et les actes dont on lui fait un crime constituent une inculpation si étrange qu'on ne voudrait pas croire à cette aberration si on n'était pas à Rome. Le crime du tailleur est d'avoir confectionné des pantalons, des gilets, des redingotes. On se demandera s'il étalait dans son atelier ou sur le devant de son magasin des gilets à la Marat, des pantalons séditieux, ou des redingotes subversives de l'ordre de choses, ennemies déclarées des robes des porporati ou des soutanes des monsignors. Mon Dieu, non ! Il habillait ses clients comme ses confrères habillent les leurs, avec l'habileté et le coup d'œil de l'artiste qui soumet la mode à la tournure et aux qualités physiques de ses pratiques.

S'il n'y avait rien à reprendre sous ce rapport, il n'en a pas été de même quant aux qualités morales de ceux pour lesquels il travaillait.

On est parvenu à découvrir que les ciseaux du tailleur étaient un danger pour le gouvernement, que son dé et son aiguille, conspirateurs actifs toujours en mouvement, préparaient le linceul du pouvoir temporel. Armé de ces précieux renseignements, on a fait chez lui une visite domiciliaire, et ses livres ont été vérifiés, compulsés. Le triomphe de l'autorité a été complet, sa perspicacité a éclaté au grand jour. Les livres du tailleur ont donné la preuve la plus complète qu'il faisait des habits... pour des hommes suspects de libéralisme, que par conséquent il avait des rapports avec eux. Dès lors son exil a été décidé, et il a reçu un ordre de départ.

Cela ne paraît pas croyable et cependant cela est de la plus exacte vérité. On ne formule pas contre cet homme d'autre accusation. Il travaille pour des libéraux, donc il est coupable. Nous en sommes là. Ce serait bien ridicule, si c'était moins odieux.

Voyez où peut conduire un pareil système. Voilà chaque artisan amené à s'enquérir des opinions de ses pratiques. Le chapelier devra savoir s'il ne coiffe pas une tête dans laquelle germent des pensées hostiles au pouvoir; le cordonnier, s'il ne chausse pas un homme qui va donner un coup de pied à la machine gouvernementale; le boulanger tremblera toujours d'avoir alimenté des conspirateurs. Et ce résultat est précisément celui auquel on désire arriver. Ceux qui gouvernent voudraient faire des parias de tous les hommes qui ne sont pas dévoués au pouvoir temporel; ils voudraient qu'ils fussent dans la société comme les lépreux des temps anciens.

Je crains toujours d'être taxé d'exagération, et pourtant j'affaiblis les couleurs; on a rêvé cela. Il n'est sorte de rêves absurdes auxquels on ne s'abandonne. Mais c'est de la folie, direz-vous. Eh ! oui, à peu près. Ces gens-là se persuadent qu'ils ont contre eux une toute petite poignée d'hommes, quand ils ont l'immense majorité de la population. Ils ne voient rien, ils n'entendent rien, et en ce moment encore, pendant que le pouvoir temporel agonise, ils se livrent à de petites intrigues de palais au bout desquelles est un chapeau de cardinal.

La grave discussion soulevée au parlement italien sur la question romaine, à propos du budget des affaires étrangères, a fait ici une vive impression dans les classes qui s'occupent de l'avenir du pays. Les journaux qui ont donné en entier les discours des orateurs, proscrits des établissements publics, mais reçus dans les ambassades, les consulats, chez des particuliers, ont circulé de main en main, avidement lus, rapidement colportés, demandés avec instance par ceux qui n'avaient pas pu les obtenir des premiers. La vie politique s'est tout à coup ranimée, on n'était plus à Rome, la ville des morts, la pensée se tournait vers Turin et l'on sentait circuler l'esprit italien.

Ce n'est pas seulement parmi les hommes qui désirent la chute du pouvoir temporel, c'est dans tous les partis que s'est manifesté cet empressement à chercher dans les débats de la tribune les futures destinées de Rome : libéraux, sanfédistes, conspirateurs napolitains, voulaient également trouver dans les paroles du ministre des relations extérieures ce qui les intéressait le plus directement.

Les membres du gouvernement pontifical qui affectent un dédain profond pour les discussions parlementaires n'ont pas été moins empressés que les autres citoyens à scruter les paroles du ministre, dans le but de relever auprès du gouvernement français et de la faction des bigots toute parole qui aurait semblé menacer le pouvoir spirituel du pontife romain.

M. Visconti Venosta a dit : « Nous avons voulu démontrer « à l'Europe que l'esprit de persécution n'est pas dans le « tempérament des Italiens, que le sol de l'Italie favorable à « toutes les libertés sera favorable aussi à la liberté religieuse « et à l'indépendance du chef de l'Église. » On raconte qu'après avoir lu ce passage, l'un des ministres romains froissa le journal avec dépit en prononçant tout haut quelques paroles qui étaient l'expression de son désappointement. Ces despotes colères ne comprennent chez leurs adversaires ni le langage d'une haute raison, ni le respect de toutes les libertés inspiré par l'esprit de notre temps. Ils ne sont pas du siècle actuel, ils en donneront assez de preuves.

L'engagement implicite pris par le cabinet de Turin de maintenir l'indépendance du souverain pontife est peut-être ce qui les a le plus frappés dans le discours du ministre des affaires étrangères. Ils eussent été bien heureux d'y trouver des reproches amers, une bonne diatribe contre leur conduite et quelques mots obscurs qu'ils auraient pu signaler comme une menace d'asservissement. La modération de l'homme d'État les a plus irrités que ne l'aurait pu faire son emportement.

Cela ne sera peut-être pas bien compris par ceux qui ne connaissent qu'imparfaitement la cour de Rome; quel que soit le langage qu'on emploie avec elle, menaces ou caresses, elle ne cédera rien, elle opposera son immutabilité à toute tentative d'accord ou de progrès, et dans cette disposition d'esprit, elle voudrait qu'on lui adressât des injures qui sembleraient mettre le droit de son côté.

Quant aux citoyens qui attendent avec une impatience bien justifiée l'affranchissement de Rome et sa réunion au royaume d'Italie, ils voient de trop près l'occupation française pour n'avoir pas compris la réserve du ministre de l'extérieur sur cette question. Ils ont le cœur plein d'espoir, ils sont sûrs que les grandes destinées de l'Italie s'accompliront, mais quinze années du régime déplorable qui pèse sur eux sont bien faites, on en conviendra, pour décourager. Quinze ans, c'est presque une génération qui passe; les hommes faits vieillissent ou meurent; l'exil et la prison déciment les autres. La jeunesse surtout préoccupe. Que sera cette jeunesse livrée aujourd'hui aux moines, à tous les vendeurs d'ignorance chargés de son éducation?

Aussi a-t-on lu avec un vif sentiment de bonheur la déclaration si nette, si précise du ministre que le cabinet n'avait jamais cessé de s'occuper de la question romaine, que cette question avait toujours été la première de ses pensées. Ces paroles auraient, s'il en avait été besoin, ranimé le courage, réveillé les espérances. On a compris que le ministre ne disait pas tout ce qu'il savait, on a lu dans le blanc des lignes ce qu'il taisait.

En somme, le discours de M. Visconti Venosta lui a fait beaucoup d'adhérents, et je puis ajouter, des amis dans le monde intelligent de Rome. Cette ville, gouvernée par des vieillards, les uns vieux d'esprit, les autres vieux de corps, presque tous usés et en dehors du mouvement général des idées, voit avec plaisir un jeune ministre aux affaires et attend beaucoup de lui. Je suis en ceci l'écho du sentiment général ; l'impression a été on ne peut plus favorable.

La cour de François II, dont la présence à Rome a été signalée comme un danger, comme un foyer de conspirations permanentes, et qui l'est en effet, ne s'est pas émue le moins du monde de ce qui a été dit à cet égard à la tribune italienne ; elle sait parfaitement que Pie IX ne lui ordonnera pas de quitter Rome ; il y a entre celui-ci et les membres de la famille napolitaine des liens qu'il ne veut pas briser ; ils ont des espérances communes de restauration, ils ont besoin l'un de l'autre. Et puis, c'est pour le pape se faire un beau rôle que de maintenir une situation dans laquelle, sans avouer qu'on prête la main au brigandage, on peut dire tout haut : Je donne asile à des proscrits.

La réconciliation entre François et la jeune reine, si longtemps désirée, si vainement tentée à plusieurs reprises, objet de tant de négociations secrètes, paraît aujourd'hui complète. Les deux époux si mal assortis se montrent ensemble tous les jours dans les rues et les promenades de Rome. Mais, hélas! ils paraissent s'ennuyer profondément, car il y en a toujours un qui bâille, tout au moins m'ont-ils donné ce spectacle deux fois en quelques jours, et quelque singulier que cela paraisse, c'est pourtant de la plus exacte vérité.

La première fois, c'était au *Corso*; François assis dans sa voiture se tenait droit et roide comme un piquet, sans parler, sans faire attention à sa compagne placée près de lui; sa femme bâillait sans la moindre dissimulation. L'autre soir, c'était à la villa Borghèse, au sortir de la magnifique allée devant laquelle s'ouvre l'amphithéâtre; la reine était à demi-couchée dans sa calèche, toute souriante, l'œil brillant et plein de jolies choses; François bâillait à se désarticuler la mâchoire. Voilà deux époux qui s'amusent peu; leur réconciliation est un acte politique.

Il y a douze ou quinze mois, j'ai lu dans les journaux français et italiens de longs détails sur une aventure mystérieuse et fort dramatique, dont Marie-Sophie aurait été l'héroïne, détails donnés, je crois, par des correspondances parties d'ici. Depuis quelques jours, ma curiosité de chroniqueur m'a porté à quêter des renseignements sur les faits étranges que j'avais lus, mais de ceux à qui je me suis adressé, nul n'a pu rien préciser. L'un m'a répondu : il n'y a rien de vrai dans ceci. L'autre m'a dit : oui, des bruits vagues ont couru, et tout à coup on a fait le silence sur cette affaire, j'ai oublié le peu qu'on m'en a rapporté.

CHAPITRE XXI

Proposition de faire nommer par des habitants de Rome des députés au parlement italien. — Comment elle est accueillie. — De nouvelles collisions éclatent entre les soldats français et les pontificaux. — Les patrouilles au Forum. — L'exercice en douze temps dans le temple de la Paix. — Le poste du Colisée. — Situation anormale de l'armée d'occupation. — Procession de la Fête-Dieu. — Le pape porté sur le pavois. — Curieux détails.

28 mai.

Les discussions du parlement italien sur la question romaine continuent à être ici l'objet de graves entretiens ; elles excitent un intérêt puissant, et bien naturel du reste, puisqu'il s'agit de l'avenir du pays, avenir dont la population ne peut décider elle-même.

M. Chiaves, membre de la chambre des députés de Turin, a proposé de diviser Rome en circonscriptions électorales qui nommeraient des mandataires chargés de représenter au parlement la capitale occupée par l'armée française.

Vieux souvenir d'un acte du sénat romain mettant aux enchères le champ où campait l'ennemi, cette proposition avait un côté brillant et spécieux capable de séduire quelques esprits superficiels, mais elle a été froidement accueillie par une population fort calme qui a trop à se plaindre des faits pour se laisser enthousiasmer par des mots.

J'ai plusieurs fois entendu agiter cette question que l'on a disséquée dans toutes ses parties.

— Nommer des députés, disait-on, n'est pas bien difficile, nous avons fait souvent des actes de libéralisme qui ont échappé à la surveillance du pouvoir, nous ferions celui-là ; mais à quoi servirait de choisir des mandataires dont les lois ne pourraient pas être appliquées ici ? Pour ceux qu'il représente, le député est quelque chose à la condition seulement que son vote aura son effet plein et entier ; toutes les mesures que les nôtres pourraient demander seraient à l'avance frappées de stérilité par l'impossibité où serait le pouvoir d'en faire l'application, et ne créeraient que des embarras. Au surplus, il n'y a point de gouvernement qui puisse accepter une telle situation où chaque loi votée équivaudrait à l'ordre de faire la guerre afin de l'appliquer à toutes les parties du royaume. M. Chiaves a dû voir très-bien tout cela avant de faire sa motion; il a joué au plus fin, et il a perdu la partie. M. Minghetti l'a parfaitement deviné, et l'a combattu avec une modération pleine de tact et d'habileté qui ne pouvait manquer de triompher.

Si on passait à la discussion du côté pratique de la proposition, on la condamnait également sous ce rapport.

— La liberté de l'électeur dans son choix est la première condition de l'élection, disait-on avec beaucoup de sens; or, qui pourrions-nous nommer? Ceux que nous choisirions seraient immédiatement emprisonnés, si on pouvait les saisir, ou frappés d'exil s'ils avaient passé la frontière; nous n'avons pas le droit d'imposer l'exil ni la prison à celui que nous honorerions de notre confiance. Il nous resterait la ressource de choisir des mandataires parmi les exilés actuels, c'est peut-être là ce que voulait M. Chiaves; je comprends que ce serait pour quelques-uns d'entre eux une compensation fort honorable, ce serait de notre part une protestation, mais partielle, en faveur d'un tout petit nombre seulement. En admettant que l'émigration entière se tînt pour satisfaite de notre choix et de cette marque de sympathie, l'objection qu'on a faite tout à l'heure n'en subsiste pas moins, et démontre le danger qu'il y aurait à accepter la proposition.

Les raisonnements ont été les mêmes, à quelques variantes près dans la forme plutôt que dans le sens, partout où j'ai entendu discuter la question. Ce n'est pas que l'impatience ne soit grande; elle croît tous les jours, mais ce n'est pas de propositions de ce genre qu'on attend la solution.

Loin de se calmer et de s'éteindre, les sentiments de haine qui règnent entre les soldats français et les soldats pontificaux continuent à se manifester de temps en temps. Le vieux levain fermente toujours, et l'on parle de nouveaux faits qui se seraient produits il y a quelques jours ; mais un certain mystère plane sur les détails que les deux partis ne sont ni l'un ni l'autre disposés à révéler.

Ce qu'il a de positif, c'est que l'irritation est fort vive dans les régiments français, dont les soldats isolés ont été attaqués et maltraités par les pontificaux, et la moindre provocation pourrait faire naître des collisions sanglantes.

Des mesures ont été prises par l'autorité militaire des deux pays pour empêcher des rencontres qui, dans l'état actuel des esprits, auraient peut-être des proportions plus grandes que les précédentes, et comme les Français sont les plus nombreux, les mesures ordonnées par leurs chefs sont aussi les plus apparentes.

C'est toujours dans le quartier du Colisée que s'exerce la surveillance la plus active, soit que la solitude du lieu y rende les luttes faciles, soit que le voisinage des postes français et des postes pontificaux fort rapprochés les uns des autres inspire des craintes, fort naturelles en ce moment.

Des patrouilles françaises circulent constamment dans les environs du Forum romain ; elles se croisent sur la voie Sacrée, elles parcourent les grandes ruines de la basilique de Constantin, que quelques-uns appellent le temple de la Paix, et qui, par une assez grande singularité, sert de champ d'exercice aux papalins. Sous les hautes et magnifiques nefs consacrées à la Paix, les soldats apprennent à tuer en douze temps.

Les deux sentinelles françaises placées comme à l'ordinaire aux deux entrées principales de l'amphithéâtre n'ont pas paru suffisantes soit pour repousser des attaques dirigées contre elles, soit pour empêcher des collisions dans les détours du vaste monument, et un poste de trente hommes commandé par un officier a été établi dans le Colisée même ; les soldats n'ont d'autre abri contre le mauvais temps que les voûtes des ambulacres souvent humides, condition hygiénique assez peu favorable à leur santé.

J'ai déjà fait remarquer ce qu'avait d'anormal la situation de l'armée d'occupation en butte aux attaques d'un gouvernement maintenu par elle contrairement au vœu de la population ; ajoutez à cela que cette armée entretient des détachements aux frontières papales limitrophes des provinces napolitaines, afin de dissiper les rassemblements qui pourraient s'y former dans le but d'attaquer l'Italie, et afin de neutraliser les efforts des bandes de brigands organisées dans Rome avec la complicité patente de ce même gouvernement ; il en résulte cette anomalie que l'armée française soutient le pouvoir à Rome et combat ses actes à la frontière. C'est plus qu'illogique, c'est absurde. Une fois engagé dans une fausse route, on parcourt un labyrinthe dont on n'avait pas prévu les difficultés. A cette fausse situation il n'y a qu'une issue raisonnable, c'est la retraite.

Toute représentation de la part de la France sera vaine ; Rome promettra et ne changera pas de système ; Rome donnera l'assurance qu'elle est étrangère à la formation des bandes de brigands, et elle continuera à s'entendre avec les ministres de François II qui les organisent ; et ils déploient actuellement la plus grande activité dans ce travail.

La conduite du gouvernement papal est si étrange, si dépourvue de sagesse, qu'il y a dans Rome des personnes persuadées que des membres du pouvoir voudraient amener la France à retirer ses troupes ; elles ajoutent, il est vrai, que ces mêmes hauts fonctionnaires comptent sur une conflagration générale qu'ils s'efforcent d'amener.

Je n'entrerai pas dans l'examen et la discussion de cette pensée qui, si elle existe réellement, doit être considérée comme un rêve de fous ; mais je puis affirmer que l'opinion dont je parle est très-répandue à Rome et partagée par des hommes fort intelligents qui ne peuvent accorder la logique avec la conduite du pouvoir.

Il y a ici un parti clérical exalté et un certain nombre de prêtres, d'abbés, de hauts dignitaires, qui n'hésiteraient pas à sacrifier un pape à l'éclat d'une cérémonie religieuse ; ces hommes-là viennent de remporter une brillante victoire. Pie IX, qui était fort mal, il y a vingt jours à peine, va beaucoup mieux aujourd'hui ; toutefois un repos absolu lui aurait été nécessaire pour hâter sa convalescence. Mais le parti exalté veut qu'il paraisse en public, afin, dit-il, de confondre les ennemis de l'Église.

Le souverain pontife a cédé à leurs instances ; il est sorti deux fois en voiture depuis quelques jours, et jeudi dernier il a officié à la procession de la Fête-Dieu ; il a fait ce qu'on appelle la fonction. Je ne veux pas faire la description de cette procession qui a été probablement décrite bien des fois, je n'en dirai que ce qui m'a frappé le plus.

Les enfants des écoles, les moines de toutes couleurs, les congrégations, le clergé des paroisses et des basiliques ayant ses bannières, ses gonfalons, ses croix particulières, étaient rangés dans l'église de Saint-Pierre. A l'heure venue, cette masse commença à s'ébranler ; elle se déroula sous le péristyle grandiose de la basilique, se dirigeant du côté de la statue équestre de Constantin, et tournant le dos à la *Scala regia*, elle descendit lentement la longue galerie en pente sur laquelle s'ouvre le magnifique escalier de la cour Saint-Dalmase.

De certains points de la place, le regard enfile parfaitement cette galerie, et c'était un spectacle curieux que celui des drapeaux, des oriflammes, des ornements de toute sorte cheminant entre deux longues rangées de cierges allumés. Arrivés à l'extrémité de la galerie, en descendant les dernières marches, ceux qui formaient le cortége apparaissaient un instant aux yeux du public, avant de pénétrer sous l'immense portique septentrional de la place, et l'on voyait là, dans toute leur splendeur, les gonfalons des basiliques.

Le portique a quatre colonnes de front, cinquante-six pieds de largeur ; il se divise en trois allées ; c'est dans celle du milieu, la plus large, que la procession passait. Les deux allées latérales étaient occupées par une foule de femmes de toutes conditions, mais toutes parées de leurs plus beaux atours.

Le pape arriva ; il était assis dans un fauteuil caché par une large et longue chape qui enveloppait et couvrait le siége et le pontife, moins la tête et les bras ; il ne portait pas la tiare, il était coiffé de la mitre. Devant lui, sur une table voilée de draperies, reposait l'ostensoir d'or. Le pape s'élevait au-dessus de la foule sur un large pavois que douze hommes portaient sur leurs épaules, et on le voyait très-facilement, grâce à la hauteur à laquelle il était placé.

A ce moment, il avait le teint assez bon, quoique maladif et bien changé depuis que je ne l'avais vu. Il s'engagea sous la colonnade, mais ce genre de locomotion est pour lui très-fatigant et lui donne une sorte de mal de mer; à l'issue du portique, sa figure avait énormément pâli; sa tête se penchait en avant, et il essuyait avec son mouchoir la sueur qui coulait de son front.

La place des *Rusticucci*, au sommet de laquelle débouchent les portiques fut lentement parcourue par la procession qui défilait devant des fenêtres, des balcons et de vastes tribunes chargés de spectateurs parmi lesquels se faisaient remarquer les plus belles dames romaines et étrangères. La reine-mère de Naples était là avec toute sa famille; ses fils, ses officiers, ses fidèles, portaient le costume de l'ancienne armée napolitaine. Un peu plus loin, on voyait le personnel de l'ambassade française.

Après avoir suivi les trois côtés de la place, les porteurs du pape pénétrèrent sous la colonnade méridionale; ils hâtaient le pas, car le saint-père était encore plus pâle et plus défait. Au sortir de ce passage également bordé de longues files de spectateurs, l'altération des traits du pontife, évidente à tous les yeux, faisait craindre qu'il ne pût aller jusqu'au bout.

Le passage de la seconde galerie s'effectua rapidement; on revenait par le côté du péristyle où se trouve la statue équestre de Henri IV, de France, et le pape rentra dans la basilique. Le défilé de la procession avait duré une heure et demie. La cérémonie s'acheva sans encombre.

La foule était immense au dehors; celle qui était revenue dans l'église à la suite du cortége s'écoula avec rapidité, comme toujours, et il y restait peu de monde quand le pape descendu de sa chaise triomphale, débarrassé de la chape et de la mitre, retourna au Vatican en prenant le bas côté septentrional du temple. Ce bas côté est coupé par le tombeau de

Grégoire XVI, prédécesseur de Pie IX, tombeau décoré de trois belles statues de marbre blanc, celle du pape au sommet, et sur les côtés celles de la Sagesse et de la Prudence, toutes trois exécutées par Louis Amici, sculpteur romain d'un vrai mérite.

Je ne sais quel architecte a eu la singulière idée de pratiquer sous ce tombeau une porte qui donne accès dans une chapelle où se trouve un escalier communiquant avec la *Scala regia* qui monte au palais.

Le pape marchait suivi d'un très-petit nombre de cardinaux et de quelques prélats de sa maison; il traînait un peu la jambe, mais il était beaucoup moins abattu que sur son estrade. Arrivé près du tombeau, il s'arrêta et leva la tête; il me sembla regarder la tiare sculptée sur le marbre. Je ne sais quelle pensée traversa son esprit; elle était triste sans doute. On eût dit qu'il hésitait à passer là, car, après avoir fait encore quelques pas, il s'arrêta de nouveau à contempler d'autres ornements. Ces deux temps d'arrêt n'ont pas duré ensemble une minute, mais ils ont été bien marqués; puis il s'enfonça dans le massif de la muraille et disparut, préoccupé très-probablement de ce tombeau de son prédécesseur et du singulier passage qu'on lui faisait prendre en descendant du pavois.

Que le lecteur ne s'étonne pas de ces petits détails; resté un des derniers dans l'église, j'étais à quelques pas du pontife et j'ai vu ce que je raconte.

CHAPITRE XXII

Nouvelles fêtes du dieu *Quine* et de la déesse *Tombola* mêlées aux fêtes chrétiennes. — Tibur. — Tusculum. — Le *Mandatario* et ses deux tambours. — Rechute du pape. — Fausse alarme. — Cérémonie à Saint-Jean-de-Latran. — Les fiévreux.

31 mai.

Nous sommes depuis un mois au milieu de solennités de toutes sortes ; les fêtes du dieu *Quine* et de la déesse *Tombola* se combinent ou alternent avec les processions du *corpus Domini*. Je n'entends faire aucun rapprochement entre des choses si différentes, mais je puis assurer que la population des États romains, avide de spectacles, de représentations, met entre elles beaucoup moins de différence que je n'en mets moi-même, et se rend à ces diverses solennités avec un empressement égal.

Il faut bien se persuader que nous sommes dans un pays encore payen, auquel un seul dieu ne suffit pas, et ceux qui ont passé à Rome le mois de mai ont pu lire sur les murs de grandes affiches annonçant processions, courses de chevaux et tombola de 100, 200, 300 écus, en l'honneur de la très-sainte Vierge ou de quelque saint, protecteur de la ville où la fête se donne. Cela paraît ici tout naturel ; il n'y a que les Français qui trouvent ce mélange un peu bizarre.

Toutes les villes et les gros bourgs qui environnent la capitale ont donc tour à tour, et à plusieurs reprises, fêté *Quine* et *Tombola* ; Rome avait donné l'exemple, il a été suivi ; et comme je suis très-désireux de respirer l'air pur des hauteurs de la Comarque, très-curieux de voir de près les populations des montagnes, leurs mœurs et leurs costumes, je me suis trouvé assez fréquemment à ces fêtes.

Le 1er du mois de mai, la vieille Tibur des Sicules et des

Argiens, les délices d'Horace, que je ne puis pas me résoudre à appeler de son nom moderne de Tivoli, profané par les bals champêtres, Tibur avait convoqué les habitants des deux rives de l'Anio, de la Sabine et du Latium, et de tous ces points ils étaient venus en foule, hommes et femmes, celles-ci grandes et belles, revêtues de costumes pittoresques aux couleurs chatoyantes.

Dans tous les villages d'Italie, de France et d'Espagne, la danse est, aux jours de fête, un des principaux amusements de la jeunesse ; là se font les connaissances, là se lient les amours qui aboutissent au mariage, là se trouvent, sous les yeux de la mère, ceux qui commencent à penser l'un à l'autre, là enfin on danse pour le plaisir de danser. Dans les États pontificaux, après avoir assisté à la procession, on va au cabaret, l'on se grise, si on aime le vin, et l'on joue à la tombola.

Ce n'est pas que l'orchestre manque ; il y a partout des corps de musiciens, que l'on appelle ici des *bandes*, mais ils sont occupés à célébrer les triomphes des vainqueurs du *lotto*; l'Église défend les danses, et il faut obéir à l'Église, souveraine dominatrice du pays.

La tombola de Tibur se tirait sur la grande place, en face du pont qui mène au mont Catillus, et dont l'arche hardie recouvre l'ancien lit desséché de l'Anio, site admirable d'où l'on voit une partie de la profonde vallée et le temple de la Sibylle qui la domine. La roue de la fortune était hissée sur le balcon du premier étage d'une maison qui regarde ce pont. Le terrain est en pente, et de tous les côtés on pouvait voir tourner la roue et entendre la voix du crieur. L'autorité municipale présidait ; les prêtres, les moines, les gendarmes pontificaux étaient en grand nombre, mêlés aux *popolani*, et pointaient les numéros sortants avec une attention tout à fait édifiante. Les pauvres moines avaient mendié pour jouer.

Contrairement à ce qui se fait à Rome, les belles filles de Tibur ne s'étaient pas mêlées à cette foule de joueurs. Elles refluaient dans les rues voisines, attendant la fin de la partie ; la fête n'a pas dû être bien agréable pour elles.

Quelques semaines après Tibur, qui recommencera bientôt, venait le tour de Frascati, près du vieux Tusculum de Cicéron. Je ne sais quelle fête catholique se mêlait à celle de *Quine*; il y avait vêpres, litanies, bénédiction et, immédiatement après, tombola. Elle se tirait sur la place de la cathédrale, église de Saint-Pierre, sur la plate-forme de la fontaine; les spectateurs et les joueurs étaient assis sur les marches du parvis du temple.

Il n'y a pas de soldats français à Frascati, qui est, je crois, la seule ville des États romains où les zouaves pontificaux tiennent garnison. Leur costume gris est fort coquet, et ils charmaient leurs loisirs par le jeu.

Ils étaient en grand nombre, le carton à la main, assis sur des chaises et des tabourets empruntés aux cafés voisins; un orage des plus violents a éclaté au milieu de la fête, une pluie diluvienne a balayé la place en une minute et le jeu s'est arrêté. La pluie passée, le tirage a recommencé, ou plutôt a continué au milieu des cris des joueurs qui ne savaient plus où ils en étaient. On arrivera à bâtir un temple à la déesse *Tombola* pour prévenir ces désagréments-là.

Tout cela était triste, froid, monotone; des joueurs pestant contre le sort, poussant des cris discordants. Décidément, les nouveaux dieux de Rome ne sont pas les dieux de la joie. Les processions valent encore mieux; ceux qui les aiment ne peuvent pas se plaindre, il y en a partout et tous les jours, c'est un alléluia général et des buis jonchant le sol, et des fleurs jetées au vent, et de l'encens qui fume à tous les coins; heureux serions-nous s'il pouvait enlever la mauvaise odeur.

Ce fantôme blanc que vous voyez venir le long du *Corso*, vêtu d'une longue robe de laine légère ouverte par devant, mais serrée à la taille par une ceinture, garnie d'un collet de carrik, la tête nue, portant à la main un long bâton, c'est un homme, du moins on le dit, et il est assez laid pour le faire croire.

Il marche entre deux tambours battant je ne sais quels fla fla, et portant le pantalon rouge. Ah! Dieu soit loué! Le pantalon tombe sur la guêtre tout du long et n'est pas relevé. Ce sont des soldats pontificaux. J'avais peur de voir des Français accompagner ce joli monsieur, une figure de brute s'il en fut jamais.

Deux tambours ayant le numéro 1 sur la toile cirée de leur shako, appartenant par conséquent au premier régiment de ligne de l'armée du pape, allant au pas accéléré et toujours frappant leur peau d'âne, cet homme entre eux, tous trois de front, que diable cela peut-il vouloir dire?

Je rencontre un troupier du 59e de ligne de l'armée d'occupation.

— Mon ami, faites-moi le plaisir de m'apprendre ce que c'est que cela?

— Je ne le sais pas, me répond le soldat, il y a peu de temps que je suis arrivé, je vois de ces carnavals-là tous les jours, mais je n'y comprends encore rien.

Pendant que je cherche à qui m'adresser, mon fantôme et ses deux tapins s'engagent sur la place Colonna, rasent une façade du palais Chigi, paradent devant le cercle des officiers français, font le tour de la colonne de Marc Aurèle et rentrent dans le *Corso*, qu'ils continuent à suivre.

— Qu'est-ce que cela? dis-je à un Romain de mes amis que je rencontrai.

— Ça? fit-il en riant, c'est le *Mandatario*.

— Ah! De qui cet homme est-il le mandataire?

— Mandataire, non; c'est un domestique, un valet de bas étage, un valet d'église.

— Pourquoi ces deux tambours l'accompagnent-ils en faisant tout ce tapage? Pourquoi ce valet est-il vêtu d'une robe blanche? Pourquoi se promène-t-il tête nue, un bâton à la main?

— Voilà bien des questions à la fois, dit le Romain; je ne puis répondre à toutes en même temps; nous allons, s'il vous plait, procéder par ordre. Ces deux tambours battent leur caisse pour faire du bruit...

— C'est évident, mais le but?

— Attendez donc. Ce bruit a pour but d'attirer les regards des habitants sur cet homme, auquel, sans cela, personne assûrement ne ferait attention. Ce valet est vêtu de blanc parce que c'est la couleur de la livrée de la paroisse à laquelle il appartient. Il se promène tête nue par respect pour la fonction qu'il remplit. Le long bâton qu'il porte majestueusement à la main servait, dans le principe, à écarter les chiens; aujourd'hui il est inutile, les chiens de Rome sont accoutumés à en voir de toutes sortes, ils n'aboient même plus après ces magots-là; le *Mandatario* garde son bâton par habitude.

— Très-bien; mais homme, tambours, promenade par la ville, dans quel but ?

— Moins que rien, uniquement pour faire savoir aux habitants des quartiers parcourus par le *Mandatario* que dans huit jours, à pareille heure, une procession sortant de l'église de sa paroisse suivra les mêmes rues, fera exactement les mêmes contours que vous voyez faire à cet homme. Voilà à quoi on emploie ici l'espèce humaine.

Le *Mandatario* continuait sa route dans la direction de la place Sciarra, et nous le perdîmes de vue. Chaque église paroissiale a le sien, et dans ce temps de bénédictions il y en a toujours un qui sillonne les rues.

Comme il était facile de le prévoir, la procession de la Fête-Dieu à laquelle a présidé le pape jeudi dernier et dont j'ai raconté les détails, a grandement fatigué le souverain pontife, à peine convalescent. Dans la soirée, il a éprouvé un malaise qui n'avait rien de bien sérieux, mais dont son entourage s'est effrayé; dès le lendemain, le bruit courait par toute la ville qu'il avait eu une grave rechute et touchait à sa fin. Ces rumeurs étaient fort exagérées, car un jour de repos a suffi pour réparer les forces du saint-père, et il a pu, samedi, faire en voiture sa promenade habituelle.

Cependant il devait se rendre le lendemain dimanche à la procession qui se fait chaque année, à pareil jour, autour de la basilique de Saint-Jean-de-Latran, cérémonie qui est à Rome d'une haute importance et à laquelle le pape ne manque presque jamais sans empêchement grave. L'état de sa santé ne lui a pas permis de braver la fatigue qui l'attendait et il n'a pas paru au Latran.

Il n'en a pas fallu davantage pour faire croire à une nouvelle et sérieuse maladie, et les pronostics de sa mort prochaine ont de nouveau circulé de plus belle. Dans l'espoir de faire cesser de pareils bruits, Pie IX est sorti hier et s'est montré à la promenade du Pincio.

C'est là le rendez-vous de l'aristocratie et de la bourgeoisie romaines, ainsi que de tous les étrangers; le souverain pontife y est toujours accueilli avec respect, mais il n'y trouve pas les ovations des *cento calvi*, au nez desquels la foule se permettrait de rire.

On dit dans le public que l'impossibilité où le pape a été dimanche de se rendre à Saint-Jean-de-Latran est d'autant plus fâcheuse qu'il avait l'habitude, en faisant la procession, d'entrer dans l'hôpital qui est sur la place et d'y guérir les malades de la fièvre, absolument comme les rois de France guérissaient autrefois les écrouelles.

CHAPITRE XXIII

L'emprunt pontifical. — Le pair. — Budget des États romains. — Déficit; supérieur aux recettes totales. — Le denier de Saint-Pierre. — Il est d'environ sept millions de francs par an. — Le pape l'affecte au payement de l'intérêt et de l'amortissement de la dette publique. — Hypothèque insuffisante.

4 juin.

On annonce à grand bruit que l'emprunt pontifical décrété dans le *Chirographe* du 26 mars dernier vient d'être souscrit en entier par une maison de banque belge, et souscrit au pair, et on présente naturellement cette opération financière comme un triomphe du gouvernement romain. Je ne sais rien encore qui me permette d'affirmer ou de démentir la nouvelle, mais je pense que le public doit attendre des preuves avant de croire à une pareille fortune en ce moment.

La souscription au pair mérite surtout d'être expliquée. N'oublions pas que nous sommes dans le pays des restrictions mentales, et que le télégraphe lui-même se les permet quelquefois. Peut-être y a-t-il deux sortes de pair aux yeux de ceux qui chantent victoire : le pair vrai qui est de 100 francs pour 5 francs de rente p. 100, et le pair, c'est-à-dire l'équivalent du cours actuel de la rente romaine consolidée, qui était, il y a un mois, à 67 fr. 50 c., et que l'on a coté tout à coup à 69 fr. C'est sur ces deux sortes de pair qu'il faut s'entendre.

Si l'opération est un acte de charité, si le placement des coupons se fait par l'intermédiaire du confessionnal, le pair vrai est possible, les gens charitables ont le droit de choisir leurs pauvres. Si, au contraire, c'est une opération ordinaire, si les acheteurs entendent faire un placement avantageux, ils ne payeront pas 100 fr. ce qu'ils peuvent avoir de 67 fr. 50 c. à 69 fr., avec un bénéfice de plus de 30 p. 100.

Quel que soit, au surplus, le prix d'émission, quelle que soit la pensée des premiers souscripteurs, les coupons de rente ne resteront pas longtemps dans les mêmes mains; ils circuleront comme toutes les valeurs de ce genre, ils passeront à des héritiers, des créanciers, ou à d'autres acheteurs. C'est la loi générale.

Peut-être ceux qui en deviendront possesseurs seront-ils bien aises de pouvoir apprécier la situation financière de leur débiteur, de juger des garanties qu'il offre, et, par suite, de la valeur réelle de leurs titres. Ils trouveront les éléments de cette appréciation dans le budget officiel des États romains de 1864, que je donne plus bas.

Les chiffres n'ont pas d'opinion, ils ne sont ni libéraux, ni rétrogrades, ni papistes, ni italiens, ils sont des chiffres; et comme ils sont inflexibles, ils peuvent servir à l'édification de tous. Chacun y trouvera peut-être des arguments en faveur de sa cause.

Impôts directs et propriétés camérales.

		sc.	b.
	Recettes.	1,050,736	79
	Dépenses.	271,048	25
	Différence en plus.	779,688	53
Cens. — Cadastre.	Recettes.	00,000	»
	Dépenses.	57,172	»
	Différence en moins. . . .	57,172	»
Douanes.	Recettes.	2,609,910	»
	Dépenses.	435,395	»
	Différence en plus.	2,174,515	»
Timbre et enregistrement.	Recettes. . .	316,263	40
	Dépenses. . .	49,901	50
	Différence en plus.	266,361	90

		sc.	b.
Postes.	Recettes.....	176,975	»
	Dépenses.....	142,372	46
	Différence en plus.....	34,662	54
Loteries.	Recettes.....	745,617	86
	Dépenses.....	499,330	36
	Différence en plus.....	246,287	50
Monnaie et garantie des objets d'or et d'argent.	Recettes.....	66,110	»
	Dépenses.....	57,754	»
	Différence en plus.....	8,356	»
Dette publique.	Recettes.....	202,156	35
	Dépenses[1].....	5,363,260	60
	Différence en moins.....	5,161,104	25
Assignation de fonds par titres spéciaux et dépenses générales du min. des fin.	Recettes..	000	»
	Dépenses.	1,303,386	75
Ministère de l'intérieur.	Recettes.....	45,264	»
	Dépenses.....	873,955	23
	Différence en moins.....	828,691	23
Ministère du commerce.	Recettes.....	51,762	»
	Dépenses.....	313,114	88
	Différence en moins.....	261,352	88
Armes.	Recettes.....	55,115	»
	Dépenses.....	1,361,432	»
	Différence en moins.....	1,306,317	»

Totaux : { Dépenses, 10,728,123 06 / Recettes, 5,319,910 42 } Déficit. 5,408,212 64 sc. b.

Soit, en francs, 29 millions.

1. N'est pas compris dans les 5,363,260 sc. 60 b., l'intérêt de l'emprunt émis par chirographe du 26 mars 1864.

Si à ce déficit de 29 millions de francs on ajoute deux millions cinq cent mille francs pour l'intérêt du nouvel emprunt, on aura un déficit de 31 millions cinq cent mille francs ; mais comme on ne payera cette année l'intérêt que pendant neuf mois, c'est seulement 1 million huit cent soixante-quinze mille francs qu'il faut noter ici. L'année courante présenterait donc un découvert de 30 millions huit cent soixante-quinze mille francs, somme plus élevée que les recettes totales.

L'attention doit surtout s'arrêter sur ce fait tout spécial aux États du pape, que le déficit annuel est supérieur à la totalité des revenus ; il n'y a pas en Europe une seule nation, grande ou petite, où l'on puisse constater une situation semblable, qui du reste n'y pourrait pas durer et conduirait tout droit à la banqueroute, catastrophe inévitable pour les États romains s'ils restent encore quelque temps sous l'administration pontificale.

Par l'article 9 de son édit du 26 mars, le pape a ordonné que les recettes du *denier de Saint-Pierre* fussent consacrées au payement des intérêts de l'emprunt tout entier et à l'amortissement établi sur le pied de 1 p. 100. Le pape, en prenant cette mesure, n'a pas manqué de faire ressortir que l'obole de Saint-Pierre était offerte *à sa personne*, et il s'est donné ainsi l'air de faire un acte de générosité.

La vanité joue ici un rôle considérable en toutes choses, et l'on pourrait sévèrement la juger dans la circonstance actuelle ; mais passons sur cette petite satisfaction d'amour-propre pour nous attacher seulement aux chiffres. L'emprunt, dans son ensemble, se compose 1° de 50 millions émis par le chirographe du 18 avril 1860, 2° d'une somme égale émise par celui du 26 mars dernier, total cent millions de francs. L'intérêt à 5 p. 100 et l'amortissement annuel de 1 p. 100 font donc six millions à prélever chaque année sur la charité des fidèles.

On n'a aucun moyen d'établir un contrôle sérieux sur les recettes aléatoires du *denier de Saint-Pierre*, il faut s'en rapporter aux journaux de Rome et aux feuilles cléricales publiées en Italie, qui font grand bruit de l'importance des offrandes. Acceptons leur chiffre sans conteste. Selon eux, la récolte du *denier de Saint-Pierre* serait d'environ sept millions de francs par an.

Or, en admettant que six millions soient employés à payer l'intérêt et l'amortissement de l'emprunt, que le million restant soit consacré aux besoins de l'État, sans réserve aucune pour la cassette du pape, le déficit annuel serait par là réduit à vingt-trois millions huit cent soixante-quinze mille francs.

Où prendra-t-on ces vingt-trois millions? Comment fera-t-on face aux exigences de tous les jours? Par quel moyen comblera-t-on ce manquant? Peut-on sérieusement espérer qu'on trouvera des prêteurs de bonne volonté disposés à donner sans garantie cinquante millions tous les deux ans? C'est pourtant là qu'il en faudrait arriver si la situation actuelle devait se continuer.

J'ai dit dans un chapitre précédent que le chirographe du pape contenait une protestation contre les faits accomplis en 1859 et en 1860. En effet, le préambule attribue à l'*usurpation* le déficit du trésor public. De cette imputation il semble naturellement résulter qu'avant cette usurpation des provinces de l'Église les finances étaient dans un état prospère, que les dépenses n'excédaient pas les recettes.

Eh bien! cela n'est pas exact. J'ai sous les yeux le budget des États romains en 1857, et il se solde par un déficit, peu considérable, il est vrai, mais qui n'en révèle pas moins une mauvaise situation financière. Et déjà à cette époque le gouvernement papal avait recouru aux emprunts.

Ainsi, même en laissant de côté les causes générales qui chaque jour amoindrissent le pouvoir temporel, la disette des finances ne tarderait pas à en rendre l'exercice impossible.

Dans les pays normalement administrés, des événements politiques, le manque de récolte restreignant la consommation, le chômage des grandes industries diminuant les importations, peuvent déterminer un déficit dans les recettes d'une ou de plusieurs années; l'emprunt, s'il en est besoin, couvrira ce déficit. Mais le préteur a une garantie dans les revenus ordinaires de l'État qui s'élèveront après la crise ; le payement annuel des intérêts est assuré. Ici il n'y a rien de cela : les dépenses sans proportion avec les recettes conduisent à l'abîme ; nulle certitude de remboursement ne peut attirer les capitaux, et s'ils viennent nonobstant, le payement des intérêts repose sur les éventualités de l'aumône.

Il n'est pas possible d'admettre raisonnablement qu'une pareille ressource soit une hypothèque suffisante, et puisse durer longtemps. Le pouvoir temporel en serait donc réduit à mourir bientôt faute d'argent, s'il n'était déjà frappé au cœur. Cette décrépitude matérielle qui accompagne la décrépitude morale sous laquelle il agonise semble être un arrêt du destin condamnant sous toutes les formes et sans retour.

En même temps, elle porte avec elle un enseignement, elle proclame cette vérité, un peu méconnue peut-être, que le pouvoir temporel a été blessé à mort du jour où le royaume d'Italie a enveloppé Rome. Dès ce moment c'était une place investie à laquelle on pouvait appliquer ce mot de la science militaire :

Ville assiégée, ville prise.

La reddition n'était plus qu'une question de temps.

Au pouvoir temporel ce temps est compté ; en lui supposant les chances les plus favorables, il n'aurait pas même les honneurs d'une bataille, il n'aurait pas la satisfaction de crier à la violence, il mourrait d'inanition.

CHAPITRE XXIV

La fête du Statut célébrée à Rome comme dans toute l'Italie. — Doutes et mystères. — Drapeaux nationaux, cocardes italiennes, placards, feux de Bengale jusqu'au pied du Vatican. — Les mêmes démonstrations dans d'autres villes. — Colère de la cour de Rome. — Brigandage aux portes de la ville. — Élections municipales; mystification; singuliers détails. — Tristes paroles d'un sénateur romain.

Du 5 au 14 juin.

Le 5 juin était pour toute l'Italie, Rome et Venise exceptées, la grande fête du Statut, la fête de la renaissance de la liberté, la fête de l'unité. On glorifiait la pensée dont le triomphe réunissant des populations divisées par les lois, par des barrières de douane, en a fait un peuple homogène animé désormais d'un même sentiment. Séparée encore du reste de l'Italie, soumise au pouvoir temporel du pape, Rome ne semblait pas devoir prendre part à la joie des villes libres. Une presse libérale n'avait pas préparé les esprits à un mouvement, n'avait pas poussé à une manifestation; il n'y a pas à Rome de presse libérale et les journaux cléricaux du dehors n'avaient que des sarcasmes contre la fête du Statut. D'un autre côté, la réunion d'hommes qu'on appelle le *Comité national* avait publié une proclamation conseillant le calme et ordonnant l'abstention.

A ce propos, je l'avoue, je suis saisi d'un doute : dans les pays gouvernés despotiquement où se manifestent des aspirations à la liberté, celui qui voudrait juger les adversaires du pouvoir sur leurs actes publics s'exposerait à se tromper fréquemment. Il peut très-bien se faire que les proclamations et les manifestes veuillent dire le contraire de ce qu'ils disent, et que l'on organise tout bas ce que l'on défend tout haut.

Existe-t-il un autre comité, comme on le prétend, et qui

serait le *Comité d'action?* Avons-nous ici le comité des jeunes et celui des hommes mûrs, celui qui pousse en avant et celui qui modère, la chambre des députés et le sénat? C'est possible, mais cela est fort entouré de mystère; on ne sait guère quelle influence ont ces directions secrètes, ni dans quel rayon cette influence peut s'étendre. Toutefois, quand les lois d'un pays ne sont pas discutées publiquement, on doit s'attendre à ce que d'autres lois soient préparées et promulguées dans l'ombre. L'autorité qui dispose de la force publique, des finances de l'État, n'ayant aucun mandat des citoyens, il se trouve des hommes qui, tenant un mandat de quelques citoyens seulement, se croient en droit d'exercer et exercent en effet un pouvoir occulte.

Cette situation, toute anormale qu'elle est, se comprend cependant fort bien, tant la résistance au despotisme est dans les idées de l'homme, tant il est naturel de se faire un petit gouvernement à part, en haine de celui qui est imposé et subi forcément.

La manifestation qui a eu lieu ici dimanche a-t-elle été l'œuvre de ces comités? A-t-elle été simplement la protestation des citoyens contre le pouvoir pontifical, la participation de Rome à la joie publique de l'Italie? Il y a peut-être un peu de tout cela. Dans tous les cas, on ne peut en méconnaître la gravité, si l'on tient compte de la surveillance exercée par les agents du pouvoir et de la réserve qu'impose aux citoyens la présence de l'armée française qu'ils ne veulent pas froisser et vis-à-vis de laquelle ils se trouvent dans la situation la plus difficile et la plus délicate.

Rome semblait, samedi soir, dans le calme le plus complet; pas la moindre agitation, pas le moindre bruit, l'apparence de la mort politique, physionomie ordinaire de la cité. Mais la nuit a été employée à confectionner des bannières et des pièces de pyrotechnie. Dimanche matin, une multitude de drapeaux aux trois couleurs italiennes flottaient accrochés aux maisons dans les endroits les plus fréquentés, comme si une transformation s'était opérée depuis la veille; des placards appelant la population à célébrer la fête du Statut étaient affichés sur les murs; drapeaux et placards placés par des mains inconnues.

Les gendarmes pontificaux passèrent la journée à enlever les uns, à arracher les autres. Alors on sema dans les rues des cocardes italiennes. Partout apparaissait le symbole de l'unité. Il y avait de quoi faire réfléchir les carabiniers du pape. Le soir venu, ce fut autre chose, les villes du royaume d'Italie avaient leur feu d'artifice, Rome voulut avoir le sien, et y réussit. Ce n'était certainement pas la Girandole du Pincio; le feu de joie du parti national était plus modeste que celui du gouvernement et ne coûtait rien à la municipalité. C'étaient des pétards éclatant avec grand bruit, des serpenteaux décrivant dans l'air leurs courbes lumineuses; c'étaient des feux de Bengale, ce que les artificiers de France appellent précisément des Chandelles Romaines, qui s'allumaient sur tous les points désignés et jetaient au loin leur immense clarté.

Ils ont brillé à la place saint Charles du *Corso*, sur le port de Ripetta, dans la belle rue des Condotti, dans celle du Babuino qui mène à la porte Flaminienne, sur la place d'Espagne et au pied même du palais de la Propagande. Le forum romain a été plus spécialement illuminé de ces feux qui flamboyaient de tous côtés sur cette vaste étendue. Les gendarmes couraient en éteindre un; à l'instant même, un autre s'allumait derrière eux; ils en étaient parfois enveloppés et se démenaient au travers des flammes, aux grands éclats de rire de la foule.

Le parti national n'a pas voulu laisser ignorer au pape que la fête du Statut était célébrée à Rome, et, des fenêtres de son palais, le pontife-roi a pu voir briller les feux de Bengale aux trois couleurs italiennes allumés sur la place même du Vatican; il a pu entendre les détonations des bombes inoffensives, simple avertissement. Pie IX a dû faire de sérieuses réflexions au bruit de cette fête, qui n'était pas la sienne, célébrée malgré l'autorité, démonstration pacifique contre le pouvoir temporel.

Si cette manifestation n'avait eu lieu qu'en un seul endroit de Rome, même au seuil du palais pontifical, on ne manquerait pas de l'attribuer à une poignée de mécontents, à de jeunes étourdis heureux de faire un peu de tapage; mais elle s'est produite dans tous les quartiers, sur tant de points à la fois qu'il n'est pas possible de se faire illusion; il faut reconnaître que les amis de l'Italie sont nombreux ici, sans compter ceux qui n'osent pas, en raison de leur position, avouer des tendances hostiles au pouvoir et s'associer hautement à la joie commune.

Une des choses qui m'ont le plus frappé, c'est la rencontre d'une troupe de jeunes gens réunis en corps, parfaitement alignés sur six rangs, s'en allant la tête haute en chantant des airs de liberté et parcourant la ville.

Dans cette cité ordinairement silencieuse, où l'on n'entend à cette époque de l'année d'autre bruit que celui des voitures, d'autres chants que la psalmodie des moines, où l'on ne dit jamais ce qu'on pense, ce fait a une signification qu'il n'aurait pas ailleurs, en ce qu'il indique très-clairement les aspirations d'une jeunesse intelligente, qui se manifestent malgré la compression. C'est le propre du despotisme de donner du relief à tous les actes d'opposition.

Ce n'est pas à Rome seulement que la fête du Statut a été célébrée, elle l'a été également à Velletri, l'ancienne capitale des Volsques, et, à ce qu'on m'assure, dans plusieurs villes des montagnes Tiburtines.

Ces démonstrations ont vivement irrité la cour pontificale; des arrestations ont été opérées, et le pouvoir se vengera sur quelques-uns de la répulsion qu'il inspire au grand nombre. En outre, d'amers reproches ont été adressés aux agents supérieurs de la police qui n'ont pas su empêcher l'expression de l'opinion publique.

Tromper l'étranger, lui persuader que Rome est satisfaite de son sort et ne demande pas de changement est le but constamment poursuivi par le pouvoir. Pour l'atteindre, on tronque les faits, on les amoindrit, ou bien on leur donne une signification qu'ils n'ont pas; c'est un mensonge perpétuel, et nous avons ici des maîtres en cet art. On est bien habitué à leur manière de faire, et parfois, cependant, on est tout stupéfait de la tournure qu'ils donnent aux faits dont on a été témoin.

Cette fois, la manifestation a été trop générale pour pouvoir être niée, ou la colère l'a emporté sur l'habileté ordinaire ; l'*Osservatore romano* n'a rien dissimulé et la violence de l'article publié par lui peut faire juger du ressentiment qu'éprouve la cour de Rome.

La journée du 5 juin a été trop significative pour ne pas dissiper les illusions de ceux qui croient la population romaine résignée au joug que le gouvernement pontifical fait peser sur elle ; en même temps, elle a pu éclairer les esprits sérieux hésitant avec raison entre des assertions contradictoires, et désireux de voir et d'entendre l'expression du sentiment public afin d'apprécier sainement une situation que l'absence de toute liberté dans la presse laisse facilement obscurcir.

Cette célébration du Statut dont Rome n'a pas les bienfaits, cette félicitation adressée à ceux qui jouissent de la liberté par ceux qui en sont privés, cet appel à l'Italie fait par des hommes qui s'exposent sciemment à un danger, en manifestant leurs vœux, ont une gravité que le gouvernement français ne peut méconnaître, et il faut espérer qu'il saura en tenir compte dans les éventualités qui s'approchent à grands pas.

Plusieurs points de la campagne romaine sont en ce moment infestés par le brigandage ; les bandits parcourent les routes, dépouillent les piétons, arrêtent les voitures et pillent les voyageurs. Chaque jour on signale de nouvelles agressions et on cite les noms de personnes attaquées et volées. Que ces bandits trouvent un jour de la résistance, et nous entendrons parler d'assassinats.

Les brigands poussent l'audace jusqu'à venir à quelques milles de Rome. Je connais des propriétaires dont les champs et les fermes sont dans un rayon fort peu distant de la ville, et qui n'osent pas se rendre sur leurs exploitations où leur présence serait utile en ce moment, dans la crainte trop bien justifiée d'être arrêtés en chemin.

Les choses en sont venues à ce point que sur certaines routes, l'administration des postes est obligée, dans son propre intérêt, de faire escorter la malle par la gendarmerie.

Je n'accuse pas le gouvernement pontifical de favoriser le brigandage pour aider la réaction napolitaine, mais il a des agents qui ferment peut-être un peu les yeux sur les menées de certains chefs hautement désignés dans les lieux publics comme recrutant des hommes destinés grossir les bandes qui parcourent les provinces du royaume de Naples; repoussés par les soldats italiens au delà des frontières, les brigands refluent dans la campagne de Rome et viennent y exercer le métier pour lequel ils ont été enrôlés, à cette différence près qu'au lieu du brigandage politique, ils pratiquent tout simplement le vol à main armée.

Malheureusement, c'est au détriment des citoyens; mais le contre-coup moral retombe sur le pouvoir qui ne sait pas maintenir la sécurité à quelques milles de la capitale, et qu'une pareille faiblesse déconsidère toujours.

Le gouvernement romain, qui se sert avec beaucoup d'habileté des fils électriques, faisait écrire ces jours derniers à l'agence télégraphique de Marseille qu'il venait de nommer trente-six membres du conseil communal sur une liste de soixante-douze *élus*; l'agence marseillaise transmettait cette nouvelle à divers journaux de France, qui la donnaient à leurs lecteurs sans examen possible, sans information préalable, comme on le fait de toutes les dépêches.

Les feuilles qui soutiennent le pouvoir temporel ne manqueront pas de saisir cette occasion et d'arguer de cet acte pour essayer de démontrer que le gouvernement entre dans une voie de progrès et ne se refuse jamais à satisfaire les légitimes vœux des citoyens. Égarés par des correspondants de très-bonne foi, mais qui voient seulement la surface des choses, et sont heureux de croire que le principe électif triomphe enfin à Rome, des journaux français consciencieux, très-indépendants, applaudiront à un fait qu'ils regarderont comme une concession à l'esprit public.

Il est triste de le dire, mais il faut bien cependant proclamer la vérité : conseil communal, élection, tout cela repose sur un abus de mots, tout cela est destiné à tromper, a pour but de faire croire à une politique nouvelle que l'on n'adoptera jamais.

L'opération que l'on appelle fort mal à propos les élections municipales, a eu lieu le 14 mars dernier; il a fallu près de trois mois pour dépouiller le scrutin et faire le choix. J'ai expliqué à cette époque le mécanisme de ces prétendues élections, je ne veux pas me répéter, je résumerai les faits en peu de mots.

Le conseil communal de Rome se compose de quarante-huit membres, vingt-quatre nobles, vingt-quatre non nobles, plus, de deux conseillers ecclésiastiques et d'un sénateur, en tout cinquante et une personnes. Il y a en outre vingt-quatre suppléants. Ce conseil est nommé pour six ans, renouvelable par moitié de trois ans en trois ans. La loi qui l'a établi a été si ponctuellement observée qu'il existe depuis TREIZE ANS, sans qu'il y ait eu l'ombre de renouvellement. C'est la première fois que l'on fait le simulacre d'une élection.

Et tout d'abord, pour faire une élection, il faut des électeurs; or, il n'y a point d'électeurs à Rome. Il y a des éligibles. Les citoyens, ou plutôt les habitants, sont divisés en quatre classes d'éligibles : première, les membres de la noblesse inscrite au livre d'or du Capitole; deuxième, les propriétaires non nobles; troisième, les commerçants; quatrième, les professeurs, savants, avocats, médecins, hommes exerçant des professions libérales; en tout, 1,814 éligibles.

Ce nombre était d'abord bien plus considérable, mais quand les recenseurs eurent fait leur œuvre, la police opéra des radiations, et sur une liste de 5,000 noms, elle en effaça 3,200.

Lorsque le premier conseil communal fut institué, il y a treize ans, le pouvoir en nomma tous les membres, sans aucune intervention de la part des citoyens. Au 14 mars dernier, il s'agissait de renouveler la moitié du conseil désignée par le sort. Voici comment on a procédé en vertu de l'édit du 25 janvier 1851. Aux cinquante conseillers, le pouvoir a ajouté vingt-huit citoyens qu'il a choisis dans les quatorze quartiers de Rome, puis deux autres qu'il a pris dans la chambre de commerce, total trente. Ce sont ces quatre-vingts personnes, membres sortants votant comme les autres, présidées par le sénateur, qui ont été chargées de présenter une double liste de vingt-quatre conseillers et de douze suppléants, sur laquelle le pouvoir a choisi. Les sortants, étant indéfiniment rééligibles, n'ont pas manqué de se donner leurs voix.

Il résulte de cet ensemble de combinaisons que le gouvernement est le seul électeur réel. Qu'il dise tout haut : Je veux qu'il en soit ainsi, parce que *tel est mon bon plaisir;* à la bonne heure! il est le maître, et soutenu par une armée étrangère. Mais que l'on ne présente pas de pareilles opérations comme des réformes et comme l'application du principe électif dans l'administration romaine. Où il n'y a point d'électeurs usant d'un droit personnel conféré par la loi, il n'y a pas d'élection.

Parmi les quarante-huit conseillers, le pouvoir choisit huit *conservateurs,* quatre nobles, quatre non nobles, qui forment la magistrature sous la présidence du sénateur toujours noble.

Ce conseil, ces conservateurs ont-ils des droits réels? Ici commence l'imbroglio le plus étrange. Ils ont le droit de rendre des ordonnances, ils n'ont pas le pouvoir de les faire exécuter, ils n'ont pas un seul agent de police à leurs ordres. Aussi leurs ordonnances ne sont-elles jamais suivies.

Ils veulent que les rues soient balayées, l'entrepreneur ne le fait pas, ils n'ont aucun moyen de l'y contraindre, parce qu'il n'a pas traité avec eux et ne dépend pas d'eux. Aussi, la ville est-elle dans un état de malpropreté incroyable. On ne balaye pas le dimanche, ce serait un péché; on oublie de le faire le lundi en beaucoup d'endroits; il y a des rues que le balai ne touche pas de quinze jours. Étonnez-vous que la mal'aria sévisse!

Ils viennent de rendre deux ordonnances fort sages, l'une sur le blanchiment des maisons, l'autre sur les portes qui, s'ouvrant en dehors des boutiques, gênent la circulation, et qu'ils veulent faire ouvrir en dedans; on n'obéira pas. Les cardinaux, qui sont les vrais maîtres de Rome, obtiendront des dispenses pour leurs protégés; du jour où un propriétaire pourra se soustraire aux obligations imposées par les ordonnances, les autres ne s'y soumettront pas.

Le conseil communal ne dispose directement d'aucune somme. Quand il a voté une dépense, elle ne peut être faite que si le délégué apostolique, chef réel du pouvoir administratif communal et provincial, ne la désapprouve pas dans les quinze jours qui suivent la communication de la délibération du conseil.

Il en est de même pour toutes choses. En tout et partout le conseil communal rencontre un pouvoir qui lui fait obstacle. Enchevêtré dans ces liens, il est réduit à l'impuissance absolue. Si la dignité de conseiller ne comportait pas des immunités, des affranchissements de charges, personne n'en voudrait.

Sait-on comment s'exprimait un sénateur de Rome qui, il n'y a pas longtemps, résignait volontairement ses fonctions? « J'ai accepté cette charge, disait-il, avec l'espoir de faire un « peu de bien; je donne ma démission, et je me retire avec « la douleur de n'avoir pu empêcher aucun mal. »

CHAPITRE XXV

Le numéro 22.

18 juin.

Rien n'est indifférent dans l'étude des mœurs d'un peuple ; plus il est éloigné de la vie politique qui donne les grandes émotions, plus il est frappé des petits événements de la vie intime. Ainsi, un fait qui serait insignifiant dans un autre pays que celui-ci est depuis sept jours, pour une grande partie de la population romaine, un sujet de joie, de bonheur, de larmes et de colère. Oui, tout cela en même temps ; les uns sont dans la jubilation, les autres se désespèrent.

Qu'est-il donc arrivé ? me direz-vous.

Ce qui est arrivé ! Le numéro 22 est sorti au dernier tirage de la loterie, c'est-à-dire le 11 juin, jour mémorable dont parlera jusqu'à la fin des temps la génération actuelle.

Vous ne comprenez pas que ce numéro puisse produire une si grande émotion et mériter un si long souvenir. Ah ! voilà ! attendez les détails.

Sachez donc que le numéro 22 s'était obstiné à rester dans la roue pendant un an et demi avec deux réfractaires comme lui.

Durant les premières semaines, on n'y fit pas attention, mais quand six ou sept mois furent passés, quand il eut résisté à trente tirages, à trente semaines de prières, la foule se tourna vers lui ; le nombre des mises qu'il a amenées est incroyable ; il était affiché à la porte de tous les bureaux de loterie ; il entrait dans des milliers de combinaisons, il jouait son rôle dans les *ternes de fortune* offerts aux joueurs. Il a été *nourri* pendant dix-huit mois par des pauvres qui n'avaient pas de pain, sans compter les riches ; ce n'est pas exagérer que d'évaluer à un million de francs ce qu'il a coûté pendant ce laps de temps.

Enfin, le 11 juin est venu ! Notez bien ceci comme trait de mœurs : le 11 juin, étant un samedi, amenait le deuxième tirage du mois ; toute la cabale a vu là un augure certain, car en multipliant la date, 11, par le numéro d'ordre du tirage, 2, on obtenait précisément 22 ; les mises ont doublé, quadruplé ; on a emprunté, on a mendié, on s'est privé de manger pour grossir son enjeu. Le hasard, la force des choses qui, dans un temps donné, fait sortir de la roue tous les numéros, ont comblé les vœux des joueurs.

Si vous aviez entendu ce hurrah, et ce trépignement de la foule, quand le monsignor a dit et le crieur répété à haute voix, du balcon du ministère des finances, ce bienheureux numéro ! Le bruit en a retenti jusqu'au fond de la place Navone !

Puis ensuite, dans les familles, quelles joies ! Et quelles scènes de douleur en voyant sortir le numéro que les ressources n'avaient pas permis de nourrir jusqu'au bout en augmentant le prix de la mise pour n'être pas en perte, même en gagnant. Que de regrets stériles ! et quel encouragement pour l'avenir !

Des trois numéros si longtemps en retard, un seul est sorti de l'urne, il en reste deux, et la lutte sera d'autant plus vive que ce peuple superstitieux regarde le charme comme rompu, que l'ennemi est entamé.

Aussi, dans la soirée du jeudi suivant, les bureaux de loterie ont-ils été littéralement assiégés. Bourgeois, ouvriers, femmes du peuple portant leurs enfants sur les bras, dames conduisant avec elles de charmantes petites filles, prêtres en soutane, tout cela se pressait, s'entassait dans ces antres ; la ronde nocturne a dû contraindre des buralistes à fermer leurs boutiques à minuit, conformément aux ordonnances.

Aux causes que j'ai indiquées se mêlait une autre grande combinaison : le tirage ayant lieu aujourd'hui se trouve placé entre deux anniversaires, le 17, date de l'élection de Pie IX, et le 21, date de son couronnement, on peut être certain que, jouant sur la tête de son pape, la population aura mis à la loterie les numéros 17, 21 et 72 qui est l'âge du pontife. La cabale spécule sur tout.

Le vendredi est le jour où l'on brûle le plus de cierges devant les deux ou trois cents madones de Rome. C'est tout simple : on a joué le jeudi, la loterie se tire le samedi, on prie le vendredi la sainte Vierge de faire sortir de la roue les numéros sur lesquels on a misé, et on espère se la rendre favorable en lui brûlant un bout de chandelle.

Y a-t-il à Rome un seul prêtre qui ose monter en chaire, et dire à ces malheureux ignorants : Gardez vos deniers pour acheter des souliers à vos enfants qui vont pieds nus, au lieu d'acheter des cierges? Le voulût-il, on l'accuserait d'affaiblir la religion en combattant la superstition. Y en a-t-il un seul qui ait le courage de dire à ces cabaleurs, dévots à la madone par intérêt : La sainte Vierge ne peut pas se mêler de vos tripots, vous êtes insensés?

S'il tenait ce langage un jour, il ne prêcherait pas deux fois, et il aurait peut-être maille à partir avec quelque tribunal ecclésiastique irrité de ce qu'on parle à ce peuple le langage de la raison. Et puis, le cierge amène la messe.

Déclamez donc ensuite contre le paganisme dont les dieux se mêlaient aux passions humaines et embrassaient une cause contre une autre, quand vous permettez qu'on appelle les divinités nouvelles aux secours des joueurs de loterie!

On le sait, les moines de Rome ont un rôle très-actif dans ces machinations où l'on entend maîtriser le hasard ; ils tiennent registre de chaque tirage, ils savent l'âge de tous les numéros, et préparent les savantes combinaisons qui doivent mener à la fortune. Ils font évidemment les affaires du gouvernement pour qui la loterie est une source de revenus, et ils sont payés par les dupes, suivant l'éternelle coutume. Ils vendent leurs calculs, les joueurs heureux leur donnent une gratification, un *regale*; les jeunes cabaleuses les récompensent d'un sourire.

Dans cet étrange pays, la misère morale est parfaitement à l'unisson de la misère des champs laissés sans culture. La mal'aria de Rome tue l'âme en laissant végéter le corps.

Il n'y a pas à Rome une seule feuille où l'on puisse exprimer une pensée libérale, traiter une question philosophique ; mais la loterie a son journal. La première page est écrite en vers, le langage des dieux. Devant chaque ligne est placé un numéro recommandé, et dont le poëte exalte les chances. Je n'ai pas lu la seconde.

Mardi prochain 21, anniversaire du couronnement de Pie IX, il y aura ici quelques réjouissances publiques et fête au Vatican. Les dilettanti entendront les chanteurs de la chapelle Sixtine. Mais ce qu'il y aura dans cette commémoration de plus agréable pour une portion des joueurs à la loterie, c'est l'aumône que l'on distribuera lundi sans distinction à tous ceux qui se présenteront au palais papal avant sept heures du matin.

Les malingreux, les francs-mitoux, toute la cour des Miracles, seront réunis dans une cour du palais; hommes, femmes, enfants, recevront un gros (environ 27 centimes), les femmes enceintes toucheront un paul, le double. On prétend ici, mais c'est peut-être une calomnie, que beaucoup de pauvresses fort minces dimanche se trouveront grosses lundi.

Il n'y aura pas de vérification; on ne rira pas tout haut, mais rien n'empêchera de rire tout bas de la rapidité avec laquelle la nature aura opéré.

Il en coûtera quelques centaines d'écus romains au budget, mais ce n'est qu'une avance; la loterie lui en rendra dans la semaine une bonne partie.

CHAPITRE XXVI

Largesses du pape en commémoration de son couronnement, dans une cour du Vatican. — Danses au son des tambourins. — Les femmes enceintes. — Etrange spectacle. — Mœurs populaires.

21 juin.

Hier a eu lieu au Vatican la distribution des largesses faites à une partie de la population par Pie IX en commémoration de son couronnement, et ceux qui, comme moi, ont voulu y assister, ont pu étudier un côté curieux des mœurs romaines, et jouir en même temps d'un spectacle fort bizarre et certainement inattendu.

Cette distribution était annoncée par les journaux, par des affiches, plusieurs personnes m'en avaient parlé comme d'une chose qui ne méritait pas d'être vue, aucune d'elles ne voulût m'accompagner, et lorsque je m'y rendis, poussé par la curiosité naturelle au chroniqueur, j'étais loin de soupçonner ce que j'allais voir.

Tous les individus, hommes, femmes et enfants, qui désiraient profiter de la munificence papale, avaient dû se rendre de bonne heure au palais où cinq portes leur avaient été ouvertes, dans la rue qui conduit aux jardins, sous une des voûtes de l'édifice, dans Borgo Pio et Borgo Angelico. Il en était venu des quatre coins de Rome.

A sept heures précises, ces portes furent fermées, et une foule que l'on peut évaluer à cinq ou six mille individus se trouva réunie dans la vaste cour du Belvédère.

Cet immense espace, qui forme un parallélogramme, avait été partagé en deux parties par une haute et forte cloison en planches ; les hommes d'un côté, les femmes de l'autre, avec leurs bandes d'enfants des deux sexes.

Je m'attendais à quelque chose de ressemblant à l'ancienne cour des Miracles, mais je me trompais; il n'y avait là ni faux aveugles, ni faux estropiés, ni faux sourds-muets; on admettait tout ce qui se présentait, par conséquent il n'était pas besoin de simuler des infirmités. Quelques femmes seulement s'étaient fait une grossesse factice, afin d'obtenir le double de la somme promise aux autres. On donnait un gros à tout le monde, et un paul aux femmes enceintes ou qui paraissaient l'être.

Le côté des hommes faisait mal à voir, car s'il se trouvait là des individus vraiment incapables de gagner leur vie par le travail, la grande majorité se composait d'hommes de dix-huit à cinquante ans, qui avaient dû se lever bien matin pour arriver avant sept heures, faire peut-être une longue course, et qui perdaient une demi-journée, afin de recevoir un gros, c'est-à-dire cinq baïoques. S'ils avaient réellement besoin de cette aumône achetée si cher, on peut juger de la misère de cette partie de la population, pour qui une demi-journée de travail ne représente pas cinq sous; s'ils n'en avaient pas besoin, on est obligé de reconnaître que cette portion du peuple manque de toute dignité, de toute vergogne, que la mendicité est bien dans ses mœurs.

La fontaine qui orne la cour se trouvait du côté des hommes, il n'est venu à aucun la pensée de s'y laver les mains et le visage, bien que le chaud soleil de juin brillât sur leurs têtes dans toute sa splendeur. Les jeunes gens luttaient sur le préau, les autres étaient assis ou couchés sur l'herbe, quelques-uns se promenaient. On eût dit la cour d'une prison.

De l'autre côté de la cloison, le spectacle était tout différent et bien autrement animé et bruyant. La foule, beaucoup plus considérable, se composait de quelques vieilles femmes courbées sur leurs béquilles, dont les traits portaient l'empreinte d'une réelle pauvreté, de femmes du peuple, presque toutes mères d'un grand nombre d'enfants, enfin de plusieurs milliers de jeunes filles paraissant être des ouvrières, dont les chevelures noires, longues et épaisses s'étalaient au soleil, dont les épaules étaient un peu plus couvertes qu'à l'ordinaire, probablement en raison du lieu et de la consigne.

Les vieilles étaient assises à terre, les mères causaient entre elles ou jouaient avec leurs enfants, plusieurs se livraient à des travaux d'aiguille. Dans les rares spectateurs parmi lesquels j'étais placé, on prétendait que celles-ci arrangeaient leur fausse grossesse, mais c'était certainement une erreur, ce travail avait été fait d'avance.

Quant aux jeunes filles, une joie bruyante régnait parmi elles, leurs cris retentissaient au loin; dans un immense cercle qui tournait toujours, l'une d'elles courait, les yeux bandés, dirigée par les éclats de rire; elles jouaient à la *mosca cieca*, la mouche aveugle, qui est notre colin-maillard. D'autres marchaient rapidement à la queue leu-leu en se tenant par leur jupon, décrivant toutes sortes de figures géométriques, formant de longues lignes, les brisant méthodiquement, réunissant les escadrilles divisées.

Beaucoup s'étaient réunies contre le bâtiment qui forme un hémicycle et avaient établis des jeux de lotos; chacune des joueuses, debout ou assise, tenait un carton à la main ou sur ses genoux, marquait attentivement les numéros que nommait l'une d'elles en les tirant d'un petit sac. Peut-être jouaient-elles les baïoques du pape, et ni les cris, ni les farandoles de leurs compagnes n'avaient le pouvoir de les distraire.

Un spectacle plus pittoresque nous attendait. Les sons des tambours de basque retentirent, et de tous côtés des danses s'organisèrent. Ces femmes valsaient, polkaient, et avec beaucoup de vivacité et de charme; elles dansaient des bourrées un peu échevelées, des pas fort gracieux cousins germains des cachuchas espagnoles, et qui sentaient le théâtre Argentina et Torredinone. — Des nymphes d'un corps de ballet qui s'étaient sans doute glissées là.

Quand j'entendis les premiers sons des tambours de basque, je n'en voulais pas croire mes oreilles, j'ouvris ma lorgnette, je cherchai du regard, et je vis les musiciennes agiter et faire résonner leurs instruments.

Contemplé d'un balcon, ou plutôt d'un passage découvert qui surplombe la cour du côté de l'hémicycle, et qui est à peu près à la hauteur de huit étages de nos maisons, un pareil spectacle était, ma foi, étrange et amusant. Les mouchoirs qui couvraient les épaules, les jupes de diverses couleurs, les corsages rouges des femmes de la campagne, et les carrés blancs qui les coiffent, regardés de cette hauteur, paraissaient bien propres, bien étirés, bien coquets. Il aurait fallu ne pas descendre de cet observatoire aérien.

Mais il y a dans le corridor des Inscriptions du musée Chiaramonti deux petits balcons d'où l'on pouvait contempler cette scène en se rapprochant de quatre ou cinq étages. Je ne résistai pas à la tentation de voir de plus près. Mauvaise inspiration ! Les danses paraissaient dévergondées, les visages usés, les vêtements malpropres, les bottines déchirées. Le charme avait disparu.

Ce fut bien pis un peu plus tard. L'attente et les ébats durèrent deux heures. A neuf heures précises, deux prêtres précédés de deux hommes portant par les anses la cassette qui contenait les Gros et les Pauls, descendirent du palais par l'escalier du musée, escortés de la garde suisse, la hallebarde à l'épaule.

La distribution commença par les hommes ; ils sortaient un à un, et le distributeur remettait à chacun un gros. Ce n'était que triste. Mais ceux qui voulurent voir la sortie des femmes et des enfants eurent un spectacle à soulever le cœur. Les vêtements de la moitié des femmes suaient la misère la plus profonde ; les enfants étaient couverts de sordides guenilles ; ces délicieuses petites têtes que les peintres à Rome n'ont qu'à copier pour faire des anges ou des amours étaient sales et mal peignées. Parmi les filles, plusieurs, après avoir à peine passé la porte où la distribution venait de se faire, soulevaient en riant, devant la garde suisse, devant les gendarmes, devant nous spectateurs, le faux ventre qui leur avait valu un paul au lieu d'un gros. C'étaient les plus fortes, les plus grandes, les plus jolies, celles qui pouvaient le mieux faire croire à la réalité de la grossesse.

Chose à remarquer, de toutes ces femmes, pas une qui ait dévoilé la supercherie. Vieilles, elles l'avaient employée autrefois ; jeunes, elles espéraient en user plus tard. Toutes sont d'accord pour tromper celui qui donne.

CHAPITRE XXVII

Fuite du cardinal d'Andrea; présenté comme le candidat de la France et de l'Italie à la papauté; surveillé par la police comme réunissant dans son palais le *Comité national*; bruits d'empoisonnement; maladie réelle. — Comment il s'échappe de Rome. — Le municipe romain. — Calcul machiavélique. — Le sénat se compose d'un seul sénateur. — Rouages administratifs. — Confection des lois. — Consulte d'État pour les finances. — Son impuissance.

Du 22 au 28 juin.

J'ai raconté plus haut la conversation qui avait eu lieu dans une réunion où l'on discutait les titres de quelques-uns des cardinaux actuels à la succession de Pie IX, question qui préoccupe gravement les esprits. Parmi les candidats dont les noms furent mis en avant dans cette occasion se trouvait Mgr d'Andrea, que l'on disait être l'élu de la France et de l'Italie.

Les gouvernements de ces deux pays, prévoyant la prochaine vacance du trône pontifical, ont-ils déjà fixé leur choix sur l'homme auquel ils destinent la tiare? Je ne saurais le dire. On ne prend pas d'ordinaire des engagements à long terme dans ces sortes d'affaires, et l'on se réserve la faculté d'agir selon les circonstances, à un moment donné. Toutefois, il est possible que l'état maladif du pape, que ses fréquentes rechutes, aient fait déroger aux règles ordinaires, et que l'on ait jugé utile de s'assurer d'un homme qui ne continuerait pas la politique de Pie IX.

Quoi qu'il en soit, Mgr d'Andrea vient de faire un acte assez insolite, tout à fait imprévu, et qui ouvre le champ à toutes les conjectures. Le cardinal s'est évadé de Rome et s'est réfugié à Naples. Qu'on me pardonne ce mot d'évasion, il caractérise parfaitement le fait.

M. d'Andrea est considéré dans la population romaine

comme un esprit avancé, animé d'idées libérales, partisan de l'unité de l'Italie, et dès lors disposé à s'entendre avec le gouvernement de Victor-Emmanuel. Qu'en est-il? Jusqu'où va en réalité le libéralisme qu'on lui prête? Bien hardi qui prétendrait le savoir. Les prêtres romains, quel que soit leur rang dans la hiérarchie sacerdotale, ont peu d'occasions de manifester des sentiments libéraux, ou des idées de transaction sur le pouvoir temporel, et pour bien juger les hommes de la cour pontificale, il ne faut jamais oublier que tous, sans exception, se croient aptes à porter la tiare, et que l'état de santé du pape a dû éveiller bien des ambitions.

Pendant que l'on présentait le cardinal d'Andrea comme le candidat des deux gouvernements de France et d'Italie, il se passait ici un fait qui n'a rien d'anormal pour les Romains, et dont les étrangers seuls peuvent s'étonner, c'est que la police de Monte-Citorio, qui savait peut-être mieux que personne à quoi s'en tenir sur cette candidature, faisait surveiller le palais du prélat. On s'apercevait peu durant le jour, au milieu du mouvement général, de cette surveillance active, mais durant la nuit les agents ne prenaient pas la peine de se cacher, et la police, pour expliquer ses mesures, accusait M. d'Andrea de réunir dans sa demeure les membres du Comité national romain, qui pouvaient y délibérer à l'abri de toute surprise.

L'accusation était-elle fondée ou non? Je n'en sais rien. Je n'ai jamais connu aucun des membres de ce comité; j'ai pu me trouver avec eux et leur serrer la main, mais sans savoir qu'ils en fissent partie.

Des bruits plus graves et plus sinistres circulaient dans le public, et je les ai entendu souvent répéter, sans qu'on y mît le moindre mystère. On disait que, depuis quelque temps, une main inconnue versait au cardinal un poison qui devait, avant peu, le conduire à la tombe.

Des rumeurs de ce genre n'ont rien d'étonnant dans un pays dont l'histoire est pleine de drames mystérieux où le poison a joué un grand rôle et amené des dénoûments inattendus. On n'accusait personne, que je sache; je n'ai du moins entendu prononcer aucun nom; mais enfin le bruit d'un lent empoisonnement était fort répandu, et ce qui pouvait lui prêter quelque consistance, c'est que M. d'Andrea était réellement malade.

Soit qu'il voulût se soustraire à un empoisonnement auquel il croyait, soit que l'état de sa santé lui inspirât le désir de changer d'air, remède efficace et souvent indispensable contre les fièvres romaines, soit enfin que la surveillance dont il était l'objet de la part de la police pontificale lui fît redouter quelque fâcheuse affaire dont son titre ne l'eût pas sauvé, le cardinal demanda au pape la permission de quitter Rome et de se rendre dans son évêché de Sabine. Tout prince de l'Église qu'on soit, on n'a pas le droit de s'éloigner de Rome sans l'autorisation du souverain pontife, et comme la province où est situé l'évêché de M. d'Andrea appartient aujourd'hui en partie au royaume d'Italie, la permission qu'il sollicitait ne lui fut pas accordée.

Il renouvela plusieurs fois la même demande, mais sans succès. On prétend que les refus du pape étaient conseillés par des hommes assez peu clairvoyants pour se persuader que les populations de la Sabine se soulèveraient contre le gouvernement italien parce qu'elles étaient privées de leur évêque, et reviendraient sous la bannière papale afin de jouir de la présence de leur pasteur. Peut-être le pape partagea-t-il cette idée. On le croit, et on le dit; mais il est plus probable que le pape voulut tout simplement ne pas donner au cardinal la faculté de se mettre en rapport plus direct, et sans obstacle, avec les agents de l'Italie.

Les populations de la Sabine ne firent pas le moindre mouvement, et l'autre jour, le cardinal que l'on disait très-gravement malade et alité, fit venir un fiacre dans la cour de son palais, se jeta dedans et se fit conduire à l'embarcadère de Termini où aboutissent toutes les voies ferrées qui conduisent hors de Rome.

M. d'Andrea ne prit pas le chemin de son diocèse, mais il prit la ligne de Naples; il n'avait point de bagages, il était accompagné d'un seul domestique, on crut qu'il allait faire une promenade à Albano et on ne lui demanda pas son passe-port ; mais le convoi passa à la station de la Cecchina et le cardinal ne descendit pas. Quelques heures après, le train arrivait à Ceprano, à la frontière et à la dernière station des États romains. Ce train ne va pas plus loin parce que les wagons de Rome seraient profanés s'ils continuaient leur route sur la terre maudite d'Italie ; là, tous les voyageurs exhibent leurs papiers, font transborder leurs effets et prennent le train de Naples.

Le cardinal descendit tranquillement, ostensiblement, marcha droit devant lui sans se presser, donna sa bénédiction aux carabiniers pontificaux et traversa le pont de Ceprano. Il était à Isoletta, sur le territoire italien, à l'abri de toute poursuite, et le soir il arrivait à Naples. De là il écrivit au pape une lettre fort respectueuse dans laquelle invoquant, pour excuser sa fuite, son état de maladie et les conseils réitérés de ses médecins, il promettait de revenir à Rome dès qu'il serait rétabli.

Cette lettre arrivée par le premier convoi du lendemain a produit une vive émotion au Vatican, où l'on ignorait encore le départ du cardinal ; le pape s'est montré surtout fort irrité et a considéré cette fuite comme une désertion à l'ennemi.

On cite ce mot d'un des grands dignitaires de la cour de Rome : « Nous sommes donc bien près de la fin que les cardinaux nous abandonnent ! »

On parle de plusieurs autres membres du sacré collège qui seraient disposés à aller rejoindre M. d'Andrea, on va jusqu'à dire leurs noms ; ce sont des hommes connus par leur esprit de conciliation ; mais après la sensation produite par la fuite de l'évêque de Sabine, il est fort douteux que personne ose l'imiter.

Vous avez vu comment est formé et comment fonctionne le Municipe ; vous avez pu vous rendre compte de ce qu'est en réalité la réunion d'hommes que l'on appelle officiellement la Commune : un corps sans autorité véritable, sans moyens de faire exécuter les mesures qu'il vote, les ordonnances qu'il affiche ; obligé de reculer devant les exemptions que les cardinaux irresponsables aux yeux du public, sans mission administrative, obtiennent d'un pouvoir supérieur en faveur de leurs protégés.

Le Municipe est maintenu de propos délibéré dans cet état d'impuissance par deux motifs également déplorables au point de vue d'une bonne administration. Le premier, c'est que tout pouvoir qui n'est pas exercé par le prêtre blesse le prêtre ; le second, c'est qu'on est bien aise de crier bien haut avec une apparence de vérité : Nous avons cédé à l'esprit de l'époque, aux exigences de ceux qui ont la prétention de savoir mieux que nous ce qui convient à ce peuple, et nous avons confié un pouvoir municipal à des laïques ; voyez ce qu'ils en font !

Ce calcul est passablement machiavélique, mais il ne faut pas s'attendre à autre chose de la part d'hommes complétement en dehors des idées de leur temps, regardant tout progrès comme une atteinte portée à ce qu'ils appellent leurs droits, et bien décidés à le combattre par tous les moyens.

En voyant un sénateur à la tête du Municipe romain, on est assez naturellement porté à croire qu'il y a un sénat à Rome ; que l'Église, souveraine maîtresse du pays, a voulu faire revivre une grande institution du passé, ou que, imitant les formes gouvernementales actuelles de plusieurs États, elle a créé un sénat chargé, sinon de discuter publiquement les lois, au moins de les préparer. Le titre semble en effet indiquer l'existence du corps. C'est encore là une illusion. Il n'y a point de sénat à Rome, ni de forme ancienne, ni de forme nouvelle, point de corps qui ait le droit de donner de la publicité à ses discussions. Un seul homme porte le titre de sénateur, c'est le président du Municipe et de la magistrature communale composée des huit conservateurs. Ces neuf personnages représentent ce qu'on appelle en Italie le syndic et la junte, en France le maire et les adjoints.

Je ne sais qui a choisi le costume de ces messieurs ; leurs longues robes jaune et rouge sont affreuses, et rien n'est de plus mauvais goût que la livrée de leurs valets et de leurs pages affublés de casaques aux mêmes couleurs et de chapeaux tromblon à forme basse, écrasés encore par des oripeaux jaunes et rouges.

Dans les cérémonies publiques, cet accoutrement de carnaval fait la joie des rieurs et attriste les gens sérieux. Les costumes rouges, violets, noirs, blancs, bruns, du haut clergé et de la moinerie romaine sont étranges parfois, repoussants dans les bas étages, celui du Municipe est bouffon.

Parmi les rouages apparents du gouvernement temporel, au premier rang est le conseil d'État, composé d'un président, qui est en ce moment le cardinal Mertel ;

D'un vice-président, monsignor Consolini ;

De onze conseillers ordinaires, dont le premier est monsignor Nobili-Vitelleschi, archevêque-évêque d'Osimo et Cingoli ; d'un conseiller extraordinaire, de deux conseillers émérites, sans fonctions, et d'un secrétaire.

Le sénat n'existant pas, l'unique sénateur ne s'occupant que des affaires municipales, on pourrait penser que le conseil d'État a dans ses attributions la préparation des lois nouvelles réclamées par la marche du temps dans l'administration des affaires publiques qui doit se modifier selon les circonstances et en raison des besoins des populations.

Cette opinion si naturelle, cette idée qui doit venir à tout le monde au premier abord, serait erronée ; ce conseil d'État, ou du moins le corps paré de ce titre, n'est en réalité qu'un conseil du contentieux administratif. Il n'est pas possible de se tromper à cet égard, car ses fonctions sont parfaitement indiquées par la classification nominale de chacun des membres qui le composent.

Il se subdivise en effet en trois commissions dont le rôle est tracé d'avance : commission du contentieux, qui compte trois membres, parmi lesquels M. Nobili-Vittelleschi, président ; commission d'appel, composée de M. Consolini, président, et de quatre conseillers ; enfin, commission de révision, formée du cardinal Mertel qui la préside, et de quatre membres du conseil. Cette dernière est la plus importante des trois, puisqu'elle prononce en dernier ressort sur les questions en litige ; aussi est-elle sous la direction du président du conseil d'État.

Il ne s'agit, on le voit, ni de la préparation, ni de la discussion des lois, non plus que des modifications qu'il peut être utile d'y apporter, ou de leur abrogation quand elles sont surannées. Le conseil d'État est donc en fait un tribunal sans aucune attribution qui puisse être regardée comme touchant de près ou de loin aux fonctions législatives. Quand une loi nouvelle est jugée nécessaire par le ministre dans les attributions duquel son application rentrera, elle est demandée par lui au pape ; celui-ci, après avoir reconnu l'utilité de la loi, nomme directement une commission *ad hoc*, par conséquent essentiellement temporaire, dont il appelle à faire partie ceux qu'il lui plaît d'y appeler, et qu'il prend où il veut.

Ces commissaires sont en général des monsignori qui n'ont pour la plupart aucune connaissance en législation et auxquels on adjoint un avocat faisant fonction de secrétaire.

Ce système implique un gouvernement complétement absolu et personnel, dont le chef n'admet pas autour de lui l'existence d'une ombre d'autorité. En effet, dans tous les gouvernements despotiques on trouve, sous un nom ou sous un autre, un conseil permanent placé près du souverain et auquel celui-ci ne craint pas de demander les inspirations de sa politique, où il puise une force qu'il n'aurait pas s'il était seul.

Mais l'habitude de s'occuper de la législation d'un pays fait supposer des études, des connaissances, et donne naturellement une certaine autorité au corps chargé de ce soin. Ce corps veut, dans l'intérêt même de sa dignité, en raison de la considération qu'il acquiert avec le temps parmi les citoyens, demeurer fidèle à ses propres traditions, à un esprit qui s'établit peu à peu et devient une sorte de puissance avec laquelle il faut quelquefois compter.

Il peut empêcher la promulgation de ces lois irréfléchies, de ces lois de colère, auxquelles les gouvernements despotiques se laissent si souvent entraîner.

Cette autorité toute morale, ce frein si léger et toujours si utile, gênerait le pape dans l'exercice de son pouvoir absolu, et c'est précisément pour y échapper qu'il prend les commissions législatives temporaires hors du conseil d'État, hors de tout corps constitué.

Assumant l'entière responsabilité de la loi, responsabilité illusoire qu'il couvre de son infaillibilité religieuse et des baïonnettes étrangères, il dicte sa volonté souveraine qui ne rencontrera ni contradiction, ni même de simples observations. L'esprit de la loi étant donné, le travail des commissaires se borne à la rédaction, à l'arrangement des dispositions.

En ceci, les rédacteurs de lois sont passés maîtres. Si le pape a cru devoir obéir à la nécessité de se montrer libéral, la loi présentera toutes les apparences du libéralisme ; il s'y trouvera seulement quelques restrictions qui sembleront sans importance, mais qui, habilement exploitées, en détruiront tout l'effet, si un jour on croit devoir le détruire.

Cependant, par un de ces mystères impénétrables que chacun explique à sa manière, il est arrivé quelquefois que les commissaires n'ont pas pu s'entendre sur la rédaction d'une loi dont le projet a été abandonné.

On fait à cet égard des commentaires assez curieux à travers lesquels il est difficile de démêler la vérité. Il ne faut pas oublier que l'intrigue joue ici en toutes choses un grand rôle.

Cette nomination de commissions temporaires pour l'examen d'une loi n'est pas une règle absolue. Rien n'est absolu que le pouvoir du pape. Dans beaucoup de cas, le ministre et le maître s'entendent et, après avoir été lue en conseil des ministres, la loi est promulguée dans la forme ordinaire par le secrétaire d'État. Au surplus, de quelques soins ou de quelques formalités qu'ait été entourée sa création, la loi n'offre jamais de solides garanties. Un édit rendu par le pape, *proprio motu*, en peut atténuer l'un des articles, peut dispenser un citoyen, ou une classe de citoyens, d'obéir à ses prescriptions, en détruire même complétement l'effet dans une circonstance donnée. Il est impossible de compter en rien sur la loi, il n'y a de stable que l'arbitraire.

Pour ce qui touche aux finances, il y a une Consulte d'État, présidée par le cardinal Altieri, camerlingue de la sainte Église romaine, dans laquelle siégent les consulteurs de la chambre apostolique et ceux désignés pour représenter les provinces, tous nommés par le pape, sans aucune intervention de Rome ou des provinces.

La Consulte est partagée en deux commissions permanentes : l'une chargée de l'examen des budgets prévisionnels, — *preventivi*, — l'autre de la vérification des dépenses faites, — *consuntivi*. — Dans celle-ci se trouve le comte Filippo Antonelli, frère aîné du cardinal ministre.

Cette Consulte, l'un des corps les plus importants de l'État, a donc à s'occuper du budget de chaque ministère, à autoriser ou à refuser les demandes en prenant pour règle les ressources du pays. Elle pourrait être une garantie de bonne administration financière, un frein contre les dépenses folles, ou exagérées, ou inopportunes, mais son pouvoir n'est pas plus vrai que tout le reste.

Un ministre qui craint de voir rejeter ou réduire le chiffre de ses demandes va trouver le pape, le circonvient, lui *prouve* l'utilité de la dépense, lui vante la gloire qui en rejaillira sur son règne et en obtient une cédule qui l'autorise à la faire, cédule secrète qui ne sera produite que s'il en est besoin ; alors il envoie son budget à la Consulte.

Celle-ci examine et, frappée de l'inutilité ou de l'exagération de la dépense, elle refuse de l'approuver. Le ministre insiste, et quand, malgré ses efforts, il voit la commission prête à rejeter l'article, il tire de sa poche en souriant la cédule du pape.

On n'a plus qu'à se courber et à obéir.

Monseigneur, il fallait donc le dire tout de suite !

CHAPITRE XXVIII

Réjouissances publiques. — Fête des deux saints Jean. — Les carrosses des cardinaux. — Les *Fiocchi*. — Le salut aux carrosses. — Le pape sur le pavois. — Les *Flambelli*. — Bénédiction des œillets et des tiges d'ail. — La margelle du puits de la Samaritaine. — Portraits de la Vierge peints ou ébauchés par saint Luc. — Fêtes de saint Pierre et de saint Paul. — Superstitions romaines. — *Il santo Bambino*; volé par une princesse. — Je le rencontre au *Corso* et je vais lui faire visite à l'*Ara Cœli*. — Le Béat de Viterbe. — Contrat écrit et signé par le diable.

2 juillet.

Nous voici de nouveau au milieu des réjouissances publiques, des feux de joie, des revues. La semaine dernière la fête des deux saints Jean Baptiste et Évangéliste a été célébrée dans la basilique du Latran qui leur est consacrée. Sans présenter une grande agglomération sur la place, la foule était cependant considérable parce qu'elle se trouvait disséminée sur la route. Le pape, les ministres, les cardinaux, sont arrivés dans leurs voitures de gala.

Ces sortes de cérémonies, vrais spectacles populaires, donnent aux prélats l'occasion de montrer leurs carrosses dorés qui traversent la ville dans sa plus grande largeur, traînés par des chevaux dont les aigrettes, — *i fiocchi*, — indiquent la dignité de leur maître.

Ces *fiocchi* étaient noirs autrefois, mais le noir ne se voit pas d'assez loin, il se confondait avec la couleur des chevaux ou forçait les cardinaux à avoir des chevaux blancs. Ils s'en plaignirent, leurs réclamations durèrent longtemps, occupèrent plusieurs papes; enfin arriva au trône un Urbain VIII qui, comprenant l'immense avantage que la chrétienté devait tirer de la modification du harnachement des chevaux, permit de substituer des pompons rouges aux pompons noirs.

La plupart des carrosses des cardinaux ont la partie inférieure de la caisse, le train tout entier et les roues peints en rouge, ce qui n'est pas beau. D'autres, dont la caisse est couverte d'excellentes peintures et où l'or reluit de tous côtés, sont vraiment somptueux, et l'on ne trouverait pas ailleurs un pareil luxe. Ces voitures sont très-élevées, en sorte que le prélat qui y est assis domine de beaucoup les passants; mais elles sont aussi très-profondes et on ne l'y aperçoit qu'à grand'peine, ou pas du tout.

Une singulière coutume s'est établie, dont beaucoup de personnes s'affranchissent aujourd'hui, mais à laquelle un grand nombre d'autres obéissent encore : c'est d'ôter son chapeau quand passe un cardinal désigné par les plumets de ses chevaux. A cela rien à dire; chaque pays a ses habitudes, et s'il plait à des citoyens romains de se découvrir devant les chevaux de Leurs Excellences, ils en sont bien les maîtres.

On dit que plusieurs le font, dominés par la crainte que leur abstention soit considérée comme un manque de respect dont ils auraient à se repentir. Mais ce qui paraît bizarre, c'est que le salut soit rendu par un des laquais debout sur le siége de derrière.

Quand passe le pape, les uns s'agenouillent, les autres se bornent à se découvrir devant le souverain pontife, et il donne à tous sa bénédiction. C'est sa manière de rendre le salut, et il n'y manque pas. Fussiez-vous seul, si vous lui levez votre chapeau, il vous bénit. Les cardinaux, au contraire, restent immobiles dans leur carrosse. Libre à eux ; mais qu'ils ne fassent pas saluer leur valet! Garde ton tricorne sur la tête, faquin! et ne rends pas le salut donné à ton maître.

Après tout, les citoyens peuvent échapper à ce qu'ils regardent comme une impertinence, mais il paraît que les soldats en faction, Français et autres, ont pour consigne de présenter les armes aux cardinaux; or, comme ces messieurs ne vont jamais à pied et qu'on ne les voit pas dans leur carrosse, il en résulte que le factionnaire présente les armes à l'équipage; le laquais rend le salut.

Je ne sais pas ce qu'en pensent les soldats, mais il est douteux qu'ils soient bien satisfaits de cette étrange politesse des princes de l'Église ; c'est de mauvais goût, c'est blessant. Il ne faut pas parler ici de dignité humaine, les prélats ne comprendraient pas ce langage d'un autre monde.

Comme d'habitude, le pape a été porté sur le pavois qu'on appelle la chaise *gestatoria*, usage emprunté des empereurs romains ; il était escorté des deux *flambelli*, larges éventails formés de plumes de paon factices, bizarre emblème de la puissance papale. Les adversaires du pouvoir pontifical n'oseraient certainement pas lui donner de pareils attributs, mais la cour romaine ne se doute seulement pas de ce qu'ils peuvent avoir de ridicule. Elle est persuadée que le pontife a besoin des cent yeux d'Argus pour veiller au maintien de la foi. Nous sommes toujours en plein paganisme.

Dans toutes les fêtes religieuses la superstition a sa part. Ainsi, la veille de la Saint-Jean, on bénit à l'église les œillets que les bouquetières étaleront le lendemain dans la rue Merulana, au débouché de la place. Que l'église bénisse des fleurs, cela ne leur ôte rien de leur parfum et cela est fort indifférent ; mais ces œillets bénis à Saint-Jean de Latran ont, prétend-on, la vertu de guérir les malades. J'ai cru d'abord que c'était là une superstition populaire comme celle des longues tiges d'ail que l'on vend également dans la rue Merulana pour tirer sainte Élisabeth du purgatoire ; mais j'ouvre le *Diario romano* officiel, imprimé dans les ateliers pontificaux, et j'y lis qu'on bénit les œillets pour les malades. Avec des moyens curatifs de cette valeur, il faut s'étonner qu'il y ait des médecins à Rome. Qu'a-t-on besoin de docteurs quand un simple œillet peut vous guérir? La partie éclairée de la population est partout la minorité.

Du reste, tout ici est arrangé pour entretenir la superstition. Dans le cloître de Saint-Jean de Latran, on vous montre un puits dont la margelle est celle du puits de la Samaritaine. J'ignore si ce sont les anges qui l'ont apportée là.

Dans plusieurs églises on vous fait voir des portraits de la sainte Vierge peints par saint Luc, et leur beauté fait comprendre pourquoi les peintres-vitriers ont pris saint Luc pour patron de leur confrérie.

Ailleurs on exhibe des tableaux que le même saint n'a pas eu le temps d'achever et que les anges ont terminés dans son atelier. Pauvres anges, ils ne doivent pas êtres fiers du talent qu'on leur prête!

Quatre jours après la fête de saint Jean, nous avons eu celle de saint Pierre, puis, le lendemain, celle de Saint-Paul-hors-des-Murs, où le pape s'est rendu avec toute sa cour. A quelque distance de la basilique, se trouve un autre Saint-Paul, celui des Trois fontaines. Ici encore la superstition joue son jeu; on fait croire au populaire que la tête du saint, quand elle tomba sous la hache du bourreau, fit trois bonds et que trois sources jaillirent à l'instant même des trois points qu'elle avait touchés. Les incrédules disent que ces fontaines sont tout simplement alimentées par une dérivation des Aquæ Salviæ qui, en effet, coulent à deux pas de là.

Je passais dernièrement, à la nuit, dans le *Corso*; une fort jolie voiture, attelée de deux beaux chevaux noirs et allant au pas, attira mon attention; un long cierge allumé passait par la portière de droite, et quelques personnes s'agenouillaient en pleine rue devant le char.

J'avais souvent rencontré à Turin un fiacre orné ainsi d'un cierge allumé; c'est l'annonce d'un baptême, on reporte l'enfant à sa mère, mais je n'avais jamais vu personne se mettre à genoux sur son passage.

— Qu'est-ce que cela? demandai-je à un romain avec lequel je cheminais.

— C'est, me répondit-il, *il santo Bambino*.

— Et où va-t-il à cette heure?

— Il va voir une femme en travail d'accouchement, ou un malade en danger de mort.

— Que va-t-il faire chez la femme en couches?

— Il va la délivrer.

Je regardai mon interlocuteur, il ne riait pas.

— Alors, repris-je, vous n'avez besoin ni d'accoucheurs ni de sages-femmes. Cela simplifie les études. Pourquoi va-t-il chez les malades?

— Pour leur rendre la santé ou leur annoncer la mort.

— Décidément, la faculté vous est inutile. Mais donnez-moi, je vous prie, quelques explications.

— Volontiers. Parfois, quand on apporte *il Bambino* chez une dame, l'accouchement est déjà fait ; d'autres fois, l'émotion éprouvée à sa vue par la femme accélère l'enfantement ; dans d'autres cas, il s'en retourne comme il est venu et il en arrive ce que la nature ordonne. Chez les malades, c'est autre chose, il rend des arrêts.

— Comment ! il parle ?

— Non ; c'est une poupée ressemblant à un enfant emmailloté. Mais quand sa joue devient rouge, c'est un signe que le malade guérira ; si elle ne rougit pas, il n'y a plus d'espoir.

— Eh ! comment la joue d'une poupée peut-elle rougir ?

— Je n'en sais rien ; je vous répète ce qui se dit, ce que croient les personnes qui envoient chercher *il Bambino*, et celles que nous venons de voir s'agenouiller devant sa voiture.

— Ses visites se payent-elles cher ?

— Trois écus romains, environ seize francs dix centimes de la monnaie française. Les moines de l'église de l'*Ara Cœli* qui ont la garde du *Santo Bambino* font à cela d'assez beaux profits.

Il y a sur le compte du *Bambino* une histoire fantastique parfaitement acceptée par une partie de la population romaine, et que me conta mon compagnon de promenade. La voici :

Un jour, une dame d'une grande maison patricienne de Rome conçut la pensée de s'emparer du *Bambino* ; elle en fit fabriquer un faux absolument semblable à l'autre, et feignant une maladie, elle fit prier les moines de lui envoyer le saint simulacre. On l'apporte, et elle demande à rester seule avec lui pour lui faire sa confession. Le moine bien payé obtempéra à son désir. Le *Bambino* est tout couvert d'or et de diamants de grand prix, mais la pensée d'un larcin n'entrait pas dans l'esprit de la princesse, elle deshabilla le vrai *Bambino* et revêtit de ses langes la fausse image sans distraire une seule pierre, puis ayant caché sous ses couvertures la précieuse poupée, elle rappela le moine qui emporta la copie sans se douter de rien.

La dame était heureuse; les moines de l'*Ara Cœli* dormaient dans leur couvent lorsque, vers minuit, ils furent éveillés en sursaut par des coups réitérés frappés rudement à la porte de l'église. Le gardien se leva et alla ouvrir; c'était le *Santo Bambino* qui revenait et frappait ainsi. Le gardien jeta les hauts cris, les moines accoururent et reconduisirent l'enfant à la place qu'il occupait d'ordinaire. Ils ne purent pas douter du miracle car le faux *Bambino* avait disparu, laissant toute la défroque du véritable; il était retourné chez la dame.

On s'aperçut alors, en habillant l'enfant, qu'il avait perdu le soulier de son pied droit, soit en parcourant les rues de Rome, soit en frappant à la porte de l'église, et quelques jours après on lui fit faire un soulier d'or.

Je n'avais pas interrompu le narrateur, mais je le pressai de questions, et il me donna l'assurance que la foi au *Bambino* était soigneusement entretenue par les moines dans la population de Rome.

Le lendemain, je gravis l'immense escalier de marbre qui conduit à l'église de l'*Ara Cœli*, bâtie sur l'emplacement d'un ancien temple fameux consacré à Jupiter Capitolin, et je demandai à voir *il santo Bambino*. On me conduisit à la sacristie, un moine vint, je répétai ma demande; il me pria d'attendre un instant. Un autre moine arriva, grand, bien pris, la barbe grisonnante, et m'invita à le suivre. Nous arrivâmes dans une petite chapelle où il y avait un autel à droite en entrant, une table devant l'autel, et un grand placard dans la muraille en retour. Le moine alluma deux cierges supportés par des chandeliers, ouvrit le placard et s'agenouilla devant un coffre d'environ deux pieds et demi de longueur; puis il prit le coffre, le plaça sur la table, l'ouvrit et en tira le *Santo Bambino* qu'il étendit devant le coffre.

C'est une poupée représentant un enfant emmailloté; la tête est fort grosse; les joues fortement vermillonnées; les bras n'apparaissent pas; les langes sont faits d'une étoffe de soie blanche, toute brodée de pierreries, constellée de rubis et de diamants; les pieds ne ressemblent en rien à des pieds humains et sont faits de branches de métal, or, argent doré, ou cuivre doré; le pied droit est dissemblable de l'autre, et fort curieusement travaillé.

Je voulais savoir si le moine, qui paraissait un homme très-intelligent, croyait à la légende du rapt et du retour, je lui en parlai comme d'une chose qui m'avait été racontée, sans exprimer ni foi, ni doute; il me répondit sans se compromettre :

— C'est la tradition.

Il était de bon goût de ne pas insister, et je n'insistai pas pour savoir ce qu'il en pensait personnellement. Alors il me dit le nom de la princesse romaine qui avait dérobé le *Bambino*, et comme je lui demandais ce qu'était devenu le faux, il m'apprit que la dame, demeurée veuve, était entrée dans un couvent et avait fait cadeau de cette image à l'église de la maison, où elle est encore aujourd'hui en grande vénération.

Dans quelques mois, aux fêtes de Noël, le *Bambino* de l'*Ara Cœli* sera exposé aux regards du public, au milieu d'un grand nombre de cierges dont les rayons scintilleront sur les pierreries de ses vêtements; l'église, quoique spacieuse, ne pourra pas contenir la foule qui s'y pressera, les moines prendront le poupon, le porteront sur le perron du temple qui domine le Capitole et sa large rampe, et avec ce poupon ils donneront la bénédiction au peuple prosterné.

Les prêtres de Jupiter Capitolin ont peut-être fait quelque chose de semblable dans leur temps.

Sur l'un des côtés de la place Barberini, on monte par une avenue plantée de beaux arbres au couvent et à l'église des Capucins. Sous un autel de cette église repose le corps momifié d'un prêtre qui, de son vivant, laissait bien loin derrière lui le *Santo Bambino* des moines mineurs de Saint-François de l'*Ara Cœli*.

Ce brave homme dont les restes sont un objet de grande vénération pour les femmes enceintes, qui peuvent le voir et l'adorer en payant, est connu à Rome sous le nom du *Béat de Viterbe*. Il était prêtre dans cette ville, et il y avait une spécialité dont malheureusement le secret ne s'est pas conservé.

Quand une dame de Viterbe était au moment d'accoucher, elle faisait appeler le béat ; celui-ci accourait, s'étendait sur un lit près de celui de la dame, puis prenait toutes les souffrances de la maternité, se tordait sur sa couchette, et la femme mettait au monde son enfant sans éprouver la moindre douleur.

Voilà ce que les capucins enseignent aux femmes romaines, les saintes légendes qu'ils leur débitent.

Un jour que je visitais, en compagnie d'un écrivain français, cette même église, où se trouvent de fort belles peintures, nous entrâmes dans la sacristie, et un moine tira d'une armoire et nous montra un écrit *de la main du diable, et signé par lui.* C'est un contrat par lequel un jeune homme de bonne famille, ayant mangé son patrimoine dans les plaisirs, se vendit au diable pour une forte somme.

Quand il eut dissipé l'argent du diable et que celui-ci n'en voulut plus donner, le jeune homme eut peur de l'enfer ; il alla trouver les inquisiteurs et, pour obtenir son pardon dans ce monde et dans l'autre, il livra le contrat. Du moins c'est ainsi que le moine nous a conté l'histoire.

Nous la connaissions, — tout le monde la sait à Rome, — et nous émimes des doutes sur l'authenticité de l'écrit. Alors le moine nous avoua que ce n'était là qu'un fac-similé de l'acte véritable qui est visé, paraphé, certifié et déposé dans les archives de l'Inquisition.

CHAPITRE XXIX

Garibaldi à Ischia. — Bruits de complot. — Le pouvoir songe à se défendre. Le pape passe une revue de son artillerie et des dragons pontificaux au camp des Prétoriens. — Perquisitions. — Arrestations. — Mesures à propos des voyageurs. — Craintes vraies ou simulées. — Paroles du pape sur Garibaldi.

Du 3 au 9 juillet.

Le pouvoir éprouve en ce moment une de ces paniques dont les gouvernements faibles sont parfois saisis tout à coup à la nouvelle d'un événement inattendu, à la vue d'un orage qui semble se préparer.

C'est la présence de Garibaldi à Ischia, près de Naples, qui a jeté l'émoi au sein de la cour pontificale, on parle d'une attaque projetée contre les États de l'église, d'un complot prêt à éclater, d'une entente parfaite entre le général italien et les libéraux de Rome; on recherche les preuves de cette conspiration, et des perquisitions ont été faites chez plusieurs personnes suspectes de libéralisme.

Toute invasion est impossible, à mon avis, en présence des Français, qui sont la seule garantie de la conservation du gouvernement papal. Ce gouvernement ne semble pas partager cette opinion et il songe à se défendre lui-même. Ainsi Pie IX en personne, accompagné du ministre des armes, a passé en revue, le 1er juillet, l'artillerie et les dragons pontificaux dans l'ancien camp des Prétoriens désigné aujourd'hui sous le nom de *Macao*. On dit que les cris de *vive le pape-roi* n'ont pas manqué.

Ces craintes sont-elles sérieuses? Franchement, il me semble impossible de l'admettre, à moins que le pouvoir ne compte plus sur l'armée d'occupation. Sont-elles seulement bien réelles?

Je ne saurais me prononcer sur ce point délicat dont la discussion m'entraînerait trop loin.

Quoi qu'il en soit, aux perquisitions dont quelques-unes ont eu lieu le jour même où le pape passait en revue ses canons, ont succédé les arrestations, et l'on dit que de nouveaux exils vont être prononcés. Voici donc encore des citoyens jetés en prison où ils seront retenus aussi longtemps qu'il plaira au pouvoir de les séquestrer, peut-être tant qu'il durera ; voici de nouveaux chefs de famille qui seront rejetés de la patrie, à l'avenir fermée devant eux.

En ce moment, tout Napolitain qui arrive à Rome et qui n'est pas notoirement connu pour appartenir au parti de François II, est soupçonné d'apporter la révolution dans sa valise, d'être un émissaire de Garibaldi, un agent du gouvernement italien. Tout romain que ses affaires ou ses plaisirs appellent à Naples est suspecté d'aller s'entendre avec les révolutionnaires afin de préparer au retour un mouvement dans Rome. Obligé de dire pourquoi il part, il se voit mesurer le temps de l'absence et fixer l'époque du retour.

Les derniers exils n'ont donc servi à rien s'ils n'ont pas rassuré le gouvernement. Après avoir frappé ceux qu'il regardait comme dangereux, il en trouve encore à frapper, et cette longue liste de proscription ne sera jamais close.

Ainsi, il y a en Europe, au cœur de la civilisation, un petit gouvernement, le plus faible de tous sous le rapport matériel, qui emprisonne arbitrairement, exile sans jugement, porte le trouble, la désolation et la ruine dans les familles, sous prétexte de maintenir l'ordre dans la société, et auquel personne ne demande compte de sa conduite, que l'on a l'air de croire sur parole quand il se présente comme un pouvoir paternel et plein de bénignité.

Il faut le dire sans hésitation, ce gouvernement est une honte pour l'Europe, et s'il était fondé par la volonté des citoyens, s'il était une république et non une théocratie, l'Europe l'aurait déjà brisé, ou l'aurait forcé à changer de système au nom de la morale publique.

Quant au parti italien qu'il y a ici, il grandit insensiblement, mais il grandit tous les jours; la lumière se fait dans les esprits, on prend en haine ce despotisme qui exile et emprisonne, sans comprendre qu'aux adversaires de son principe il ajoute les ennemis de ses actes, mais ce parti est dans le calme le plus complet; il n'est point endormi, tant s'en faut, mais il s'abstient de toute agitation. Il s'est préparé pendant la grave maladie du pape à faire face à tout événement; profitant de l'occasion que lui offrait la fête du statut, il a manifesté sa pensée le 5 juin, et depuis lors, il attend.

Que quelques hommes de ce parti soient allés à Ischia voir Garibaldi, c'est possible, c'est probable; mais quelle que soit l'impression rapportée de ce voyage, le parti est tranquille, il ne fera rien qui puisse compromettre l'avenir, à la condition toutefois que cet avenir ne se fera pas trop longtemps attendre.

Mais le pouvoir n'est pas rassuré par cette attitude passive. Aux craintes inspirées par le voyage de Garibaldi, par le langage des journaux qui tous les jours entretiennent leurs lecteurs d'enrôlements clandestins opérés dans un but inconnu, viennent s'ajouter les craintes plus sérieuses de l'orage qui semble menacer l'Europe, bien qu'il soit encore à l'état de nuage.

Peut-être les renseignements secrets donnés à ce pouvoir, dont les agents se glissent partout sous le masque de la religion, l'amènent-ils à penser que la conflagration générale est proche. C'est là du moins ce que font croire ces persécutions.

On se sauve quelquefois par des mesures de terreur, qui ne sont pas justifiées, mais expliquées par le désir de la conservation. Ici, à quoi ces actes de rigueur peuvent-ils aboutir? Tous les citoyens qu'on exile sont autant de missionnaires qui vont prêcher au dehors la haine du pouvoir sacerdotal et convertir les populations à l'idée de son renversement. Puis, une conflagration européenne arrivant, à quel danger aurait-on échappé par ces exils?

Si le gouvernement romain obéit à un sentiment véritable de crainte, s'il ne joue pas une indigne comédie pour apitoyer sur ses périls les catholiques aveugles et grossir l'obole de Saint-Pierre, quel compte tient-il donc de la protection des troupes françaises qui le gardent?

Je pose ces hypothèses, parce que dans ce pays le pouvoir agit parfois en vertu de combinaisons tellement en dehors des mœurs actuelles, il emploie des moyens si éloignés de ce qui se fait dans les gouvernements réguliers qu'il est dans certaines circonstances fort difficile de deviner la pensée dont il s'inspire et le but qu'il se propose.

On a toutes sortes d'artifices pour réchauffer le zèle quand il s'attiédit et provoquer les offrandes lorsqu'elles deviennent plus rares. Une église veut faire une levée de deniers : tout à coup sa madone disparaît, la statue plaquée d'argent a été volée avec tous ses bijoux et ses pierreries. Grand émoi! On crie à la profanation, au sacrilége. Que va devenir une contrée qui n'a plus sa madone protectrice! Les offrandes affluent pour faire une autre statue, pour acheter des colliers tout neufs. La récolte est faite ; alors il arrive qu'un vigneron en piochant sa vigne rencontre un corps dur; sa main tremble, la sueur perle son front, un prodige assurément s'accomplit; en effet, c'est la madone qu'on retrouve intacte, il ne lui manque ni un bras, ni une main, ni un doigt; ses pendants d'oreille, sa ceinture, ses perles, tout y est. Cette fois, on crie au miracle : une voix d'en haut a épouvanté les voleurs qui n'ont pas osé déshabiller la madone, ou bien la statue est devenue si lourde, si lourde, qu'ils n'ont pu la porter plus loin. Alors on la ramène triomphalement au sanctuaire purifié, et les aumônes abondent encore.

Qu'on ne m'accuse pas de me livrer à des insinuations invraisemblables, ce que j'entends dire aux Romains me persuade que l'on a ici le droit de suspecter tout ce qu'on voit faire et d'en rechercher le but réel sous les apparences; mais ce but, on ne le devine pas toujours de prime abord. Il m'est arrivé plusieurs fois d'exprimer devant des Romains une opinion sur une mesure prise par le gouvernement; ils souriaient et j'apprenais d'eux que cette mesure, qui semblait toute d'actualité, avait un but secret et lointain.

On ne sait donc que penser, mais il est fort triste pour

l'armée française qui maintient le pouvoir temporel de voir le gouvernement pontifical se livrer à des persécutions qu'il n'oserait pas faire s'il n'avait l'appui des baïonnettes.

M. de Sartiges a beau faire des représentations, on l'écoute avec la politesse que commande son caractère d'ambassadeur, on lui répond par des faux-fuyants, et on continue sans se soucier de la responsabilité que l'on fait peser sur la France.

Un journal de Naples vient de nous apporter quelques détails sur Garibaldi malade, perclus de rhumatismes. Ce journal a été lu au Vatican dans une petite réunion intime; en voyant que le général incapable de se mouvoir avait été obligé de se faire hisser sur le pont d'un vaisseau, le pape a eu un accès de gaieté, bien pardonnable du reste dans la situation, et il a dit en riant : Je monte en voiture, je me promène, je marche, je suis plus fort que Garibaldi !

CHAPITRE XXX

Moissons dans l'*Agro romano*. — Propriétaires. — *Marchands de Campagne*. — Le *Fattore*. — Le *Caporale*. — Les moissonneurs. — Nombre d'hectares cultivés en blé. — Nombre d'hommes employés à la moisson. — Prix de la journée. — Les biens de *Fidei commis*. — La dot. — Détresse. — Recours au pape. — Débâcle inévitable.

16 juillet.

On est depuis quelques jours en pleine moisson dans les parties ensemencées de la campagne romaine, ce que l'on appelle l'*Agro romano*. Ces moissons finissent ordinairement avec le mois de juin, mais elles ont été retardées cette année par les pluies et le froid d'une saison exceptionnelle. Comme il n'y a point de population sur cette vaste étendue, tous les moissonneurs doivent venir du dehors. C'est dans les Abruzzes et les Marches que se forment les bandes de travailleurs, et le royaume d'Italie fournit en grande partie à Rome les bras nécessaires à couper les blés.

La campagne romaine est possédée par un petit nombre de propriétaires qui n'y résident pas. Leurs palais sont à Rome, leurs villas dans un rayon très-resserré autour de Rome, ou autour de quelques cités voisines, telles que Frascati, Marino, Albano, Tibur; dans la campagne, il n'y a ni châteaux, ni maisons de maîtres; on n'y trouve que quelques fermes très-éloignées les unes des autres; dans les intervalles, pas un village, pas un hameau, pas un simple abri, rien que des ruines. Les montagnes seules sont habitées.

Le grand propriétaire ne cultive pas; il divise ses terres par lots, suivant leur position géographique, et il les loue aux fermiers, que l'on appelle à Rome les *Marchands de Campagne* et qui tiennent tous les soirs leur bourse sur la place Colonna. Les terres qui forment le lot sont nommées une *tenuta*.

Le marchand de campagne cultive par lui-même, ou fait cultiver à son compte par un homme que l'on nomme le *Fattore*, ou bien encore il subdivise la terre et la loue par parties à des gens qui la cultivent et payent une redevance fixe en nature, redevance établie d'après la qualité du terrain.

Quand approche le moment de songer à la moisson et de s'assurer d'un nombre suffisant d'ouvriers, le cultivateur s'abouche avec un intermédiaire nommé le *Caporale* et lui dit : j'ai besoin de tant d'hommes. Ce *Caporale* se rend dans les Abruzzes ou dans les Marches et s'entend avec les paysans (*popolani*), qui doivent descendre dans la plaine à un jour donné et fixe avec eux le prix de la journée de travail suivant l'âge et la force de l'ouvrier.

La journée commence au jour et finit à la nuit ; le prix varie de 35 à 42 baïoques par jour, c'est-à-dire de 1 fr. 87 c. à 2 fr. 25 c.

La Campagne romaine a sept mille Rubbio cultivés en blé, et comme le Rubbio équivaut à 1 hectare 84 ares 84 centiares, c'est 12,938 hectares 80 ares qu'il y a à moissonner. Chaque Rubbio exige onze journées de travail, et comme la moisson se fait partout en même temps, sept mille hommes y sont employés et font ensemble soixante-dix-sept mille journées.

Ces ouvriers viennent à pied de leurs montagnes et mettent trois jours à faire le chemin, trois jours pour s'en retourner ; cela fait dix-sept jours de travail ou de route, pour gagner la faible somme de quatre écus et quart à quatre écus et demi romains, soit de 22 fr. 75 c. à 24 fr. de la monnaie française, et encore cette somme est-elle écornée par un prélèvement que fait le *Caporale*.

La moisson coûte donc environ 30,800 écus, soit 164,000 fr. A cette somme il faut ajouter 2 p. 100 du prix total des journées que le cultivateur, propriétaire ou fermier, paye aux *Caporali*, soit 3,280 fr.; ce qui fait 167,280 fr.

J'ai dit que le gain modique de l'ouvrier était écorné par un prélèvement que fait le *Caporale*. En effet, quand cet intermédiaire se rend dans la montagne pour embaucher les travailleurs, il leur fait une légère avance qui équivaut à un engagement, et qu'il leur retient au jour de la paye. Quelquefois aussi, durant l'hiver, quand les ouvriers des campagnes n'ont pas d'occupation, le *Caporale* leur fait de légers prêts à valoir sur la moisson prochaine. Dans tous les cas, il reçoit des moissonneurs qu'il engage une rétribution qui est, pour ainsi dire, l'achat du droit au travail. On peut juger par là et de la misère de ces populations et de l'empressement avec lequel on recherche le travail qui donne un gain si minime.

Durant la moisson, les travailleurs couchent sur le champ même, car il n'y a pas de fermes assez grandes et assez nombreuses pour les abriter. On m'assure que la mal'aria ne sévissant pas encore avec l'intensité qu'elle aura à la fin de juillet, en août et en septembre, le séjour de nuit dans les champs n'offre pas de danger. Mais j'ai peine à admettre qu'après une journée de travail par la rude chaleur que nous avons, il soit sain de dormir en plein air sur la terre nue, où l'humidité se fait sentir dès que le soleil a disparu derrière les montagnes; et mon doute est corroboré par les précautions que prennent les Romains pour se garantir de la fraîcheur dès que vient le soir. Il est donc permis de penser que beaucoup de moissonneurs reportent dans leurs montagnes des fièvres qui ne leur permettront pas de venir à la moisson suivante.

Il y a une relation frappante entre la condition faite aux travailleurs passagers et l'état dans lequel on laisse les animaux domestiques et les instruments de travail. Les troupeaux n'ont point d'étables, ils restent l'hiver comme l'été sur le pâturage, et on trait les vaches en plein champ. Quand ils n'y trouvent plus à manger, on leur jette sur le pré l'herbe amassée en été. Pour les outils aratoires, ils sont la plupart du temps abandonnés en plein air aux intempéries des saisons; le fer se rouille, le bois se tord ou se fend.

Parmi les ouvriers descendus des Abruzzes ou des Marches, il en est qui ne retournent pas immédiatement chez eux et qui cherchent de l'ouvrage pour le reste de la saison. Ils viennent alors à Rome, où arrivent en même temps tous les samedis soirs une foule considérable de manœuvres qui se rendront le dimanche sur la place Montanara, où ils trouveront à louer leurs bras pour la semaine. La plupart des engagements n'ont pas une plus longue durée.

A Rome, pas plus que dans les champs, ces malheureux travailleurs n'ont point d'abri. Leur misère ne leur permet pas d'aller dans une hôtellerie quelconque, et on les voit tous les samedis couchés par centaines sous les arbres de la montée des capucins de la place Barberini, sur le pavé des portiques de Saint-Pierre au Vatican, sur les cent vingt-quatre marches de l'escalier gigantesque par lequel on monte à l'église de l'*Ara Cœli*, bâtie sur les ruines du temple de Jupiter Capitolin. La couche est dure, et si la *mal'aria* ne sévit pas là, on peut juger quel repos peuvent prendre les membres fatigués de ces pauvres gens.

De bonne foi, ce n'était pas trop la peine de renverser Jupiter, de piller son temple, pour bâtir une église chrétienne fermée aux passagers qui n'ont point d'asile.

A cette église est annexé un couvent de religieux mineurs de Saint-François, mais les franciscains ni les capucins n'ouvrent leur porte à ceux qui se couchent humblement sur le seuil.

Il y a à Rome assez de couvents pour loger tous ces travailleurs de passage; mais ces couvents sont occupés par des moines inutiles, qui mendient sans rien faire, et ils sont fermés aux pauvres qui travaillent et viennent couper les blés dont Rome se nourrit dans cette campagne que l'incurie romaine a laissée se dépeupler.

Le gouvernement pontifical est travaillé de la manie de bâtir; il dépense chaque année des millions pour élever des églises, les modifier, les démolir et les refaire, et il ne lui est pas venu à la pensée de construire un caravensérail pour ces ouvriers.

Il ne passe pas à Rome un pèlerin, vrai ou faux, venant au nom de la religion pour son plaisir ou ses affaires, qui n'y trouve un asile, le lit et le repas; mais les pèlerins du travail n'ont ni robe noire ni robe brune; il n'y a de place pour eux qu'à la belle étoile, sur les escaliers des temples, dans cette capitale de la chrétienté.

Les étrangers ne sont pas seuls frappés de cette déplorable incurie, et j'ai entendu des Romains se prononcer très-vivement contre elle, mais ils n'y peuvent rien.

La condition des ouvriers de la terre me conduit à parler de la propriété ; la transition est toute naturelle.

Le droit d'aînesse existe à Rome comme au beau temps de la féodalité, du moins en ce qui concerne les biens de *Fidei commis*, lesquels constituent une sorte de majorat en faveur du premier né de la famille, si c'est un mâle.

Tout ce qui a été légué par *Fidei commis* est inaliénable, non-seulement la terre, le palais, la maison, mais les objets d'art et les diamants. On peut changer la monture des diamants pour se conformer à la mode, d'un diadème faire des bracelets et des pendants d'oreille, mais on ne peut distraire une seule pierre.

Lorsque l'un de ces propriétaires de *Fidei commis* vient à mourir, le majorat passe à son fils aîné ; les autres biens qui lui appartiennent en propre sont partagés par égales portions entre tous ses enfants mâles, en sorte que l'aîné a encore sa part dans ce partage. Quant aux filles, elles n'ont point de part déterminée dans l'héritage, mais au moment de leur mariage, le père ou les frères doivent leur donner une dot *convenable*, c'est le terme adopté, c'est-à-dire en rapport avec la fortune de la famille. On n'est pas toujours d'accord sur ce point important et délicat, on recourt alors au juge, qui est un cardinal, et celui-ci, après les pourparlers nécessaires, prenant pour base la fortune de la maison et l'exemple des autres familles, fixe sans appel le chiffre de la dot. Il n'est pas besoin de faire ressortir tout ce qu'un pareil mode peut soulever de critiques.

Les familles princières de Rome sont en général fort disposées aux grandes dépenses ; les propriétés de *Fidéicommis* leur imposent en outre des charges très-lourdes. Elles sont encore quelquefois pillées par des intendants ; aussi plusieurs ont-elles des dettes considérables et ne peuvent-elles qu'à grand'peine soutenir l'éclat de leur maison.

Quelques-unes s'arrêtent parfois à temps sur la pente où

elles glissaient, font des réformes radicales, et en dix ou douze années d'économies sérieuses et de bonne administration, rétablissent leurs affaires.

D'autres cherchent et trouvent, soit à l'étranger, soit à l'intérieur, pour leur fils aîné, des femmes que séduit l'éclat d'un grand nom et dont les dots plébéiennes ou nobles ramènent l'abondance.

Les familles qui ne peuvent ni trouver une dot, ni rétablir leurs affaires en s'arrêtant sur la pente où elles sont trop engagées, s'adressent au pape, et, après avoir fourni aux commissaires nommés par lui la preuve qu'elles sont dans l'impossibilité de conserver leurs propriétés de *Fidéicommis* grevées de dettes, dont les revenus sont dévorés par les intérêts, elles en obtiennent un rescrit qui les autorise à aliéner ces biens. Mais ce rescrit leur impose l'obligation de laisser intacte et en dépôt une partie déterminée du prix de la vente, afin de reconstituer l'héritage dans un temps donné par l'accumulation des intérêts.

On n'a recours à ce moyen, toujours humiliant, qu'à la dernière extrémité; aussi des princes romains, reculant devant l'idée d'étaler leurs plaies au grand jour, aiment-ils mieux emprunter à des taux usuraires des capitalistes, ou emprunter de leurs fermiers, qui, à l'expiration de leur bail, dictent des conditions au propriétaire au lieu d'en recevoir de lui.

On comprend tout ce qu'un pareil système a de défectueux. Il immobilise les propriétés dans les mains d'un petit nombre d'hommes inhabiles à les administrer, incapables de les faire valoir; il s'oppose à l'augmentation de la production par l'amélioration des terres, parce que le fermier ne fait pas sur le fonds d'autrui des dépenses que la brièveté de son bail ne lui permettrait pas de retrouver dans le rendement de quelques années. Ce fermier, qui est l'un de ces marchands de campagne dont j'ai parlé au commencement de ce chapitre, préfère consacrer son argent à l'achat d'une terre libre ou à l'amélioration d'un fonds qu'il prend à perpétuité par bail emphythéotique, moyennant une rente fixe qu'on appelle *canon*. Ce mode d'affermer la propriété est précisément celui que la loi italienne sur l'emphythéose a pour but de détruire en décrétant la faculté du rachat.

Le système des *Fidéicommis*, dans les conditions qui viennent d'être expliquées, prépare une débâcle complète des propriétaires grevés. Il est évident que tôt ou tard sera brisé le privilége qui rend leurs terres insaisissables; ce jour-là il faudra compter avec les créanciers, et l'on peut affirmer qu'il ne restera rien à des familles qui ont aujourd'hui de grands biens.

CHAPITRE XXXI

Les enseignes françaises jetées bas ou effacées de tous les murs de Rome. — Épisode comique. — L'*Hôtel de la Minerve*. — M. de Sartiges. — Les Romains applaudissent. — Paroles d'un haut fonctionnaire.

23 juillet.

La population romaine est en ce moment tout occupée de l'exécution d'une mesure décrétée par le municipe, et si étrange, si en dehors des habitudes des autres pays, que l'on se demande si ces gens-là ont tout à fait perdu la raison, s'ils agissent sous l'empire d'un cauchemar, ou s'ils ont un but secret, inconnu du vulgaire, et, dans ce cas, où ils veulent en arriver.

Il ne s'agit de rien moins que d'une proscription, d'une hécatombe immense; le sacrifice est commencé et se poursuit activement, on voit sur toutes les places, dans toutes les grandes rues, les victimes exposées aux regards du public, pour témoigner de la force de volonté, de la puissance du gouvernement romain, de son activité à repousser les envahissements de la France ambitieuse.

Ah! ah! On s'était figuré, sous prétexte qu'il y a ici une armée française et qu'il y vient une nuée de visiteurs pacifiques y laissant chaque année de quinze à vingt millions, que l'on parviendrait à franciser Rome! Il n'en sera rien, pardieu! Rome sera romaine, et la France sera battue, chassée, effacée du livre des vivants. Vous pouvez déjà voir sa honte sur toutes les murailles.

J'ai prononcé le mot de victimes, mais rassurez-vous, il n'y a pas eu de sang versé; seulement de grands pots de couleurs, du noir, du bleu, du blanc de céruse et du lait de chaux. Les barbouilleurs sont aux anges, le bon sens peut en souffrir, l'humanité ne gémira pas.

C'est une guerre d'extermination que l'on fait à toutes les enseignes écrites en français, sans exception. On les efface, on les arrache au besoin, elles dégringolent comme des capucins de cartes.

Hôtel des Iles Britanniques, Hôtel de Russie, Hôtel de Londres, à bas ! *Marchand d'estampes, Dentiste, Relieur de livres, Entreprise de voitures,* à bas ! *Spilmann frères,* à bas ! parce que le mot frères est français. Les Spilmann sont comptés parmi les meilleurs restaurateurs de Rome et habitent la via de' Condotti. Tout à côté d'eux on lisait sur une autre enseigne : *François Spilmann ainé;* François n'a pas voulu s'appeler Francesco, on a couvert d'un papier blanc le premier et le dernier mot de l'enseigne.

Cependant on a, jusqu'à ce jour du moins, toléré les indications écrites sur les vitres des devantures des magasins : *Modes de Paris, Table d'hôte, Objets d'art, Vente de tableaux.* Ceux qui se prétendent dans le secret du gouvernement pontifical affirment que cette tolérance apparente est un coup de haute politique, et qu'en laissant subsister les enseignes sur les vitres on a voulu tout simplement constater la fragilité de la domination française.

Il y a des épisodes comiques dans cette croisade. Ainsi, une grande discussion s'est élevée entre l'autorité et un marchand dont l'enseigne porte ce mot unique : Mercerie. Au singulier, le mot est français; au pluriel il est italien. Le marchand soutient qu'il vend des merceries et peut écrire *Mercerie;* l'autorité prétend qu'il vend de la mercerie et doit écrire *Merceria*. On ne sait qui l'emportera dans ce débat.

L'incident le plus curieux, je dirais le plus grave, si quelque chose pouvait être grave à Rome, est l'affaire de la *Minerve*. Cet hôtel connu de tous les voyageurs français passe pour être le rendez-vous des légitimistes, des papalins les plus ardents; son propriétaire a été averti d'avoir à se conformer à l'ordonnance; il a refusé et a eu recours à M. de Sartiges, qui, dit-on, serait intervenu auprès de l'autorité, mais sans succès. Nouvelle sommation à l'hôtelier, nouveau refus; la force publique a arraché l'enseigne; l'hôtelier a été condamné à une amende et aux frais de l'enlèvement de son enseigne.

L'intervention de M. de Sartiges est-elle vraie? On le dit, et c'est un bruit public. S'il est fondé, la France aurait été battue sur le mur d'un hôtel légitimiste. Peut-on rien imaginer de plus triste?

Quand on cherche quel est le but réel de cette mesure singulière bien faite pour froisser le gouvernement français, on ne trouve rien. Qui a pu l'inspirer? On l'ignore encore. A quoi cela répondit-il? On ne le devine pas. Ceux qui adressent aux habitants des questions à ce sujet n'obtiennent pas de réponse satisfaisante. Des Romains ont paru fort étonnés quand je leur ai dit qu'en France, à Cherbourg, à Boulogne, sur tout le littoral de la Manche, un très-grand nombre d'enseignes étaient écrites en anglais, ce qui n'empêche pas de chanter au théâtre:

> Non, non, jamais en France,
> Jamais l'Anglais ne régnera!

quand j'ai ajouté que dans les villes des Pyrénées beaucoup d'enseignes étaient en espagnol, et qu'à nos yeux l'enseigne n'a point de signification politique.

Le public romain n'entend pas cette liberté-là. Il voit sous la mesure du municipe une pensée de réaction contre la France et il y applaudit. On lui a donné une occasion de manifester son opinion sur la domination de la France à Rome, et il la saisit avec empressement. C'est là un symptôme à remarquer.

Une personne qui veut absolument aller au fond des choses et savoir le pourquoi de cette mesure, laissant le peuple romain applaudir et les Français se plaindre, s'est adressée dans les hautes régions gouvernementales à l'un des inspirateurs de la politique pontificale. Voici mot à mot la réponse qui lui a été faite, tout cela dit d'un air profond et en souriant:

— Le gouvernement français a la manie de se mêler de toutes nos affaires, il veut régner ici; il nous a dernièrement imposé la publicité des débats judiciaires, nous avons cédé, mais on trouvera moyen de lui faire donner une leçon sur ce point, et on verra ce que vaut cette prétendue conquête, cette prétendue garantie donnée aux accusés.

Il a exigé l'application de l'édit sur le municipe, nous l'avons appliqué, et aujourd'hui le premier acte important de ce municipe est précisément un acte contre la France. Ce gouvernement comprendra-t-il enfin qu'il n'a rien à voir dans notre administration intérieure et que nous voulons être les maîtres chez nous?

— Bravo, monseigneur, Machiavel n'eût pas fait mieux! dit l'interlocuteur.

— Eût-il fait autant? répliqua monseigneur avec son fin sourire.

Le public ignore très-probablement cette conversation, mais il sait très-bien que les *Conservateurs*, magistrats municipaux, de Rome, avant d'appliquer la mesure, ont exigé de l'autorité supérieure la promesse qu'ils ne seraient pas désavoués, menaçant, dans le cas contraire, de donner tous leur démission. Il se peut très-bien que ces messieurs n'aient été que des instruments aveugles, et cela devient alors du plus haut comique.

Quoi qu'il en soit, le municipe est désormais assuré de vivre dans l'histoire, et l'année 1864 comptera dans les fastes de Rome comme l'année de la grande réforme..... des enseignes.

Je revois ce chapitre après plusieurs mois, et pour ne pas revenir sur cette affaire, j'ajoute ici quelques lignes. Le gouvernement français aurait été, à ce qu'on dit ici, très-vivement froissé d'une mesure qui trahissait la haine du gouvernement romain envers la France à laquelle il doit son maintien; il en aurait adressé des plaintes énergiques, et il aurait été éclairé sur ce qu'il peut attendre de Rome.

Toutefois, la mesure a été maintenue; presque toutes les enseignes sont aujourd'hui écrites en italien seulement, mais il y avait dans l'édit municipal un article qui permettait de répéter en français l'enseigne italienne.

Quelques-uns en ont profité ; l'hôtelier de la Minerve a deux enseignes ; le mercier a été obligé de céder, il a écrit sur son magasin : *Mercante di mercerie;* et Cesari, que tous les voyageurs de commerce connaissent, après avoir supprimé la première lettre du mot hôtel qui dès lors n'était plus français ni italien, a été forcé de le supprimer tout entier. Ne cherchez plus l'hôtel à Rome, vous n'y trouverez que la Locanda.

CHAPITRE XXXII

Départ du pape pour Castel-Gandolphe sur le lac d'Albano. — Routes qui y conduisent. — La *ferrovia*; station temporaire. — Détails sur les travaux de Pie IX. — Les Indulgences. — Comment il s'en perd un certain nombre. — La statue d'une mère de Pompeï. — Quatre baise-pied en un jour. — Enlèvement du jeune israélite Coën. — Désespoir de la mère. — Les trois cardinaux complices. — Quel profit le catholicisme peut-il retirer de pareils actes? — Le baptistère dit de Constantin. — Pérégrinations du pape. — Indulgence de la *Portioncule*. — Les mères de Némi.

Du 24 juillet au 5 août.

Depuis six jours, le pape a quitté le Vatican malsain et enveloppé par la mal'aria, pour aller s'établir dans le palais de Castel-Gandolphe admirablement situé sur les bords élevés du lac d'Albano.

Par un motif resté jusqu'ici complétement ignoré des personnes mêmes qui l'approchent, Pie IX ne voulait pas partir; soutenant qu'il se portait fort bien et n'avait nullement besoin de changer d'air pour améliorer sa santé, il se refusait à quitter Rome.

Cela explique les retards successifs apportés à son départ depuis si longtemps annoncé et fixé plusieurs fois d'une manière qui semblait définitive.

Enfin, il a cédé aux sollicitations de son entourage et de ses médecins qui, pour arracher son consentement, ont dû faire valoir avec beaucoup de vivacité le danger que pouvait lui faire courir la prolongation de son séjour au Vatican par les chaleurs tropicales de cet été. Il a cédé, mais en murmurant, et sans être convaincu.

Les médecins n'ont pourtant pas exagéré le péril; les alentours du Vatican sont fort insalubres et souvent travaillés par la fièvre; les soldats français casernés au quartier des prisons de l'Inquisition savent à quoi s'en tenir à cet égard. Le pape n'ignore pas le déplorable état sanitaire de la localité, aussi sa résistance a-t-elle causé quelque inquiétude.

Ceux qui veulent aller de Rome à Castel-Gandolphe en empruntant la voie ferrée de Naples sont obligés en temps ordinaire de faire un assez long détour et de traverser toute la ville d'Albano; or, la station d'Albano, située à la Cecchina, est au pied de la montagne et distante de la ville, à vol d'oiseau, de trois milles augmentés au moins d'un quart par un long circuit qui permet aux voitures de gravir la pente. Dépourvue d'arbres sur les cinq sixièmes du parcours, la route est couverte en été de plusieurs centimètres d'une poussière très-fine dont les chevaux, les hommes et le plus petit souffle de vent soulèvent des nuages.

On aurait pu, au moyen d'un tunnel, arriver dans la large vallée de l'Arricia, faire moins de chemin et se rapprocher beaucoup d'Albano et de Genzano, la compagnie n'a pas cru devoir faire ce tunnel. Elle a été guidée par des motifs que je n'ai pas à rechercher ici, je me borne à constater que la route, de la Cecchina à Albano, est fort peu agréable, ce qui n'est pas la faute du chemin de fer dont le service est très-régulier et très-rapide. On va de Rome à la Cecchina en quarante-cinq minutes.

Pour dispenser le pape de prendre la route poussiéreuse dont je viens de parler, on a créé plus près de Rome, à l'endroit où la ligne traverse à niveau la Via Appia, une station temporaire d'où l'on se rend à Castel-Gandolphe et à Albano par cette même voie Appia fort belle et bien entretenue. Cette station, qui s'appelle Le Frattocchie, est supprimée dès que le pape quitte sa résidence d'été, chose regrettable pour ceux qui aiment les bords du lac; mais ceux-là ne sont pas des Romains.

Un fait à noter comme observation de mœurs, c'est que les trois chemins de fer en exploitation desservant les environs de Rome n'ont pas créé cette activité de circulation qui partout ailleurs se développe dans les grands centres de population dès que s'ouvre une voie nouvelle.

Les Romains aiment à rester chez eux, à se montrer au

Pincio, au *Corso*, à la Villa Borghèse, et les trains de plaisir qui, tous les dimanches, leur offrent à prix réduit les charmes de la villégiature n'ont pas le pouvoir d'en décider beaucoup.

A l'exception de Frascati, on ne voit nulle part de grandes bandes de promeneurs s'abattre sur les beaux sites des environs, si ce n'est aux jours des fêtes locales. On peut parcourir les bords des lacs d'Albano et de Némi, le magnifique bois Ferrentino tout peuplé de grands souvenirs, on n'y trouve jamais que des étrangers.

Grâce à la station du Frattocchie, Castel-Gandolphe est à une heure et demie de Rome; ceux qu'appellent auprès du pape les devoirs de leur charge peuvent facilement s'y rendre, et rien n'empêche le Saint-Père de s'y livrer à ses travaux comme s'il était au Vatican.

A propos de ces travaux, on s'est beaucoup amusé à Rome d'une lettre insérée dernièrement au *Moniteur de l'Empire français* dans laquelle un folâtre correspondant s'est plu à représenter le pape comme le souverain le plus occupé de l'Europe. Ces exagérations donnent aux Romains une pauvre idée de l'esprit français, et ils font retomber sur tous la responsabilité des niaiseries de quelques-uns, ce qui est fort peu agréable pour les autres. La considération que l'on a pour les voyageurs étrangers n'est pas toujours, quoi qu'on en dise, en raison de la force matérielle de leur gouvernement, elle est souvent basée sur le sérieux que celui-ci apporte dans ses appréciations relativement aux diverses branches de l'administration publique d'un pays et à ses mœurs; quand on voit dans le journal officiel de l'Empire des jugements de ce genre, le public déjà froissé par l'occupation se montre fort peu disposé à rendre justice aux qualités qui distinguent la nation française et la taxe poliment de légèreté.

J'ai désiré savoir la vérité sur ces grandes occupations du pape et j'ai eu l'heureuse chance de trouver un homme essentiellement mêlé à la vie intime des palais pontificaux; j'ai passé avec lui une matinée, et il m'a donné les détails les plus minutieux sur l'emploi de toutes les heures de la journée : le lever, la toilette, la messe dite par le pape, celle qu'il entend après la sienne, les réceptions, les audiences publiques et particulières; il m'a nommé les deux cardinaux servant de truchement entre lui et les étrangers qui n'entendent ni l'italien, ni le latin, ni le français qu'il comprend fort bien, mais qu'il prononce fort mal, les quatorze interprètes attachés au Vatican et dont l'un est appelé quand ni le pape ni les cardinaux ne comprennent le langage du visiteur; il m'a dit l'heure du dîner, la quantité de plats qui y sont servis, le nombre de domestiques et de camériers qui portent successivement les plats depuis la cuisine jusqu'à la table où le pape dîne seul, toujours seul, n'y invitant jamais ni souverain de passage, ni ministre, ni cardinal, dans la persuasion où il est de sa suprématie sur tous, sans exception; il m'a raconté ses visites, ses promenades, le temps qu'il met à la signature des indulgences et celui qu'il consacre au travail avec ses ministres.

Durant les mois d'hiver où les étrangers affluent à Rome, les audiences et la signature des indulgences occupent quelques heures; mais les audiences, loin d'être une peine, un ennui, sont au contraire pour le pape un passe-temps, une distraction; il aime à être vu sur son trône, à faire causer les visiteurs, à écouter les petits récits.

Les catholiques de tous les pays, quand ils viennent à Rome, se montrent très-friands d'indulgences plénières qui, dans leur pensée, les mettent à l'abri des peines du purgatoire et de l'enfer. Ce n'est pas de la religion, c'est du calcul, et ces vrais croyants pensent qu'avec une charte du pape qui les absout d'avance de tout ce qu'ils pourront faire, ils n'auront pas à compter avec le juge suprême.

Ils demandent donc des indulgences pour eux, pour leurs femmes, leurs enfants, leurs descendants jusqu'à la troisième génération. Il est vrai que la justice humaine, si elle a un jour à poursuivre et à punir un délit commis par un de ces indulgenciés, ne s'arrêtera pas devant le papier du pape, mais c'est là une de ces anomalies que la raison publique n'a pas encore su faire disparaître et qui rendent parfois dans l'ordre moral le gouvernement des hommes fort difficile.

Toutes les demandes d'indulgences sont écrites; il y a pour cela un formulaire adopté, et le pape lit les placets avant de donner son *fiat* et sa signature, dans la crainte d'être trompé par les demandeurs dont plusieurs ont essayé de lui voler une quatrième génération ou d'autres immunités de cette importance.

Les indulgences ne sont pas tarifées, mais la sébile de saint Pierre est toujours tendue et on lui donne son obole en reconnaissance des grandes faveurs obtenues de son successeur. Ces mois d'hiver sont aussi le temps de la moisson pour la domesticité du palais qui remet les placets et les reporte signés chez les demandeurs.

Il est arrivé parfois que des officiers français forcés par le service de changer de résidence n'ont pas attendu la remise du précieux papier, et que les indulgences dûment signées du pape sont restées dans leur ancien logement ou dans les hôtels où ils étaient descendus.

Malheur de la guerre!

Quant au travail avec les ministres, il a lieu régulièrement deux fois par semaine et dure environ une heure chaque fois. Le souverain donne donc deux heures par semaine à l'administration politique, financière, commerciale, militaire de Rome et des cinq provinces qui composent son empire. C'est à cela que se réduisent ses occupations comme roi.

En dehors de cela, j'ai vainement cherché dans la distribution des heures de la journée un moment consacré soit à des travaux, soit à des plaisirs intellectuels. Le pape ne lit pas, le pape n'écrit pas, je veux dire qu'il ne se livre pas à l'étude des graves questions qui intéressent l'humanité et occupent les grands esprits; qu'il n'écrit rien, ni sur l'histoire de son temps, ni sur celle du passé, ni sur aucun sujet politique, scientifique ou littéraire.

Quant aux arts, il ne protége que la fabrique de mosaïques, au point de vue de l'ornementation des églises; il n'achète des tableaux et des statues que pour les églises. Toutefois, il faut lui rendre cette justice, qu'il a fait quelque chose pour le Vatican, cette grande gloire de Rome, cet immense trésor, source de toutes les inspirations. Sans rechercher quel sentiment l'a guidé, il est juste de lui tenir compte de ses actes.

L'art moderne le touche peu ; j'ai constaté avec regret qu'il n'a pas daigné faire une visite à l'exposition de peinture et de sculpture ouverte ici durant les premiers mois de cette année. Dernièrement, un artiste qui habite Rome a ouvert son atelier à tous ceux qui ont voulu voir la statue de marbre d'une jeune mère de Pompeï, emportant son enfant sous une pluie de lave qui tombe sur son manteau. Cette œuvre, remarquable à beaucoup d'égards, vendue en Angleterre, sera diversement jugée ; elle a des parties fort belles et a donné à l'artiste l'occasion de faire, dans le mouvement du manteau gonflé par le vent, un tour de force dont je n'ai vu nulle part l'exemple en statuaire, exagéré peut-être, mais qui a demandé beaucoup de précision et d'habileté. Quel que soit le jugement qu'on en porte, cette œuvre a ému tout le monde artistique de Rome, a été visitée par une foule considérable, et pendant plusieurs mois a servi de texte aux conversations.

Le pape avait promis de l'aller voir, et aucun souverain n'eût manqué à cette sorte de devoir envers l'art ; les cagots qui l'entourent lui ont représenté qu'un pape ne pouvait pas voir une statue de marbre que son manteau ne voilait pas suffisamment, et il s'est abstenu. Cela permettrait de supposer qu'il ne parcourt jamais les galeries du Vatican.

Pie IX aime les petits racontages, les récits de l'intérieur des ménages, la petite chronique ; ce mot pris en bonne part. Il est curieux, il veut savoir ce qu'on fait, ce qu'on dit, ce qu'on pense, et on l'amuse par de petites histoires.

Point d'élément jeune, point de pensée artistique, point d'inspiration poétique ne vient jeter un peu d'animation, une ombre de gaieté, un parfum d'art, dans cette cour occupée de petites pratiques religieuses, d'une politique étroite, de manœuvres peu dignes. D'autres papes ont eu auprès d'eux des artistes célèbres, peintres, sculpteurs ou poëtes, qu'ils encourageaient et traitaient en amis, persuadés, avec Horace, que les arts donnent l'immortalité. Pie IX n'entend rien aux arts et n'aime pas les artistes ; il a des défenseurs, des hommes dévoués au principe qu'il représente, il a trop de vanité pour avoir un ami.

Les habitants de Castel-Gandolphe, enchantés de le voir apporter un peu de mouvement dans leur solitude, lui ont donné dimanche dernier une petite fête, et sur la petite place où s'ouvre la porte du palais, ont brûlé en son honneur un petit feu d'artifice.

Les suisses veillent seuls au Vatican, sans compter la garde noble, dont le service est tout spécial. A Castel-Gandolphe, le pape a trois gardes : les suisses, un poste français et un poste de zouaves. On ne sait à quoi attribuer ce luxe de surveillance dans un pays où le pape n'a rien à craindre de personne. Peut-être a-t-on voulu par cet appareil militaire le rassurer contre des inquiétudes secrètes.

L'amour de la représentation est le même chez lui à Castel-Gandolphe et à Rome, et, mardi dernier, il est allé faire baiser son pied à la cathédrale d'Albano, puis chez *Leurs Majestés* le roi et la reine de Naples, chez la reine-mère, toujours brouillée avec Marie Sophie, et vivant à part; enfin chez l'infante de Portugal. Quatre baise-pied en un jour! Il est probable qu'il fera une excursion à Marino, peut-être ira-t-il jusqu'à Frascati.

On lui a fait préparer deux petites embarcations qui sont aujourd'hui sur le lac; c'est une attention de l'un de ses ministres, mais il est douteux qu'il veuille s'en servir. Le lac est si profondément encaissé, qu'il faut faire de longs circuits pour descendre à son niveau; aller à pied ne lui est guère possible, il faudrait le porter dans une chaise, si pour lui la peine ne passe pas le plaisir.

Un nouvel enlèvement d'enfant vient d'avoir lieu à Rome dans le courant de juillet; un jeune apprenti appartenant à la religion juive et placé chez un ouvrier catholique, a été attiré, sous prétexte de travail, dans la demeure d'un prêtre qui l'a conduit à l'hospice des catéchumènes, où il a été enfermé.

Ses parents l'ont vainement réclamé. A leurs premières demandes, on a répondu par un mensonge, en affirmant qu'on ne savait ce qu'ils voulaient dire. Une pauvre mère toute en larmes, accablée par le désespoir, s'est traînée à la porte de cette prison baptisée du nom d'hospice, a supplié, s'est jetée aux genoux de ceux dont elle attendait justice; elle a été repoussée par ces bourreaux et n'a pu même revoir son fils.

Voilà les faits tels qu'on les raconte publiquement dans Rome. Le journal officiel du gouvernement pontifical, après dix jours de silence, a pris enfin le parti de parler, non pour nier, cela n'était plus possible, mais pour expliquer les choses à sa façon, pour affirmer que le jeune israélite a voulu, de son plein gré, embrasser le catholicisme. Selon le *journal de Rome*, cet enfant n'aurait été entraîné aux catéchumènes ni par violence, ni par surprise; il y aurait été conduit par trois personnes réunies *fortuitement* dans la boutique de l'ouvrier, et dont un prêtre faisait partie, en sorte qu'au lieu d'un voleur il y en aurait trois.

Le journal raconte une longue histoire, fort embarrassée, fort décousue, pour prouver qu'un enfant de douze ans a le droit de quitter son père, sa mère, d'abjurer sa religion, d'en embrasser une autre dont il n'avait jamais entendu parler quelques semaines auparavant; et il raconte tout cela comme la chose la plus simple du monde, et il signale comme d'affreux révolutionnaires ceux qui s'élèvent contre de pareils abus.

Chez toutes les nations civilisées, le rapt d'un enfant, quel qu'en soit le prétexte, est puni comme un crime; mais il y a en Europe un petit coin de terre où l'on brave la morale de tous les peuples, où l'on se rit des douleurs de la famille, où l'on traite de pauvres mères comme des bêtes fauves auxquelles on enlève leurs petits. Ce coin de terre, c'est Rome, et les auteurs de ces vols odieux sont des prêtres qui se disent les ministres de l'Évangile.

Laissons de côté le maître d'apprentissage, coquin du dernier ordre, abusant de la confiance des parents, vendant un enfant pour quelques écus, et faisons remonter la responsabilité de cet acte à ceux qui le couvrent de leur puissance. Ceux qui exercent toute autorité sur l'hospice où l'on enferme les enfants juifs volés à leurs parents sont, sous le titre de *visiteurs apostoliques*:

12.

Le cardinal Mattei, doyen du sacré collége, archiprêtre de la basilique du Vatican, évêque d'Ostie et Velletri, légat apostolique de Velletri et de sa province, pro-dataire du pape, et vieillard de 72 ans;

Le cardinal Cagiano, évêque de Frascati, pénitencier majeur, âgé de 67 ans;

Le cardinal Milesi-Pironi Ferretti, légat apostolique de Bologne, abbé commendataire perpétuel des Saints-Vincent-et-Anastase, âgé de 47 ans.

Il semble résulter du récit donné par le *journal de Rome* que l'un de ces dignitaires de l'Église a seul agi dans cette affaire, en qualité de président de l'institut des catéchumènes; mais la responsabilité n'en doit pas moins retomber sur ceux qui ont accepté ou le titre ou les fonctions qui leur donnent une autorité. Ainsi voilà trois prélats qui deviennent les complices d'un acte odieux en ne l'empêchant pas, en ne le réparant pas quand ils ont le pouvoir de le faire.

Parmi eux il y a deux vieillards qui ont vu bien des révolutions, auxquels le temps et l'expérience n'ont pas encore appris à respecter la liberté de conscience et les liens de la famille; il y en a un autre, le plus jeune, à qui une révolution ferme la légation dont il est titulaire, et qui ne comprend pas que les actes couverts ici de son autorité sont précisément de ceux qui amènent les révolutions.

Enfin, au-dessus de ces trois prélats, il y a le pape qui permet, qui approuve de pareils actes et s'abuse au point de penser qu'ils rehaussent la gloire de son règne.

On cherche en vain quel profit le catholicisme peut retirer de cette pression exercée sur un enfant, de l'abjuration à laquelle on va le préparer, du baptême qu'on lui donnera de gré ou de force quand il aura appris à oublier ou à mépriser sa famille juive et à maudire son Dieu, qui est aussi le Dieu des chrétiens et la première personne de la Trinité.

Il est bien évident qu'une individualité de plus parmi les millions d'individualités qui composent la famille catholique doit passer complétement inaperçue et ne saurait avoir aucune influence heureuse sur l'avenir de la religion romaine, qu'elle ne peut en augmenter ni la grandeur ni l'éclat. D'un autre côté, il est également évident qu'une individualité enlevée au culte hébraïque n'empêchera pas des millions d'hommes de rester attachés à ce culte et n'en amènera pas l'extinction.

Un enfant qui naît, un enfant qui meurt, en somme voilà tout, au point de vue de la statistique des deux cultes.

Les journaux italiens qui s'occupent de ce rapt pour le blâmer avec autant d'énergie que de justice, l'attribuent au fanatisme religieux, et cette explication paraît, de loin, assez plausible. Mais quand on a vécu à Rome quelque temps, on croit plus au calcul qu'au fanatisme des prêtres.

Il existe, à côté de la basilique de Saint-Jean de Latran, un baptistère d'une forme des plus élégantes que l'on dit, sans aucune preuve, avoir été bâti par Constantin, et qui a tout le cachet d'un temple païen. Une fois par an, le samedi saint, on verse l'eau du baptême sur la tête de quelques misérables qui se disent Turcs ou Juifs du Levant, recrutés on ne sait où, hébergés quelque temps aux néophytes et qui, après la cérémonie, gratifiés d'une petite somme d'argent, retournent d'où ils sont venus, ou se perdent dans les industries fangeuses de Rome.

La vue de ces êtres passablement dégradés inspire plus de dégoût que de dévotion; on raconte sur eux des histoires peu édifiantes; ceux qui ont la curiosité de suivre ces cérémonies prétendent avoir reconnu parmi eux des individus qu'ils avaient déjà vu baptiser quelques années auparavant, comme au théâtre on reconnaît sous des habits de paysan des comparses que l'on a vus dans un acte précédent sous des vêtements de chevalier.

C'est, dans tous les cas, une pauvre ressource; mais l'Église n'est pas fâchée de mêler de temps en temps à ces renégats sans pudeur une tête enfantine, un jeune innocent qui donne une couleur plus douce à ce tableau, et dont la vue fait pâmer de joie de vieilles bigotes étrangères qui n'ont jamais été mères ou qui l'ont oublié. Les prêtres qui parviennent à se procurer ces enfants destinés au spectacle du baptistère ont toujours quelque faute à se faire pardonner ou une faveur à obtenir.

Voilà pourquoi ils commettent ces rapts, véritables crimes qui révoltent l'humanité.

Pendant que l'on donne ici un aussi triste spectacle, le pape continue ses pérégrinations aux environs de Castel-Gandolphe ; il est allé à Marino, il a visité tour à tour les sites magnifiques d'où l'on domine les lacs d'Albano et de Némi, la vallée de l'Arricia, les coteaux de Genzano, paysages aimés des artistes, et ma foi il a bien fait d'aller respirer l'air frais de ces altitudes et de ces bois, car la chaleur est étouffante à Rome, l'air y est lourd et malsain.

Il s'est passé à Némi un fait que mon peu de science dans les matières religieuses ne me permet pas de bien apprécier et que je livre aux méditations de plus doctes que moi. Il existe à Némi un couvent de moines Observantins dont l'église jouit, paraît-il, de grands priviléges.

Aussi, après avoir entendu la messe à l'église du village, le pape a-t-il fait à celle des Observantins de Saint-François la visite pour gagner l'indulgence plénière dite de la *Portioncule*.

J'avoue ne pas comprendre comment le souverain pontife, qui distribue des indulgences jusqu'à la troisième génération à naître, se croit obligé d'en aller chercher lui-même chez des moines, à moins qu'il ne soit comme un propriétaire recevant ses revenus pour pouvoir payer ses ouvriers et faire ses largesses. Dans l'impossibilité où je suis de trancher la question, je soumets mes doutes à qui les voudra résoudre.

La visite du pape à Némi a été égayée par le spectacle de douze petites filles qui ont offert au saint-père deux corbeilles pleines de douze espèces de fruits récoltés dans ce pays renommé par ses productions.

Je voudrais bien savoir ce qu'auraient dit et surtout ce qu'auraient fait les heureuses mères de ces jeunes filles s'il était venu à quelque méchant homme l'idée d'enlever une de ces enfants pour la jeter dans une autre religion que celle de ses parents. Le village domine le lac et le ravisseur eût couru grand risque de ne pas jouir du fruit de son rapt.

Je ne sais pas si le pape, en voyant les mères de ces petites filles, souriantes et fières, s'est souvenu qu'il y avait à Rome une autre mère à laquelle un prêtre de sa milice a volé son enfant qu'elle pleure et redemande en vain, s'il a pensé qu'il pouvait d'un mot sécher les larmes de cette femme, apporter le bonheur et la joie dans la demeure veuve et désolée ; mais il n'a pas dit le mot qui pouvait tout réparer.

CHAPITRE XXXIII

L'*Infiorata* à Genzano; ancienne fête du printemps ou de Diane, dont le temple s'élevait au bord du lac de Némi. — Ravissant coup d'œil. — Excursion du pape à Genzano. — Les craintes éprouvées au Vatican se reproduisent à Castel-Gandolphe. — La triple garde. — Indisposition de M. de Mérode. — Double fête du 15 août : l'Assomption et la Saint-Napoléon. — La pointe aux canards. — Le pape s'en va à Gennazzano faire baiser son pied et voir une madone miraculeuse.

Du 7 au 16 août.

On continue à faire au pape de petites ovations aux alentours de sa résidence d'été, et Pie IX marche de fête en fête. Némi avait à peine déposé à ses pieds ses corbeilles de fruits que pour lui Genzano se couvrait de fleurs. Cela coûte bien un peu d'argent, mais bah ! L'appel aux catholiques a été entendu, on a reçu, à ce qu'on dit, quelques avances sur l'emprunt, le denier de Saint-Pierre rapporte encore de beaux écus et on dépense gaillardement. C'est bien penser, on comptera plus tard.

Genzano est une petite ville attachée au flanc méridional d'une haute colline, sur la grande route de Rome à Naples, la nouvelle voie Appienne. Sur la gauche de Genzano s'élèvent des montagnes couvertes de bois ; à la droite s'étend une large vallée plantée de vignes, ou cultivée en jardins, parée de bouquets d'arbres, vallée fraîche, fertile, renommée par ses vins blancs, trop sucrés pour nous, mais fort aimés des Romains; du même côté, dans le lointain, la mer pour horizon.

De la voie Appienne qui traverse une partie de la ville, partent des rues larges et droites qui s'élèvent par une pente assez roide jusqu'au sommet du volcan éteint depuis des milliers d'années, et dont le cratère changeant de destination enferme aujourd'hui dans ses profondeurs le gracieux lac de Némi.

Cette ville de Genzano a conservé de l'antiquité une fête dont j'ai vainement cherché l'origine. Ni à Rome, ni dans le pays même où on la célèbre, je n'ai rien pu découvrir de précis. Cette fête a été fondée sans doute en l'honneur de Flore; mais il se pourrait bien qu'elle l'eût été en l'honneur de Diane, dont le temple se mirait dans les eaux du lac.

De ce temple il ne reste pas vestige; la main de l'homme a tout détruit, la végétation luxuriante de cette contrée a tout recouvert; mais sa position est assez bien déterminée, et sur plusieurs points de la longue descente qui mène aux bords inférieurs du lac, on retrouve la vieille voie romaine avec ses grands blocs de lave, qui y conduisait, et que les éboulements de la montagne n'ont pas enfouie.

Quoi qu'il en soit de sa destination première, cette fête que l'on ne célèbre qu'à de longs intervalles est aujourd'hui consacrée à rehausser l'éclat de la procession du *Corpus Domini*, la Fête-Dieu chez nous.

Elle porte un nom charmant et qui la peint bien; elle s'appelle l'*Infiorata*, la fleurie.

Elle n'avait pas été célébrée depuis environ vingt ans, peut-être à cause de la dépense qu'elle occasionne, quand elle fut reprise au mois de mai dernier dans l'octave du *Corpus Domini*. Elle attira alors une foule immense venue des campagnes environnantes et venue de Rome par le chemin de fer de Naples. Pour ce jour-là, on ouvrit une station provisoire à la montagne de Jupiter, *monte Jove*. A la station attendaient des centaines d'omnibus, de cabriolets, de chevaux et d'ânes qui transportèrent les voyageurs à Genzano. Je n'ai jamais vu, près de Rome, une telle animation, un pareil entrain; la vallée ordinairement solitaire retentissait de bruit et de cris joyeux. L'école française de peinture y était représentée par son directeur, M. Schenetz, et par plusieurs de ses artistes; et l'ambassadeur de France, M. de Sartiges, ne dédaigna pas de s'y rendre.

Elle méritait ce concours, et l'idée que je m'en étais faite fut grandement dépassée par la réalité.

Un nombre considérable de femmes et d'enfants avaient

travaillé durant plusieurs jours à cueillir les fleurs nécessaires à la fête et à les effeuiller ; des hommes achevaient les apprêts.

Deux larges rues en pente forment un V dont la base s'appuie à la route, en sorte qu'on les embrasse toutes deux du regard en demeurant au bas. Sur le pavé de ces deux rues on avait placé des cartons couverts de dessins, et, sur ces cartons, au moyen de cadres de bois légers, on avait distribué une couche épaisse de pétales d'un million de fleurs effeuillées sous lesquels le carton disparaissait.

Les genêts que l'on trouve dans tous le pays en touffes épaisses, et les petits boutons d'or, avaient donné des jaunes d'une grande beauté ; les coquelicots offraient des tons rouges vifs et des tons roses adoucis par le mélange de pétales d'églantine ; les marguerites des prés, les clématites des haies, les pétunias sauvages, avaient fourni les nuances blanches ; les mauves-fleurs, très-communes ici, faisaient ressortir leurs couleurs délicates et un peu incertaines sur les dahlias des jardins aux tons veloutés et vigoureux ; des feuilles d'arbres et d'arbustes, habilement disposées, avaient donné toutes les nuances vertes que l'on pouvait désirer. Jamais palette d'artiste n'a réuni une aussi grande variété.

Avec cet amas immense de pétales distribués sur les cartons, on avait formé sur une largeur d'environ cinq mètres, et sur toute la longueur de deux rues, de merveilleux tapis aux couleurs éclatantes, à larges carreaux. Sur quelques points se dessinaient des oiseaux de grandeurs colossales, particulièrement le pélican traditionnel symbolisant, je crois, la charité, et l'aigle qui représente la force. Ailleurs, c'étaient les armoiries de quelque maison princière, surmontées d'un chapeau de cardinal dont les cordons et les glands tombaient gracieusement. Quelques portraits apparaissaient çà et là. Partout des arabesques couraient sur ce vaste champ, partout des dessins originaux serpentaient à travers les fleurs. Il est impossible de rien voir en ce genre de plus gracieux et de plus frais que le tapis couvrant ces deux larges rues que le regard embrassait en entier.

Un vent assez léger d'abord commença à s'élever et fit volliger quelques feuilles ; des hommes munis de petits arrosoirs répandaient un peu d'eau pour les retenir ; puis le ciel s'en mêla, et un nuage sema une petite pluie fine sur ces magnifiques tentures dont elle fit encore ressortir les couleurs chatoyantes. Nous avions eu quelques heures de ce ravissant spectacle ; la procession passa, foulant ce tapis, et à ce moment l'orage éclata avec violence ; une pluie diluvienne balaya tout ce gracieux travail et emporta sur la route ces millions de fleurs maculées.

Heureux les visiteurs qui purent regagner la station de *Monte-Jove* avant la tempête ; elle dut être terrible pour ceux qu'elle surprit dans les chemins le matin si riants!

Le *Corpus Domini* avait donc eu son *Inflorata* au mois de mai, Pie IX a voulu avoir la sienne à lui, en son honneur. Des ordres ont été donnés et, ces jours derniers, le pavé a été encore une fois paré avec la même coquetterie. Mais comme il n'eût pas été convenable de faire pour le prêtre autant que pour le dieu, on s'est borné à une seule rue. Ce n'était ni l'une ni l'autre de celles dont il vient d'être question ; l'*Inflorata* a été arrangée dans la rue qui monte au couvent des capucins chez lesquels le pape s'est rendu.

Il a été accompagné dans cette excursion par toute la cour pontificale, par *Cecilio*, c'est-à-dire le roi de Naples *in partibus*, par la jeune et malheureuse Marie-Sophie, par la reine mère et tous les membres de cette famille qui l'avaient suivi depuis Albano, leur résidence d'été. Mais ce n'était pas assez, le pape voulait que l'on répandît au loin la grande nouvelle de l'hommage dont il était l'objet, et il avait fait convoquer à la fête les représentants de toutes les puissances étrangères. Quelque singulier que cela puisse paraître, ce n'en est pas moins vrai.

Messieurs les ambassadeurs, ministres plénipotentiaires, envoyés extraordinaires, chargés d'affaires, ont pu, sur les fils du télégraphe, apprendre au monde que samedi dernier, pendant les féries d'Auguste, la *Feragosto*, comme on dit ici, sa Majesté Pie IX a daigné marcher sur un tapis de fleurs dans le bourg de Genzano.

N'allez pas croire que j'invente pour la circonstance le mot *Majesté*; il était bel et bien écrit dans une inscription latine qui s'étalait sur un arc de triomphe, et que reproduisent les deux journaux de Rome.

Vous avez sans doute vu dans le journal français *la Patrie*, une lettre écrite d'ici et qui prêtait à Garibaldi l'étrange projet de débarquer sur le territoire pontifical, de faire irruption à Albano et à Castel-Gandolphe, d'enlever le pape et le roi de Naples; j'ai voulu me rendre compte de la possibilité de l'exécution d'une semblable pensée, j'ai visité les points de débarquement, les localités à parcourir, et je suis persuadé qu'un pareil projet serait inexécutable. Cependant, cette lettre a jeté une certaine clarté sur des faits dont on était ici témoin et auxquels on ne trouvait pas d'explication plausible. Son auteur a révélé, non la pensée du général, mais les craintes réelles de l'entourage du pape.

On avait peur au Vatican; et il paraît que les transes ont été fort vives. Des employés occupant d'assez hauts grades dans la direction générale de la police ont été destitués sans motif apparent, et destitués par le pape lui-même, comme soupçonnés d'être attachés au parti garibaldien. D'un autre côté, Pie IX dont je vous ai dit les longues hésitations à s'éloigner de Rome, malgré la mal'aria et l'avis des médecins, n'a consenti à quitter le Vatican que lorsque Garibaldi a quitté lui-même Ischia, et à son arrivée à Castel-Gandolphe une triple garde y a été établie. Enfin, M. le pro-ministre des armes est allé s'installer au palais pontifical en même temps que le pape, afin de pourvoir à tout événement et d'agir au besoin avec plus de rapidité.

Depuis lors, M. de Mérode n'a pas quitté le château, et il a éprouvé la semaine dernière une indisposition assez grave, résultat, dit-on, des fatigues qu'il s'impose pour parer à un danger imaginaire. Mais sa santé ne donne plus aujourd'hui la moindre inquiétude.

Nous avons eu, le 15 août, une double fête : celle de l'Assomption de la Vierge, et celle de Saint-Napoléon. Le pouvoir pontifical, c'est-à-dire l'Église et la population de

Rome, célèbrent la première par deux soirées d'illumination, par une cérémonie religieuse qui a lieu à Sainte-Marie-Majeure. Le pape se rend ordinairement ce jour-là dans ce temple de Marie-Majeure, l'un des plus élégants que je connaisse, et après les prières il monte au balcon de la façade et donne la bénédiction à la foule attroupée autour de la belle colonne cannelée, en marbre blanc, arrachée à la basilique de Constantin et l'un des plus admirables morceaux que nous ait laissés l'antiquité.

De leur côté, l'ambassade, l'armée et l'administration françaises célèbrent la Saint-Napoléon par des décharges d'artillerie au fort Saint-Ange, par une messe qui est dite à l'église de Saint-Louis, par un concert donné le soir sur la place Colonna et par l'illumination des édifices qu'elles occupent.

Le programme de la fête française a été ponctuellement suivi, et il y a eu réception à l'ambassade. A la fête romaine le pape manquait; il n'a pas voulu venir à Rome ce jour-là, il a mieux aimé faire une excursion sur les pentes de l'Apennin, dans la direction des Abruzzes.

Peut-être, le chef d'un autre pays placé dans des conditions analogues à celles de Rome ne se serait-il pas éloigné le jour même où l'on célébrait la fête de l'empereur qui le protége, dont l'armée le soutient et auquel il doit sa couronne temporelle; peut-être eût-il à cette occasion reçu et complimenté l'ambassadeur. Je ne sais. Toujours est-il que l'absence du pape et son voyage annoncé à l'avance ont eu, aux yeux de quelques personnes, l'air d'une protestation.

Toutes les fois qu'il y a messe militaire à Saint-Louis, les officiers français se réunissent après l'office sur le parvis de l'église; là on raconte ce que l'on sait, les nouvelles vraies et les nouvelles brodées; les officiers ont baptisé pittoresquement cet endroit du nom de *Pointe aux canards*. On a beaucoup parlé sur cette pointe de la conduite de la cour pontificale.

Pie IX est donc parti le 15 de Castel-Gandolphe vers six heures du matin et s'est rendu à la station d'Albano, où la gare du chemin de fer était ornée de draperies rouges à galons d'or, pavoisée de drapeaux blancs et jaunes entremêlés au feuillage des arbustes grimpants chargés de fleurs qui tapissent si gracieusement l'embarcadère.

Il est monté avec la cour pontificale dans son beau wagon bleu historié de dorures et orné de peintures qu'on m'a dit être de Gérôme. Les personnes de sa suite ont pris place dans un wagon moins brillant, mais de très-bon goût; quelques autres suivaient, remplis d'hommes chargés de stimuler l'enthousiasme.

Le convoi s'est mis en marche et, après une petite ovation à Velletri, il est arrivé à Valmontone, l'ancienne Toleria des Latins sur la voie Labicane, ville qui fut prise et ravagée par Coriolan à la tête des Volsques et peu à peu rebâtie.

Là, le cortége papal a quitté la voie ferrée et, montant dans des voitures qui attendaient à la gare, s'est enfoncé, sous l'escorte de soldats pontificaux, dans les gorges et les vallées qui conduisent à Genazzano.

Ce voyage avait été annoncé depuis quinze jours, et la visite du pape coïncidant avec la fête de la Madone, une foule assez considérable s'était portée vers ce bourg où Pie IX se rendait pour la première fois. Là, aussi, on avait dressé des arcs de triomphe, élevé des colonnes de verdure.

A Genazzano, comme partout, il y a un couvent, et le pape y est allé faire baiser son pied; il y a en outre une église dédiée à la *Madone de bon conseil*, laquelle église a l'inappréciable avantage de posséder une image *miraculeuse* de la Vierge qui jouit d'une grande réputation dans les pays environnants et fait de temps en temps des prodiges, absolument comme celle de Vicovaro. Le pape qui ne parle ni industrie, ni agriculture, et ne savait à quoi passer son temps dans ce bourg, a fait deux visites à cette image *miraculeuse* et a donné une seconde fois son pied à baiser dans le palais Colonna. Puis, il a repris le chemin de Valmontone, et le train papal est arrivé vers six heures à la gare d'Albano d'où l'on est remonté à Castel-Gandolphe. Les détails intimes manquent encore, mais dans l'entourage du pape, on ne paraît pas émerveillé de l'accueil des habitants.

Les excursions de ce genre se succèdent rapidement et prennent une allure politique assez marquée. Il est plus aisé de faire crier *Vive le pape-roi!* dans les petites villes et dans les campagnes qu'à Rome où la foule est considérable, où les cris se confondent et se perdent dans le brouhaha général, où l'enthousiasme véritable fait défaut. Dans les bourgades, on écrit le mot *Majesté* sur les arcs de triomphe; je ne l'ai pas vu ici. Enfin on semble préparer les populations à une lutte par les excitations qu'on leur jette et les discours qu'on leur adresse.

Mais tout cela n'est qu'un vain bruit, la rumeur d'un jour, destinée à s'éteindre bientôt. Si une lutte devait éclater, la royauté papale trouverait peu de défenseurs dans les États pontificaux où elle est estimée à sa juste valeur. Une seule chose est à craindre, c'est que la présence du pape et les promesses de son entourage ne séduisent quelques paysans et ne renforcent le brigandage dans les provinces napolitaines limitrophes.

L'argent manque, dit-on, au roi de Naples pour solder les grandes bandes, et il ne serait pas fâché de trouver dans le sentiment religieux un auxiliaire qui ne coûtât rien. D'un autre côté, on ne se dissimule pas que les montagnes romaines sont infestées de bandits et on cherche à s'en débarrasser en les poussant en Italie, ce qui serait un double avantage.

Quelques personnes discutant hier du voyage du pape à Genazzano, l'une d'elles émit l'avis que l'image *miraculeuse*, afin de lui faire honneur, pourrait bien girer les yeux ou remuer les lèvres. Une autre soutint que l'image était trop bien élevée pour se permettre en un tel moment aucun acte capable de détourner l'attention et d'attirer à elle les hommages dus au souverain pontife qui lui accordait la faveur de la visiter. On saura bientôt à quoi s'en tenir à ce sujet.

Que le pape fasse dans ses États des tournées religieuses, des voyages politiques, et aille recevoir les ovations des habitants, il est complétement dans son droit de souverain qui règne par la grâce de Dieu et gouverne suivant son bon plaisir; mais que ce même pape, affichant la prétention d'être la source de toute lumière, de tout progrès, se disant à la tête de la civilisation, aille visiter une image dont les prétendus miracles regardés de près ne sont qu'une audacieuse exploitation de la crédulité publique, de l'ignorance des paysans, une négation de la raison, un outrage au bon sens, voilà ce qui ne peut se comprendre de la part d'un homme quelque peu sérieux et ne se pardonne pas au chef d'un État.

Il est des gens qui, trop éclairés pour croire à ces mensonges, ne veulent pourtant ni qu'on les empêche, ni qu'on les démasque, sous prétexte qu'ils entretiennent la foi. Je ne sais s'il est jamais permis de mentir pour soutenir quoi que ce soit, et de propager sciemment des erreurs dans un but religieux; mais je sais bien que les mystères de la Madone aux yeux girants de Vicovaro, dernièrement révélés dans des querelles soulevées par ceux qui se disputaient les bénéfices de cette affaire, sont plus propres à déconsidérer la religion qu'à maintenir la foi.

Mais c'est en vain que l'on parlerait ce langage à Rome; les hommes placés ici à la tête de l'Église sont au moral des vieillards sur qui pèserait le poids de plusieurs siècles, qui n'ont ni l'appréciation des temps actuels, ni aucune élévation dans la pensée. Ils vivent dans le passé sans s'apercevoir que tout progresse autour d'eux, même la raison qu'ils s'efforcent d'obscurcir.

CHAPITRE XXXIV

Émotion causée à Rome par la nouvelle du voyage de MM. Menabrea et Pepoli à Paris. — Deux partis dans le gouvernement pontifical. — La Sainte-Alliance. — Un article de l'*Osservatore romano*. — Plaintes de M. de Sartiges. — Le roi d'Espagne. — Bruits de conclave et d'abdication. — Erreur de ceux qui les propagent. — Indisposition du pape; elle n'a pas de suites. — Visites à Genzano, à Marino, magnifique route. — Vue sur la mer; escadrilles italiennes. — Bois Ferentinus. — Souvenirs de Tarquin. — Source de Turnus Herdonius. — Triste état de Marino. — M. de Sartiges et le cardinal Antonelli à propos du jeune Coën. — Ce n'est pas sur ce cardinal que doit retomber la responsabilité du rapt.

Du 17 au 31 août.

Les nouvelles relatives au voyage de MM. Menabrea et Pepoli en France, aux entretiens que ces messieurs ont eus avec l'empereur Napoléon, et les commentaires des journaux sur le plus au moins de réalité des promesses faites ou des espérances données, ont jeté ici une assez vive animation dans les esprits.

Un rayon de soleil qui vient tout à coup éclairer un cachot obscur, des barreaux de fer qui se détachent, une porte qui s'ébranle, n'apportent pas plus de joie au cœur des prisonniers.

C'est un susurrement général, comme à la veille d'un grand événement. On discute les conditions que l'on dit être mises par l'empereur à l'évacuation de Rome, et comme des naufragés s'accrochent à toutes les branches, les Romains accepteraient tout pour achever l'unité de l'Italie. Si cette espérance devait être encore une fois trompée, la douleur serait égale à la grandeur de l'espérance.

On sait qu'il y a dans le gouvernement pontifical deux partis bien tranchés, l'un qui désire le *statu quo*, la continuation de l'occupation française, l'autre qui verrait avec plaisir la retraite des Français, mais à la condition de les remplacer par d'autres soldats étrangers. Cela n'est pas nouveau.

Les rumeurs qui couraient il y a peu de temps sur la formation d'une Sainte-Alliance entre les trois puissances du Nord firent bondir de joie ce dernier parti, et son fougueux organe, l'*Osservatore romano*, publia à ce sujet un chant de triomphe dirigé contre la France. On a dit que le directeur de cette feuille avait été mandé et fortement tancé pour cet article, mais on n'a pas dit que cette réprimande était une concession faite à M. de Sartiges qui s'était plaint très-fort du ton de ce journal. On a tancé le directeur tout haut et on l'a félicité tout bas, et cela est d'autant plus facile à comprendre que les articles politiques de l'*Osservatore* ont souvent un caractère semi-officiel, et émanent parfois des membres mêmes du gouvernement.

Ce parti aujourd'hui triomphant ne s'abuse plus sur l'appui que peuvent lui donner l'armée pontificale et les zouaves; il a dû renoncer à cette illusion de la papauté se maintenant par ses seules forces, et il tourne ses regards vers l'Autriche et l'Espagne. Connait-il les motifs qui ont conduit le roi d'Espagne à Paris? Je l'ignore; fait-il des efforts pour attacher plus fortement encore l'Espagne à sa cause? Cela n'est pas douteux, et le voyage du roi est exploité ici par la parti clérical ultra qui manifeste l'espérance de voir les Espagnols remplacer les Français.

On ne s'exprime qu'avec réserve et à demi-mot, mais enfin on laisse entendre que la question romaine sera discutée, et le maintien d'une situation analogue à celle d'aujourd'hui vivement défendu par le roi d'Espagne, dans les conversations qu'il aura avec l'empereur.

Quant au conclave dont parlent quelques journaux ou correspondants français, et que suivrait l'abdication du pape, je crois pouvoir dire qu'il n'en est pas question ici dans les sphères gouvernementales.

Il y a bien longtemps que ce bruit de conclave est répandu et accepté par des hommes que leurs relations devraient mettre en garde à ce sujet. L'année dernière, déjà, on trouvait des personnes affirmant qu'un conclave avait été secrètement tenu et que le successeur de Pie IX était nommé; je l'ai entendu dire, depuis, très-fréquemment, mais j'ai pu m'apercevoir que plusieurs des personnes qui soutenaient naguère que le nouveau pape était choisi, sont précisément de celles qui parlent aujourd'hui d'un conclave devant se réunir en septembre prochain.

On a pu songer à une mesure de ce genre quand le pape était gravement malade; maintenant qu'il se porte mieux, il ne voudrait certainement pas en entendre parler.

Ceux qui prêtent à Pie IX une pensée d'abdication me semblent méconnaître complétement son caractère. Il faudrait qu'un changement radical s'opérât dans ses idées pour qu'il pût songer à descendre du trône. Il aime le pouvoir pour le pouvoir; il aime l'éclat, la pompe, la dépense; il fera de nouveaux emprunts à tout prix, il grèvera les finances déjà obérées; s'il vit assez longtemps pour cela, il engagera à l'avance le denier de Saint-Pierre, mais il n'abdiquera pas. Je suis persuadé qu'en ce moment il regarderait comme fou celui qui, appartenant à sa cour, exerçant une fonction quelconque dépendant de lui, oserait lui parler d'abdication. Mais personne n'aura cette audace.

Pendant qu'on lui prête un projet si loin de sa pensée, il va de village en village, en vrai triomphateur; il n'entend pas les plaintes des municipalités que ses visites forcent à s'imposer des dépenses disproportionnées à leurs ressources; il entend seulement les moines qui le flattent, parce qu'il leur donne des chasubles, des ciboires, des colliers enrichis de diamants pour leurs madones; et il semble oublier que les paysans lui faisant cortège, si la gendarmerie n'était pas là, voleraient le pape comme ils volent les courriers pontificaux quand ils en trouvent l'occasion.

On ne songe pas à abdiquer au milieu des *Vivat*, des cris de joie, des fleurs qui tapissent les rues et des fumées de l'encens qui l'empêchent de voir au delà de son petit cercle.

Le pape a éprouvé dimanche 21 une rechute, au moment où ses fréquentes pérégrinations faisaient croire à un complet rétablissement. On l'attribue à une promenade faite à pied dans les environs d'Albano.

Dimanche, dans l'après-midi, la nouvelle fut mandée aux ministres, et plusieurs d'entre eux se rendirent immédiatement à Castel-Gandolphe dans leurs propres voitures, l'heure du dernier convoi du chemin de fer étant passée.

Le lundi soir, l'indisposition avait pris un caractère plus grave, on le croit du moins, car le médecin de service n'osant plus agir seul, on manda un autre médecin ordinaire du pape, M. Viale, Corse de nation et frère de feu l'archevêque de Bologne. Le docteur est parti dans la soirée et a passé la nuit au château.

Mais l'indisposition du pape ne s'est pas prolongée; la fièvre qui avait alarmé son entourage a disparu aussi brusquement qu'elle s'était déclarée, et Pie IX qui tient toujours à paraître bien portant a repris ses excursions dans les environs de sa résidence.

Cette prompte guérison a persuadé à quelques personnes qu'il n'avait pas été un instant malade, mais c'est là une erreur, et le docteur Viale a été appelé dans un moment de crainte, exagérée sans doute, mais réelle.

Le pape est donc revenu à ses habitudes; il a fait de courtes visites à Genzano et à Marino où il n'a donné son pied à baiser à personne, ce qui a laissé présumer qu'il était encore un peu faible.

Pour se rendre de Castel-Gandolphe à Marino, on parcourt une route en pente dont la partie supérieure couronne un mamelon assez élevé; de tous côtés, la vue est magnifique. A gauche, le regard s'étend sur la campagne romaine, triste, nue, et toujours attachante, jusqu'à la mer où le soleil trace une zone blanche et brillante sur laquelle on voit passer les vapeurs qui longent la côte et parfois aussi les escadrilles italiennes, comme cela est arrivé dernièrement devant les bains de Palo. Une embarcation se détacha d'un navire et aborda au rivage, demandant à faire de l'eau; tous les baigneurs accoururent et quelques-uns serrèrent la main des matelots. Le cardinal Antonelli qui prenait les bains trois fois par semaine ne s'y trouvait pas en ce moment, et c'est fâcheux, il aurait pu voir rayonner la joie et l'espérance sur tous les visages.

En dehors de la zone étincelante et d'un ravissant effet, on ne distingue plus dans l'infini qu'une masse d'un vert noirâtre couverte d'une légère brume qui rehausse encore l'éclat de la bande lumineuse.

A droite de la route sont le lac d'Albano dont l'œil embrasse les contours, puis les champs, les bois, les rochers où s'éleva autrefois la ville d'Albe, dont il ne reste, hélas ! pas une pierre, pas un vestige; au-dessus, Rocca di Papa fantastiquement clouée aux flancs abrupts d'une montagne; à côté, le pic du Mons Albanus, aujourd'hui Monte Cavo, que l'on dit être le cratère d'un volcan éteint depuis des milliers d'années, et dont les profondeurs creusées par l'industrie servent maintenant de réservoirs aux neiges avec lesquelles on fait les *gelati* consommés à Rome et dans les environs. Les entrailles du mont Albain, après avoir vomi le feu, seraient passées à l'état de glacière.

Mais il faut toujours ici se tenir en garde contre les itinéraires et les guides qui voient un volcan sur tous les pics et un cratère dans tous les lacs. Si le mont Albain avait été un volcan et avait jeté sa lave sur la voie Appia jusque auprès du tombeau de Cécilia Métella, comme on le dit, le premier effet de ces flots de lave eût été de combler le lac d'Albano placé au pied du pic, précisément sur la route que cette lave aurait suivie. Attendons que la science confirme ou démente les légendes et que notre ignorance ne nous empêche pas de jouir de la magnificence du tableau.

Bientôt ce grandiose spectacle s'amoindrit, chaque pas laisse en arrière un morceau du décor, ou en change l'aspect, puis le chemin s'abaisse graduellement, la campagne romaine et la mer ont disparu, on côtoie le lac sans le voir, la route serpente à travers un vaste bois, surplombée à droite par la colline qu'elle coupe en deux et dont les arbres séculaires la couvrent de leur feuillage toujours verdoyant et sombre, dominant à gauche l'autre portion de la colline.

Nous sommes ici en plein paganisme, en pleine histoire, c'est le bois Ferentinus que nous traversons. Les souvenirs politiques, militaires et religieux qu'il rappelle, la solitude, la majestueuse élévation des arbres qui étendent leurs longues branches au-dessus de vos têtes, l'ombre qu'ils projettent, tout concourt à donner à ce paysage un attrait puissant.

Au fond de la vallée est la source où Tarquin le Superbe fit noyer un député de la ville de l'Ariccia, Turnus Herdonius, qui avait dévoilé et combattu ses projets devant l'assemblée des Latins; il y a de cela vingt-quatre siècles.

Le bois était consacré à la déesse Ferentina, la plus ancienne madone de l'Italie, et les peuples du Latium y tenaient leurs assemblées nationales. Du temple de la déesse, de l'édifice où les députés se réunissaient et délibéraient, de leur tribune aux harangues, s'ils parlaient en plein air, on ne retrouve plus rien, la main des hommes a tout brisé, la végétation a tout couvert; temple, palais, portiques, tout a disparu, et l'on en cherche vainement la trace. Seule, cette source non tarie redit le crime commis contre un défenseur de l'indépendance de son pays.

Pour frapper Herdonius, il fallait inventer une conspiration dont il aurait été le chef; un esclave gagné par Tarquin porta durant la nuit une grande quantité d'armes dans la maison de son maître, et cela suffit à des juges improvisés qui se formèrent en tribunal. La tyrannie achetant un esclave pour frapper la liberté! Sombre histoire souvent répétée depuis.

Toutes les fois que j'ai traversé la vallée, je me suis arrêté devant cette source qui inspire de tristes réflexions et éveille d'amers souvenirs.

On monte du ravin par une rampe nouvelle qui contourne l'ancienne route, et l'on débouche sur l'un des flancs de Marino. Du plateau qui termine la rampe on revoit la mer, la campagne romaine et le bois que l'on vient de traverser. La ville est bâtie sur une colline étroite, longue, haute, d'une pente assez roide, et surplombant deux ravins.

La rue principale est belle, propre, large, coupée par deux places d'où la vue s'étend sur un vaste horizon. Le pape n'a parcouru que celle-là pour se rendre à la cathédrale. Il est fâcheux qu'après sa courte station à l'église, il n'ait pas eu la curiosité de visiter l'intérieur de la cité ; il aurait vu, au milieu d'une campagne accidentée de sites magnifiques, la ville la plus malpropre de ses États. Il n'y a que quelques quartiers de Rome qui puissent, sous ce rapport, rivaliser avec Marino.

On ne saurait se faire une idée de ces amas d'immondices au travers desquelles il faut passer forcément, de ces maisons noires, de l'état de certaines rues qui semblent n'être jamais balayées que par la pluie.

Une partie de la ville est bâtie sur un rocher qui surplombe le gouffre où coule le ruisseau de Turnus, je me sers de ce nom, ignorant l'autre ; elle n'a pas besoin d'être pavée, car le roc en forme le sol. Eh bien ! cette partie où la propreté serait si facile est d'un aspect repoussant. De tous côtés on est frappé par une odeur nauséabonde, par des miasmes malsains.

Le pape ne peut pas tout voir, personne ne le conteste ; mais enfin quand on est roi, quand on exerce le pouvoir temporel, il ne serait pas mal de s'enquérir du sort de ses sujets, de la cause des maladies qui les déciment, surtout quand ils sont si voisins qu'on peut les visiter souvent. Il est facile de donner des instructions aux syndics, aux gouverneurs, de confier à des fonctionnaires sérieux le soin de veiller à l'hygiène publique.

Quand le pape fait une excursion, les gendarmes le précèdent, portant des drapeaux qu'ils remettent à des enfants, à des individus chargés de les agiter en avant et autour de sa voiture ; ils distribuent également aux habitants des draperies destinées à parer les fenêtres sur le parcours.

On organise de la sorte une route brillante, toute pleine d'acclamations, et la cour pontificale passe radieuse près d'affreux cloaques viciant l'air et engendrant ces fièvres que l'on a tant de peine à guérir.

Pourquoi ces mêmes gendarmes qui ont la mission de faire naître l'enthousiasme n'auraient-ils pas aussi celle d'inspecter les rues par lesquelles le pape ne passe pas ? Ce serait un vrai service rendu au pays si on pouvait l'amener à comprendre les avantages de la propreté.

Mais qui songe à cela ! On va visiter les madones, les images miraculeuses, — et Marino a aussi la sienne, — afin d'attirer les offrandes au sanctuaire, de grossir le denier de Saint-Pierre, et le pouvoir temporel auquel on se cramponne avec tant de ténacité, on ne l'exerce guère dans l'intérêt des populations.

Avant-hier dimanche, il y avait fête au château du pape. Cette demeure si paisible, si abandonnée d'ordinaire, était pleine d'animation et de mouvement ; les visiteurs affluaient, la musique d'un régiment français jouait ses plus beaux airs sur la place, et plusieurs fenêtres de la façade étaient occupées par des dames et des jeunes filles fort jolies, ma foi !

J'ai vu dans un journal que l'on faisait retomber sur le cardinal Antonelli l'odieux de l'enlèvement du jeune Coën et qu'on lui prêtait à cet égard les idées les plus intolérantes. Je crois qu'il y a là une appréciation erronée des faits. L'ambassadeur de France, pour faire connaître à la cour de Rome l'impression que ce rapt avait produite à Paris, ne pouvait s'adresser qu'au ministre secrétaire d'État, mais celui-ci ne pouvait à son tour que lui transmettre la décision, la volonté de son souverain.

L'odieux de cette affaire, au point où elle en est, retombe aujourd'hui plus particulièrement sur trois hommes : le cardinal Cagiano, évêque de Frascati, visiteur apostolique et directeur réel des catéchumènes, qui, le premier, a interrogé l'enfant et approuvé le rapt ; le cardinal-vicaire, M. Patrizi, dans les attributions duquel se trouve cette affaire, esprit étroit, qui n'a pas hésité un moment à enlever un enfant à sa mère plutôt que de donner tort à un cardinal ; enfin, il faut bien le dire, le pape qui s'est fait amener Coën à Castel-Gandolphe, l'a interrogé, et lui a refusé le bonheur de rentrer dans sa famille.

Malheureusement, le gouvernement français en couvrant de sa protection ceux qui commettent de pareils actes, en porte aux yeux des Romains toute la responsabilité ; j'ai entendu, chaque fois que devant moi on a parlé de cette affaire, des citoyens de Rome s'écrier avec douleur : C'est la France qui le permet, c'est la France qui l'autorise, qu'elle retire son armée, et l'on ne commettra plus ces odieuses violations des lois les plus sacrées de la nature et de l'humanité.

CHAPITRE XXXV

Industries romaines. — Pourquoi la production de la soie a diminué. — Soieries. — Quantité de soie consommée. — Moulinages. — Leur état. — Tissus fabriqués à Rome ; leur beauté, leur poids, leur destination. — Robes. — Echarpes romaines. — Echarpes orientales. — Journée des ouvriers. — Prix des diverses manipulations. — Prix des étoffes. — L'ouvrier tisseur repousse les améliorations. — Teintureries. — Perles fausses. — Faux corail.

1ᵉʳ septembre.

Au milieu du tableau des événements que je retrace jour à jour, au fur et à mesure qu'ils se déroulent sous mes yeux, le lecteur ne sera peut-être pas fâché de trouver des renseignements exacts sur quelques-unes des industries actuelles de Rome.

Parmi ces industries, celle des soieries mérite une attention spéciale par la beauté exceptionnelle de quelques-uns de ses produits fort peu connus à l'étranger, et dont la consommation serait peut-être restreinte aux seuls États de l'Église, si elle n'eût été favorisée par les dames qui, venant à Rome passer l'hiver, ont voulu en emporter les produits, comme rareté ou comme souvenir de leur voyage, et les ont fait apprécier au dehors.

L'éducation des vers à soie, qui est une source de richesse pour le Piémont, la Lombardie, la Toscane, et pour d'autres provinces de l'Italie, n'a plus aujourd'hui aucune importance dans la campagne romaine, quoique le mûrier y vienne fort bien et soit assez abondant sur les points cultivés qui l'entourent.

La non-résidence des grands propriétaires sur leurs domaines, l'absence de bâtiments d'habitation, la rareté des fermes, expliquent le manque de toute magnanerie. L'élevage du bombix a été complétement abandonné aux paysans, ou vignerons, qui, tout en faisant de très-petites éducations, étaient cependant parvenus à obtenir une quantité de soie suffisant à la consommation des fabriques de Rome.

Mais depuis environ six ans la maladie des vers à soie s'est développée dans cette campagne romaine déjà si cruellement maltraitée par la mal'aria, et la majeure partie des éducateurs, obligés d'acheter de la graine à un prix élevé, et ne retirant pas de leur récolte un bénéfice suffisant pour compenser leurs dépenses et payer leur travail, ont peu à peu abandonné cette industrie. La production a donc, depuis cette époque, constamment diminué ; elle a laissé mourir d'inanition deux moulinages créés aux environs de Rome, et elle en est arrivée aujourd'hui à ce point que trois tirages de soie existant encore dans cette ville et réunissant dans leur ensemble seulement vingt bassines, trouvent à peine assez de cocons pour les alimenter pendant quarante jours par année.

Cet abandon du ver à soie n'a pas eu lieu dans les autres parties des États romains ; ainsi, dans les montagnes qui enveloppent la campagne de Rome et spécialement dans la Comarque et la Sabine, soit que la maladie n'ait pas sévi, soit qu'elle ait été moins générale, l'éducation du bombix est beaucoup plus étendue et donne d'assez bons résultats. Malheureusement il n'existe pas à Rome de marché spécial pour les cocons, comme il y en a dans toutes les principales villes d'Italie, et au lieu d'apporter leurs récoltes dans la capitale où ils en tireraient certainement meilleur parti, les éducateurs les vendent à des spéculateurs qui parcourent régulièrement chaque année les lieux de production et achètent à des prix souvent inférieurs à la valeur réelle.

Ces spéculateurs envoient les cocons ainsi réunis parfois dans les filatures étrangères, mais le plus souvent ils les dirigent dès le début de la campagne sur les marchés où les prix moins variables et promptement fixés, en raison de l'offre et de la demande, leur servent à baser les opérations ultérieures qu'ils pourront faire. Beaucoup de ces cocons sont envoyés dans les filatures de Lombardie.

La quantité de soie consommée à Rome peut être évaluée à environ 5,000 kilogrammes, de qualités diverses. Les fabriques de tissus de différents genres en emploient la moitié; le reste sert aux travaux des fabriques de bas, de passementerie, de rubans unis, de cordonnets, franges, etc. Mais comme la campagne de Rome ne fournit pas ce chiffre, les fabricants tirent les quantités complémentaires nécessaires à leur industrie de l'Ombrie et des Marches s'il s'agit de soies fines, et des provinces de Marittima et Campana s'il s'agit de qualités ordinaires.

Il existe à Rome, au Conservatoire caméral, sur les pentes du Janicule, un seul moulinage qui date du siècle dernier, mis en mouvement par un moteur hydraulique d'un ancien système. Il ne fait pas de bons organsins, et il ne saurait suffire à la consommation. Les fabricants romains, qui emploient des soies fines, sont obligés de les envoyer en Lombardie pour les faire monter soit en organsins, soit en trames, et au besoin d'en acheter en Lombardie de toutes montées. Dans les deux cas, le prix du transport double ou simple augmente le prix de revient.

Pour les qualités ordinaires employées dans les tissus les plus courants ou à d'autres travaux, elles sont en partie montées à Rome dans trois petites filatures à bras qui n'ont qu'une très-médiocre importance.

On fabriquait autrefois, à Rome, des velours, des damas, des étoffes pour tentures et toutes sortes de soieries; mais les industriels romains, cramponnés à la routine, ont repoussé les méthodes nouvelles adoptées à l'étranger, et leurs tissus ne peuvent pas soutenir la concurrence avec les produits similaires importés du dehors, sous le rapport du prix. Aussi, la fabrication des articles indiqués plus haut est-elle aujourd'hui réduite à peu de chose; elle est généralement restreinte aux objets à l'usage de la cour pontificale, aux ornements d'église, aux vêtements des personnages les plus élevés du clergé et du petit nombre de consommateurs qui, sans regarder au prix, désirent avoir des tissus de grande durée.

Et ici il est juste de faire remarquer que la fabrique romaine confectionne des étoffes faites de soies excellentes et pures de tout mélange.

La diminution de la vente des articles indiqués ci-dessus a poussé les fabricants à créer un autre produit de soie, et ils ont inventé ce qu'on appelle les *écharpes romaines*; ils les ont à peu près copiées de l'ancien costume des *popolani*, hommes du peuple que l'on appelle les *Minenti*, et plus spécialement du costume des Transtévérins qui les portent encore aujourd'hui en ceinture.

Ce tissu de soie pure, sans aucun apprêt, très-fort et très-beau, brille par la variété des couleurs toutes solides et par leur habile distribution. On ne se borne pas à en faire des ceintures, on en fabrique pour robes, grands châles carrés, tabliers, cravates, écharpes de cou et ruban; depuis trente ans la vogue est à ce tissu, et il est recherché par les dames étrangères qui viennent durant l'hiver chercher le soleil de Rome.

On fait encore pour robes, châles, tabliers, burnous, etc., un autre tissu à filets (liteaux), tout en soie, ou mélangé d'or, d'une qualité peut-être supérieure à celle des tissus orientaux, et certainement d'une plus grande beauté.

La fabrication totale des susdits articles occupe environ cent métiers qui, travaillant toute l'année, produisent une valeur approximative de 50,000 écus romains, soit 2,675,000 fr. en objets manufacturés. Le prix de revient peut être évalué comme suit : deux tiers pour la matière première, un tiers pour les diverses manutentions.

De ces articles manufacturés, le quart environ est consommé à l'intérieur ; les autres trois quarts sont exportés, soit directement par commission pour Londres, Manchester, Malte, Florence, Livourne et Paris, soit par les étrangers qui en font eux-mêmes l'acquisition dans les magasins de Rome.

Les autres métiers pour bas, passementerie, rubans et autres petits objets sont au nombre d'environ cinquante; leurs produits sont livrés entièrement à la consommation intérieure.

Le prix des soies fines est à Rome le même que sur les autres places d'Italie; celui des soies ordinaires est de 20 à 25 p. 100 au-dessous.

Pour faire monter les soies en trames, on paye au moulinier 40 baïoques (2 fr. 14 c.) la livre romaine de 12 onces (339 grammes).

Pour la faire monter en organsin, 60 baïoques (3 fr. 21 c.); plus les frais de transport pour celles que l'on envoie travailler au dehors.

Le décreusage des soies leur fait perdre, pour celles qui sont teintes en couleurs, 25 p. 100 de leur poids; pour celles qui sont teintes en noir, 10 p. 100. Les prix de la teinture varient naturellement suivant les couleurs.

L'ourdissage des soies se paye 25 baïoques (1 fr. 33 c.) la livre romaine, en qualités fines; 20 baïoques (1 fr. 07 c.), en qualités courantes, soit pour les organsins, soit pour les trames.

Les étoffes pour robes, à fond armures, sont très-fortes et très-souples; on emploie 1 kilogr. 40 gram. de soie pour une robe de 12 mètres sur 1 mètre de largeur; ces étoffes se vendent 3 scudi le mètre (16 fr. 5 c.).

Les belles étoffes unies appelées *Nobilta romana* se payent 32 paoli la canne. Le paolo vaut 10 baïoques et la canne des marchands équivaut à 1 mèt. 99 centim., ce qui fait environ 8 fr. 50 c. le mètre.

La façon se paye, pour celles-ci, 2 fr. la canne.

Les ouvriers qui tissent toutes ces étoffes sont des deux sexes, mais les femmes sont en majorité. En travaillant douze heures par jour, celles qui font les ouvrages inférieurs ou simples peuvent gagner de 20 à 30 baïoques; celles qui font les ouvrages moyens de 30 à 40 baïoques. Les hommes qui tissent les ouvrages les plus beaux et les plus fatigants gagnent de 60 à 80 baïoques par jour.

J'ai pu constater dans de fort beaux ateliers, très-bien tenus, combien l'ouvrier romain était attaché aux vieilles habitudes et opposé à ce qui pourrait améliorer les conditions de son travail. Depuis longtemps, en France et ailleurs, les métiers de tissage sont organisés de telle sorte que la partie supérieure du battant qui opère la réduction de l'étoffe, après le passage du fil de trame, ne change pas de place et ne fatigue pas l'ouvrier, qui, au moyen d'une cheville, fait tourner le rouleau de devant sur lequel s'enroule l'étoffe fabriquée.

Dans le métier romain, au contraire, la partie supérieure du battant repose de chaque côté sur une crémaillère, et l'ouvrier le pousse de temps en temps d'un cran à un autre. Peu à peu, le champ du tissage s'éloigne de lui, ses bras s'allongent, son dos se courbe, sa poitrine s'efface, jusqu'à ce que, ne pouvant plus lancer la navette, il s'arrête, délie les engins qui tiennent la chaîne tendue, enroule l'étoffe et ramène le battant en arrière.

Je ne compte pas la perte de temps qui doit résulter de ce mode de travail, mais cette tension des bras et du dos, cet effacement de la poitrine faisaient mal à voir; je me hasardai à dire à quelques ouvriers que dans d'autres pays on travaillait autrement, à leur indiquer la différence et à parler de leur santé qui devait promptement s'altérer dans ce mode de fabrication. Quelques-uns ne daignèrent pas me répondre, d'autres me dirent tranquillement : « C'est la coutume, nous y sommes habitués. »

Je me tournai vers le fabricant qui m'avait amené dans ses ateliers.

— Ces hommes et ces femmes, lui dis-je en français, sont inévitablement destinés à devenir phthisiques s'ils continuent longtemps à travailler ainsi.

— Que voulez-vous? me répondit-il, j'ai tout fait pour les amener à changer de méthode, je n'ai pas pu y parvenir. J'ai vu en France et en Angleterre fonctionner les métiers de soieries, j'en ai fait monter de semblables, je n'ai pas trouvé un seul ouvrier qui voulût essayer de s'en servir; il m'a fallu revenir forcément aux vieux usages.

Il y a à Rome deux ateliers où l'on teint les soies en fil, et ils suffisent à toute la fabrication romaine. J'ignore si les hommes qui les dirigent ont de profondes connaissances chimiques, mais je peux constater que leurs couleurs sont belles, solides et variées. On dit qu'ils tirent de l'étranger les préparations qu'ils emploient, cela est possible; mais, dans tous les cas, ils savent bien s'en servir.

Il y a à Rome quatre fabriques de perles artificielles. Le centre est en albâtre, ce qui les rend plus solides que celles qui sont faites d'autres matières; la préparation qui en couvre la surface les rend semblables aux perles véritables, de manière à défier l'œil le plus exercé. On imite également le corail et quelques pierreries dont on fait des parures. Quelque perfection qu'aient acquise ces diverses fabrications, elles n'ont pas, sous le rapport commercial, une grande importance.

CHAPITRE XXXVI

Entraves mises à la circulation des Romains. — Difficulté d'obtenir un passeport; le billet de communion; les certificats. — Les bains de Palo. — Départ de M. de Mérode. — Bruits sur son voyage. — M. le général de Lamoricière. — Mort du cardinal Bedini, à Viterbe.

Du 2 au 12 septembre.

Le gouvernement romain est bien la borne placée en travers du chemin de tout progrès afin d'en arrêter la marche, et qui n'est poussée en avant ou rejetée de côté que par la force.

Rome sollicite les étrangers au nom des arts, au nom de l'histoire, au nom de la religion, et le jour où la vapeur, abrégeant la longueur du voyage, vient centupler le nombre des visiteurs et ajouter les curieux aux pèlerins et aux artistes, le pouvoir est saisi d'épouvante et entasse entraves sur entraves pour en repousser le flot.

Deux partis entrent en lutte : l'un veut suivre le mouvement de la civilisation, l'autre s'oppose de toutes ses forces à l'établissement des chemins de fer, dans la conviction que l'immobilité est la condition d'existence du gouvernement; il redoute le contact des Romains avec ceux qui apportent les idées de l'extérieur, avec ceux qui comparent les lois, les institutions des diverses contrées qu'ils parcourent, et quand il cède à la pression morale des intérêts en souffrance, Rome présente cette anomalie, cette contradiction, d'un pouvoir qui garantit un minimum d'intérêt aux compagnies et qui s'obstine à fermer les portes à la locomotive, à laisser les gares hors des murailles, loin du centre de la cité. Il y a un an à peine qu'on a renoncé à une résistance inintelligente et vexatoire.

Mais si les étrangers ont pu circuler avec plus de facilité, moins heureux, les Romains n'ont rien gagné à ce régime nouveau. La vapeur, abaissant les barrières, passant à travers les lignes de douane, a supprimé le passe-port dans une partie de l'Europe, où un fil télégraphique sert les agents de la justice mieux qu'un vain papier ; à Rome, non-seulement on maintient cette institution inutile, mais on entoure de difficultés nouvelles l'obtention de ce passe-port, comme si le Romain ne devait point avoir d'affaires au dehors, comme s'il ne sortait que pour aller chercher le mot d'ordre d'une conspiration contre le gouvernement.

Les démarches à faire pour obtenir un passe-port à l'extérieur sont longues, pénibles, blessent la dignité de l'homme, la liberté de conscience, la chose du monde la moins respectée ici. Celui qui veut voyager doit d'abord s'adresser au curé de sa paroisse, autorité réelle, redoutable, disposant du bras séculier. A ce curé il faut demander un certificat constatant que, sous le rapport religieux, rien ne s'oppose à la délivrance du passe-port, c'est-à-dire que le demandeur a fait ses pâques, ou du moins a présenté un billet de communion. Vous vous récrierez en vain, vous invoquerez en vain votre droit d'être seul juge en pareille matière, le curé romain vous dénie ce droit, il parle au nom de l'Église, souveraine temporelle, et le certificat est à ce prix. Ce billet de communion n'est pas seulement une nécessité pour celui qui veut sortir des États du pape, il est une des conditions de la liberté pour tout Romain, et le curé va chaque année à domicile le réclamer impérieusement. Celui qui ne veut pas le représenter peut, d'un moment à l'autre, être saisi par deux carabiniers qui le conduiront dans une prison, où il demeurera jusqu'à ce que la lassitude de la captivité le contraigne à l'obéissance.

Toute violence amène le mensonge, la supercherie, et pour échapper au danger, on achète des billets de communion, dont le trafic, presque public, est une des ressources de certaines familles nombreuses dont les membres vont communier chaque jour dans plusieurs églises pendant le temps de Pâques. Des sacristains font eux-mêmes ce commerce pour n'en pas laisser le bénéfice à des intrus.

Des hommes qui répugnent à acheter le billet qu'ils sont forcés de remettre au curé n'hésitent point à communier sans confession.

Revenons aux passe-ports. En règle avec l'autorité ecclésiastique et muni du certificat du curé, le voyageur le porte au président du *Rione* ou quartier qu'il habite, et lui demande un certificat de bonnes vie et mœurs. Ce magistrat, sorte de commissaire de police, a le droit de scruter les actes de votre vie intime et vos affaires commerciales, si vous êtes commerçant.

Ce second certificat obtenu, le voyageur fait par écrit la demande d'un passe-port et va déposer les trois pièces dans les bureaux du directeur général de la police, où il doit lui être délivré un troisième certificat constatant que, sous le rapport politique, rien ne s'oppose à son départ.

Mais, avant de rédiger cette pièce, on lui fait subir un interrogatoire. — Où allez-vous? Pourquoi y allez-vous? Le but que vous indiquez est-il bien réellement celui de votre voyage? Combien de temps votre absence durera-t-elle? — Si vous allez dans le royaume de Naples, ou à Turin, ou à Rieti, on vous avertit paternellement que vous y serez surveillé par des agents romains, et que si vous vous mettez en rapport avec des ennemis de Rome, on ne vous permettra pas d'y rentrer. Si l'une de vos réponses ne paraît pas satisfaisante, si vous êtes noté comme ayant des idées libérales, on vous refuse le certificat, partant le passe-port, ou bien encore on consent à vous le donner, on vous l'offre, à la condition que vous ne reviendrez pas. C'est l'exil ou l'internement; choisissez.

Vous avez surmonté ces diverses épreuves, alors toutes les pièces sont envoyées aux bureaux du secrétaire d'État, où le passe-port est enfin signé; il est de là remis à la police, où vous allez le recevoir.

Devant les entraves apportées à la circulation par les exigences du pouvoir religieux, par les défiances du pouvoir politique, par le mépris de l'un et de l'autre pour la liberté humaine, beaucoup de Romains s'abstiennent de voyager, aimant mieux laisser péricliter leurs intérêts de toutes sortes que d'admettre cette sujétion qui les fait ressembler aux serfs du moyen âge, à qui il était défendu, sous des peines sévères, de s'éloigner de leur résidence habituelle sans la permission de leur seigneur.

Le voyage à l'intérieur est moins hérissé de difficultés, mais il n'est pas libre non plus. Réduit par la révolution à cinq provinces, le territoire des États romains est aujourd'hui fort petit, et cependant les habitants ne peuvent pas le parcourir sans remplir certaines formalités. Je n'en donnerai qu'un exemple, il suffira à faire juger de quelle liberté de locomotion les Romains jouissent.

Des bains ont été établis sur le littoral de la Méditerranée, à Palo, à mi-chemin entre Rome et Civita-Vecchia. La Compagnie romaine a organisé un service spécial pour cette station, et la locomotive met à peu près une heure pour faire la route. On va à Palo, on prend son bain, on déjeune si l'on veut, et on revient dans une matinée. Eh bien! ce grand voyage est suspect à l'autorité, il peut compromettre, paraît-il, la sûreté de l'État, et pour obvier à ce grave danger, on force tout homme qui veut prendre les bains de mer à demander à la police un permis qu'on appelle une carte de légitimation et qui coûte deux pauls. Le prix n'est pas exorbitant, mais la carte est un moyen d'inquisition qui permet de connaître les moindres démarches des citoyens. Que diraient les Parisiens dont les fils ou les frères gardent Rome, s'ils ne pouvaient pas aller à Enghien sans la permission du préfet de police?

M. de Mérode est parti pour la France, d'où il doit se rendre en Belgique, et son voyage donne lieu, depuis une semaine, à de nombreux commentaires. On s'en était fort peu préoccupé durant les premiers jours, car le ministre des armes relevait de maladie, et l'on trouvait tout simple qu'il demandât à l'air natal le complet rétablissement de sa santé dans un moment où nous avions ici des chaleurs accablantes, préludes trop certains de la mal'aria, qui, en effet, nous enveloppe aujourd'hui, et, toutes les nuits, étend son formidable manteau sur la campagne romaine.

Mais, quelques jours après son départ, on s'est mis à passer en revue les divers événements qui pourraient avoir motivé ce voyage, et l'imagination des Romains s'est donné carrière. On a voulu que le ministre fût chargé d'une mission auprès du gouvernement français mécontent de l'enlèvement du jeune Coën et de la mesure relative aux enseignes. D'autres ont dit que M. de Mérode était envoyé en France pour conjurer l'orage que l'on voit s'accumuler sur Rome, et ils n'ont pas réfléchi que le pape ne serait pas assez malavisé pour donner une mission auprès de l'empereur à un ennemi déclaré de la France.

Beaucoup croient savoir que le ministre des armes se rend en Belgique uniquement pour régler des affaires de famille et vendre une partie de ses propriétés. Quelques-uns ajoutent qu'il se résoud à cette vente par dévouement au pape dont les finances sont en mauvais état et à qui il prêtera la somme qu'il en retirera.

Parmi les bruits qui circulent il en est un fort singulier. A-t-il été inventé par quelque nouvelliste ? Y a-t-il au fond une toute petite chose que l'on aurait grossie, un bâton flottant dont on ferait un navire ? Cela s'éclaircira plus tard. Voici le bruit. On sait que le gouvernement pontifical, lorsqu'il a voulu faire son dernier emprunt, a envoyé des titres à des évêques qui ont dû les remettre à leurs curés chargés de les placer au moyen du confessionnal et de les faire accepter au pair par les fidèles.

Cette opération aurait amené la réalisation de sommes assez rondes recueillies et versées par les évêques entre les mains d'un mandataire désigné ; mais celui-ci, abusant de la confiance qu'on avait en lui, aurait disparu en emportant les fonds, et M. de Mérode se rendrait en Belgique, soit pour recueillir les épaves du naufrage, soit pour éclaircir cette eau trouble.

Cela a bien l'air d'un conte, mais enfin cela se dit, et je le note sans rien savoir qui puisse ni l'appuyer, ni l'infirmer.

Quoi qu'il en soit, on doit être édifié aujourd'hui sur la fameuse note dans laquelle on annonçait la souscription de l'emprunt romain au pair. Les annonces étalées à la quatrième page des journaux, les articles des feuilles cléricales ont suffisamment éclairé la question.

Enfin, — pour clore la liste des suppositions auxquelles ce voyage donne lieu, — on dit que M. de Mérode, avant de se rendre en Belgique, a dû faire une visite à M. de Lamoricière, afin de s'entendre avec lui touchant des éventualités prévues et redoutées.

A propos de ce dernier, les journaux parlent d'un *Annuaire militaire* publié par M. de Mérode, dans lequel le général Lamoricière figure en qualité de commandant des troupes pontificales ; le fait est parfaitement vrai, mais il émane de plus haut que le ministère des armes. Le gouvernement romain publie chaque année un *Annuaire pontifical* officiel, imprimé par les presses de la révérende Chambre apostolique, et celui de 1864, paru depuis huit mois, porte, page 437 :

COMMANDEMENT GÉNÉRAL DE TOUTES LES TROUPES.

Son Excellence M. le lieutenant général Cristoforo Luigi Leone Juchault de Lamoricière, grand-croix, commandeur et chevalier de plusieurs ordres équestres.

Après lui vient le général de brigade Ermanno Kanzler, *inspecteur général* de l'infanterie, puis le major marquis chevalier Lepri, *chef de l'état-major général.*

M. de Lamoricière, qui pourtant avait publiquement donné sa démission, peut donc être considéré comme étant encore au service du pape... à moins d'un mensonge de l'Annuaire.

Le corps des cardinaux vient de faire une nouvelle perte, pour me servir du terme consacré. Mgr Bedini, archevêque-évêque de Viterbe et Toscanella, est mort le 6 au matin, à l'âge de cinquante-huit ans, emporté par une courte maladie. C'est un chapeau de plus dont on disposera dans le prochain consistoire.

Cet homme, qui, en 1849, n'était encore ni archevêque ni cardinal, fut envoyé à Bologne en qualité de légat du pape Pie IX, lorsque les Bolonais, qui avaient proclamé leur indépendance et secoué la domination du Saint-Siége, incapables de soutenir la lutte contre une armée organisée, eurent vu les Autrichiens s'emparer de leur territoire.

Ce prêtre, d'un aspect si doux, si aimable, si joyeux, ensanglanta le pays par ses fureurs réactionnaires et envoya les patriotes vaincus à la mort avec la froide cruauté d'un inquisiteur.

C'est ce même cardinal que je vis le 12 avril dernier, à la porte du couvent de Sainte-Agnès hors des murs, recevoir des écoliers de la Propagande une ovation habilement préparée, qu'il accueillit avec une bonhomie rieuse, avec une joie bruyante à tromper tous ceux qui l'entouraient. Haï à Bologne, il recherchait à Rome la popularité, et ne pouvant la trouver parmi ceux qui connaissaient sa vie, il la demandait aux jeunes séminaristes ignorants de ce qui se passe hors de l'école. Et puis, ce jour-là, c'était l'anniversaire du retour de Gaëte, les fanatiques du pouvoir temporel acclamaient le pape-roi, et Mgr Bedini voulait, lui aussi, son petit triomphe.

Il l'obtint aussi complet que possible dans une circonstance où il convenait de s'effacer devant le pape attendu d'un instant à l'autre, et qui arriva, en effet, une demi-heure après. Cette petite scène, que beaucoup de prêtres et de religieux d'un rang élevé dans la hiérarchie monacale contemplèrent très-froidement, rappela d'autres démonstrations, fit jeter un regard rétrospectif sur la conduite que tenait le cardinal depuis que les fréquentes maladies du pape faisaient craindre pour ses jours, et beaucoup de personnes se persuadèrent que l'ambitieux prélat, oubliant le sang versé, oubliant des mœurs dans le détail desquelles il ne me plairait pas d'entrer, caressait le rêve d'échanger un jour son chapeau contre la tiare. Il avait quatorze ans de moins que Pie IX, il en était la créature, le protégé, et l'on affirme qu'il laissait percer un espoir.

C'est encore ce même cardinal que je revis quelques jours après l'ovation de Sainte-Agnès; j'ai parlé de ces deux rencontres dans mes récits du mois d'avril.

Depuis longtemps il y avait deux hommes en lui : l'homme

des cérémonies publiques, qui posait devant la foule et devant un petit cercle, se montrait affable, joyeux, rieur par calcul, afin de persuader qu'il était heureux et que le passé ne pesait d'aucun poids sur sa conscience ; puis l'homme qui se retrouvait seul, face à face avec ce passé terrible, quand une lettre mystérieuse lui en demandait compte.

La presse de Bologne retracera sans doute cette sombre histoire de la réaction dans laquelle le légat se montra si violent que les Autrichiens eux-mêmes reculèrent devant les nouveaux supplices qu'il ordonnait et refusèrent de frapper. Peut-être soulèvera-t-elle le voile dont est couverte cette correspondance qui a jeté souvent, non le remords, mais la terreur dans l'âme de M. Bedini.

Des bruits sinistres circulent sur la mort qui a frappé brusquement, comme un coup de foudre, le cardinal Bedini, mais ils sont trop graves pour que je les répète sans savoir s'ils sont fondés.

CHAPITRE XXXVII

Le pape quitte Castel-Gandolphe et revient à Rome.—Préparatifs de la béatification de Marie Alacoque. — Le bandit Crocco. — Les soldats français et les autorités des États romains. — Le brigand Tamburini. — Exil d'une dame romaine et de ses enfants. — Béatification de Marie Alacoque. — La statue de bronze de saint Pierre habillée en pape. — Les prêtres français. — M. de Bonnechose. — Baptême de quatre juifs.

Du 13 au 19 septembre.

Pie IX a quitté le 12 au soir sa résidence de Castel-Gandolphe pour revenir à Rome. Quelques personnes pensent qu'après avoir visité les villes et les villages des environs il commençait à s'ennuyer ; mais je sais de bonne source que son entourage éprouve quelque inquiétude des voyages faits à Paris par le prince Humbert, et par plusieurs hommes d'État italiens, et que cet entourage lui a persuadé qu'il était de son intérêt de retourner à Rome.

Toutefois, si la cour pontificale a des préoccupations sérieuses, elle n'en montre rien, et en ce moment tout se prépare pour la béatification solennelle de Marie Alacoque à la basilique de Saint-Pierre, ce qui sera un grand triomphe sur Voltaire. L'affaire est entièrement terminée, les miracles nécessaires en pareil cas ont été déclarés prouvés et avérés, et l'avocat du diable qui plaidait contre a perdu le procès.

Je viens de voir les préparatifs ; une centaine d'ouvriers sont occupés soit dans l'église, soit dans la galerie extérieure méridionale que l'on a transformée en atelier et en entrepôt.

On bouche du haut en bas les deux charmantes chapelles qui s'ouvrent à gauche et à droite de l'abside. Les deux coupoles si élégantes qui les surmontent, les riches caissons profondément creusés dans la voûte, les statues, les colonnes de granit, les dorures, tout disparaît derrière une immense charpente plate recouverte d'une toile que tapisse elle-même un papier peint où le jaune joue le rôle de l'or. Le clinquant à la place du vrai.

Le transept lui-même n'a point échappé à cette manie du colifichet; une partie est déjà couverte de papier. Dans un temple d'une richesse inouïe on fait une église de bois, de toile à torchon et de papier.

Tout cela et les autres accessoires coûteront des sommes considérables, mais heureusement pour le trésor, ce n'est pas le ministre des finances qui paye; une béatification et la proclamation d'un saint nouveau donnent au contraire un revenu à classer dans le chapitre des recettes extraordinaires. On m'assure qu'il faut dépenser plusieurs centaines de mille francs pour faire inscrire un élu dans le calendrier où les vieux font place aux jeunes.

Le mort ne laisse pas toujours un héritage qui suffise aux frais de béatification et de canonisation, ses héritiers ne sont pas toujours disposés à payer l'honneur d'avoir un saint dans leur famille, et l'argent est fourni par des entrepreneurs. Ce sont en général des congrégations qui se chargent de ces sortes d'affaires, après avoir obtenu l'assentiment du Saint-Siége. On envoie des circulaires, on organise des quêtes dans tous les pays catholiques du monde, on sollicite la charité au nom de la foi, au nom de la religion, au nom de Dieu à qui doit, dit-on, revenir une grande gloire quand Rome met un saint de plus dans le paradis. On recueille de fortes sommes; en outre des frais, on fait des cadeaux au pape, aux cardinaux, à l'église, à tout ce qui tient à la cour pontificale. Le demeurant profite à la congrégation chargée de l'entreprise.

Mais cela est du ressort du pouvoir spirituel, et tout à coup vient de surgir une question de pouvoir temporel assez grave; pendant quelques jours, Marie Alacoque s'effacera devant le bandit Crocco.

La haine pour le royaume d'Italie altère chez les hommes qui composent le gouvernement romain les notions du juste et de l'injuste, détruit toute idée des devoirs internationaux, fait oublier ce que tout pouvoir doit à l'humanité, même en temps de guerre.

Pour ceux qui dirigent ici la politique, Crocco le bandit, le voleur, le meurtrier, n'est qu'un partisan défendant son roi. C'est un corsaire de terre ferme, parfaitement en règle, ayant ses lettres de marque sous forme de brevet d'officier délivré par François II. Les rapts, les séquestrations, les assassinats qu'il a commis sont les nécessités ou les malheurs de la guerre.

Si ce n'était là qu'une théorie, on dédaignerait de s'en occuper et on laisserait ces hommes de paix, ces prédicateurs de l'Évangile, professer leur haute philosophie. Malheureusement à la théorie succèdent les faits qui constituent une situation exceptionnelle et font régner ici une confusion, un chaos inextricables.

Il faut qu'à l'étranger, en France surtout, on sache que le brigandage s'exerce dans les États romains comme dans les provinces napolitaines. S'il y fait moins d'exploits, c'est que le territoire est moins grand, et s'il fait moins de bruit, c'est que les journaux de Rome se gardent bien d'en parler.

Il est inutile de rappeler l'arrestation du courrier pontifical, à trois milles de Rome, les chasseurs dépouillés, les baigneurs volés, cela est connu. Ce qui l'est moins, c'est la lutte acharnée que les Français, tenant garnison dans les provinces romaines, soutiennent à l'intérieur contre les brigands. Il se passe peu de semaines sans que des détachements soient envoyés de Tibur pour guerroyer dans les montagnes qui touchent aux Abruzzes.

Les officiers qui les commandent ne trouvent qu'un appui fort douteux et toujours très-faible chez les gendarmes pontificaux ; ils ont à vaincre le mauvais vouloir des autorités qui leur refusent des guides jusqu'au moment où, emportés par l'impatience, ils menacent de prendre le fonctionnaire lui-même pour guide. Alors on fait venir un paysan, mais il faut le mettre entre deux fusiliers pour l'empêcher de s'enfuir, et le menacer de tirer sur lui s'il le tente ; ils ont à vaincre encore la pusillanimité des populations qui refusent tout renseignement dans la crainte des vengeances que les brigands exerceront après le départ des soldats.

Ces brigands, qui connaissent les bois, les sentiers des montagnes, passent tour à tour du territoire italien sur le territoire des États romains, et *vice versa*, et sur tous les deux ils exercent leurs rapines, ils commettent les mêmes crimes. Les Français les combattent à la frontière lorsqu'ils tentent de la franchir dans leur voisinage, ils vont les combattre à l'intérieur sur tous les points où leur présence est signalée, et quand dans la ville de Rome on accueille ces bandits, on leur donne de l'argent et des passe-ports, on fait hautement acte d'hostilité contre la France.

Ce ne sont pas les mêmes hommes, dira-t-on; faux-fuyant; Ce sont des individualités d'une même armée, agissant dans le même but, de la même manière. Est-ce que le brigand Tamburini, que les Français pourchassaient il y a deux mois dans les montagnes Tiburtines, n'est pas passé dans les Abruzzes?

Il est temps de ne plus se payer de mots, de protestations menteuses, les faits constituent un état de guerre contre la France. Oui, les brigands combattus aux frontières par les Français, pourchassés à l'intérieur par les Français, payés, abrités, envoyés à l'étranger avec des passe-ports pontificaux, c'est la guerre; c'est la guerre dans les seules conditions où le gouvernement papal puisse la faire.

L'éloignement de l'ex-roi de Naples ne modifierait pas complétement cette situation, parce que, aux yeux des hommes du pouvoir, les brigands sont les soutiens du trône et de l'autel; c'est leur armée irrégulière, leurs corps francs.

Il faut donc chercher une autre solution à une situation intolérable.

L'indignation soulevée par le rapt du jeune Coën a été une vaine leçon, et les exils décrétés il y a quelques mois n'ont pas satisfait les haines du gouvernement romain. L'exil d'une mère et de ses trois enfants, prononcé il y a une quinzaine de jours, fera bien comprendre la douceur du pouvoir, la mansuétude d'un gouvernement dont on s'ingénie à pallier toutes les fautes, dont on nie toutes les violences.

Il y avait ici une dame née à Rome, appartenant à la haute bourgeoisie, ayant reçu une solide instruction, pleine de distinction et d'honneur, jouissant de l'estime et de la considération générales, et tout occupée de l'éducation de ses enfants, deux jeunes filles dont l'une a seize ans et un jeune garçon.

Le mari de cette dame, M. Mastricola, exilé de Rome depuis quatre ans, est entré dans la carrière administrative sous le gouvernement italien, et il est aujourd'hui sous-préfet de Rieti, dans l'Abruzze ultérieure, sur la frontière des États romains.

Si la situation politique des deux pays vis-à-vis l'un de l'autre ne permet pas au mari de venir à Rome embrasser ses enfants et sa femme, rien ne devrait empêcher la mère et les enfants d'aller à Rieti passer quelques mois auprès du chef de la famille, qui consent à vivre dans l'isolement, loin de ce qu'il aime et dont il est aimé, afin que ses enfants reçoivent à Rome une instruction dont les éléments leur manqueraient dans la petite ville dont il est le premier magistrat.

Madame Mastricola en avait jugé ainsi, et ne soupçonnant pas que ce voyage pût faire courir de graves dangers au gouvernement, ni que la police eût rien à reprendre dans les effusions d'une famille, rien à voir dans ses joies, elle a demandé un passe-port pour se rendre à Rieti.

La police ne l'a pas refusé; elle a fait mieux : elle a signifié à madame Mastricola que la prise d'un passe-port était pour elle et ses enfants un arrêt d'exil perpétuel, qu'une fois sortis du territoire romain, ils n'y pourraient jamais rentrer. Toutes les observations ont été inutiles, la mère a vainement invoqué la nécessité, pour ses enfants, d'achever leur éducation à Rome ; elle a vainement remontré combien il serait cruel de priver des enfants du bonheur de voir leur père; combien il serait injuste de leur faire payer ce moment de bonheur en leur fermant les portes de la patrie; Monte-Citorio a été inflexible.

La police a imaginé quelque chose qu'on hésite à qualifier; elle a dressé un acte qu'elle a demandé à madame Mastricola de signer en recevant son passe-port, acte par lequel cette dame aurait accepté les conditions qui lui étaient faites, et se serait engagée, pour elle et ses enfants, tous mineurs, à ne jamais remettre le pied sur le territoire romain. Cette pièce a été portée chez la dame avec le passe-port par un employé de la police.

Étonnée de ce procédé, de cette exigence, madame Mastricola a refusé de signer un tel acte destiné à justifier le pouvoir qui l'eût présenté comme une convention faite d'un commun accord. L'employé a dressé procès-verbal de son refus et lui a laissé le passe-port. Les quatre exilés ont quitté Rome.

J'en appelle à toutes les mères de famille, non-seulement à celles dont les maris sont exilés, mais à toutes sans exception, n'est-ce pas un acte de cruauté que de faire acheter à une femme et à des enfants les embrassements d'un époux et d'un père par une séparation sans fin d'avec leurs parents laissés à Rome, par un exil éternel?

— Marie Alacoque a franchi dimanche le premier échelon qui conduit au séjour des bienheureux; je n'avais jamais vu les cérémonies d'une béatification, j'ai voulu assister à celle-là, et je suis retourné à Saint-Pierre, où j'étais allé trois jours auparavant pour me rendre compte des préparatifs.

On avait appliqué contre le fronton de la façade du temple un immense tableau de forme ronde et d'une dimension telle qu'il dépassait le fronton au point où il est le plus large, au sommet. Ce n'était pas gracieux, mais on avait pensé que la grandeur du cadre pouvait dispenser de la grâce.

L'artiste qui avait peint cette vaste toile ne s'était pas mis en frais d'imagination, car ce médaillon colossal représentait tout simplement un cœur brûlé de flammes, lesquelles s'échappaient par le haut comme d'une fournaise. Cependant je dois rendre cette justice au peintre inconnu de ce chef-d'œuvre qu'il connaît les lois du tirage d'un foyer; en effet, il avait pratiqué dans la partie inférieure du cœur une ouverture qui laissait voir le feu attisé par l'air qui devait pénétrer par là.

Des critiques trop méticuleux auraient pu reprocher à l'artiste d'avoir fait sortir des flammes par cette ouverture inférieure, ce qui est contraire aux lois ordinaires; mais comme ce tableau était en plein air et à une hauteur d'environ cent quarante pieds, j'ai pensé que cet artiste avait voulu rendre l'effet d'un coup de vent qui rabattait la flamme. Telle est la peinture que j'ai vue resplendir sur le fronton de Saint-Pierre, à côté du Vatican tout peuplé de chefs-d'œuvre.

Au-dessous de ce cœur incendié se dressait un autre tableau plus grand encore représentant Marie Alacoque dans sa gloire; mais cette toile est restée couverte d'un voile noir jusqu'au moment où la béatitude a été proclamée, c'est-à-dire jusqu'à la lecture du bref qui ouvrait les portes du ciel.

A ce moment, le rideau est tombé, les cloches — que l'on appelle ici les bronzes sacrés — ont jeté leurs volées bruyantes dans les airs, et les canons du fort Saint-Ange — qui sont des bronzes profanes, — ont fait retentir l'espace de leurs détonations.

Sous le portique et dans l'intérieur du temple plusieurs autres toiles reproduisaient divers traits de la vie et les miracles que l'on dit avoir été faits par la puissance de la bienheureuse. Dans l'abside et sur un des côtés du transept brûlaient un millier de cierges. Je ne veux pas dire que c'était la partie la plus éclatante de cette fête, parce que je me reprocherais de faire un jeu de mots en cette circonstance, mais c'était bien ce qu'il y avait de mieux, sous le rapport matériel, dans cette fête, dont la décoration était assez mesquine.

Pour la première fois depuis que je suis à Rome, j'ai vu dans cette solennité la statue de Saint Pierre habillée en pape. Vous savez que la statue est assise, et comme on n'avait pas pu la séparer du siége où elle repose, on avait jeté sur les épaules et attaché sur la poitrine du saint une large chape qui recouvrait tout à la fois le corps et le fauteuil. La main droite sortait de l'étoffe et portait à l'un des doigts un anneau à large chaton.

La tête noire de saint Pierre était coiffée de la tiare blanche. Vous connaissez la forme disgracieuse de cet énorme bonnet, et je n'ose pas rendre l'effet que produisait cette espèce de marmite renversée sur une tête charmante de Marc Aurèle, à la barbe frisée.

Pour ne pas priver les fidèles du bonheur de baiser le pied de Saint Pierre sous ses beaux habits, cette statue, si bien vêtue et si bien coiffée, avait les pieds nus. Cela jurait bien un peu avec le reste, et j'entendais dire autour de moi qu'avec l'un des plus minces joyaux de la triple couronne, on aurait pu acheter une chaussure à Saint Pierre ; mais ces remarques étaient faites certainement par des artistes qui ont la manie de vouloir tout harmoniser, et elles n'empêchaient pas que l'on baisât le pied nu qui passait par-dessous le vêtement pontifical.

La tiare était ornée de pierreries, de rubis, d'émeraudes, et un jeune clerc, placé près de la statue, était chargé de veiller à ce que rien ne fût dérangé dans la toilette du saint. Ce n'était pas une précaution inutile.

Heureusement les chanteurs de la chapelle Sixtine se sont fait entendre, et leurs chœurs admirables ont pu faire oublier tout le reste.

Il y a ici, en ce moment, un grand nombre de prêtres français, tous désireux de voir le pape, chose fort naturelle, et qui assiégent chaque jour le Vatican dans ce but. Après en avoir reçu quelques-uns en particulier, Pie IX a trouvé qu'il serait trop fatigant de les voir un à un, et il leur a donné, samedi 17, une audience générale, dans laquelle il leur a adressé une allocution sur le malheur des temps et sur les efforts qu'ils doivent faire pour sauver l'Église. Ils sont sortis de là enflammés d'un saint zèle.

Après eux ont été admis auprès du pape le cardinal Trevisanato et le cardinal français de Bonnechose, qui ont reçu le chapeau lundi.

M. de Bonnechose a été pendant plusieurs années à Rome directeur de l'établissement de Saint-Louis des Français, entretenu, comme on sait, par le gouvernement de France, et où l'on ne prêche guère, aujourd'hui, les maximes gallicanes. Les chefs actuels de Saint-Louis désiraient que le nouveau cardinal allât loger chez eux, mais celui-ci a préféré l'hospitalité de l'ambassadeur de France, ce dont je ne le blâme pas.

Lundi soir il y a eu grande fête à l'ambassade en l'honneur du cardinal.

Ce même jour, on a baptisé, à l'église des jésuites, quatre juifs *convertis* : deux de Constantinople, un de Salonique et un d'Orient, sans autre désignation. Je m'en tiens à ce que j'ai dit précédemment sur les aventuriers de ce genre. Ces derniers sont jeunes, on les reverra dans quelques années quitter de nouveau le turban qu'ils auront repris au premier voyage dans leur patrie.

CHAPITRE XXXVIII

Nouvelle de la convention du 15 septembre apportée à Rome. — Premières impressions. — L'*Osservatore* refuse d'y croire d'abord. — Effets de la convention. — Les hommes de progrès, les artistes, les commerçants, le peuple. — M. de Sartiges communique au pape la décision de l'empereur. — Récriminations du pape. — Communication faite au cardinal Antonelli. — Cris, épouvante, bruits de réaction. — Réunion des ministres et des cardinaux au Vatican. — Colère manifestée contre le nonce, à Paris.

Du 20 au 27 septembre.

J'écris ceci le 20 septembre, au milieu d'un émoi général. La nouvelle de la Convention conclue entre les gouvernements français et italien, relativement à l'évacuation de Rome, est arrivée ici hier matin. Elle a été apportée par le journal de Turin l'*Opinione* qui l'avait noyée dans un entre-filet de quelques lignes parmi les faits divers. Cette feuille ne pénètre pas dans les établissements publics et on ne la trouve guère que dans les bureaux des deux journaux quotidiens de Rome.

Les rédacteurs de l'*Osservatore romano*, organe du parti noir, ont accueilli la nouvelle comme un bruit mensonger, absurde, auquel il ne fallait attacher aucune importance, et ils ont publié le soir même un article railleur dans lequel ils gourmandaient et l'*Opinione* et ceux qui pourraient ajouter foi à ses élucubrations.

Cet article a révélé le fait hier dans la soirée, la nouvelle s'est répandue aujourd'hui seulement dans le public et a fait promptement le tour de Rome.

Durant la nuit dernière, le gouvernement pontifical a télégraphié à Turin et à Marseille; il a demandé et obtenu des renseignements et l'*Osservatore* qui raillait hier contient ce soir un article âpre, dur, menaçant contre la France.

Dans le public, le premier mouvement produit par la révélation du traité a été un mouvement de tristesse! DEUX ANS! Ce terme paraissait bien long. Cette émotion a passé comme un éclair, la réflexion venait, les visages se sont épanouis, les mains se sont serrées; répéter tout ce que j'ai entendu est impossible, mais je puis constater qu'il y a ce soir dans Rome un immense bonheur, une immense espérance et que le parti noir jette les hauts cris. Nous verrons probablement bientôt se dessiner la politique des partis.

Du 21 au 27. Ceux à qui le traité du 15 septembre a apporté la joie et l'espoir appartiennent à toutes les classes de la population romaine et me semblent en former la majorité. Toutefois, je l'avoue, étranger à ce peuple que huit mois de séjour et d'étude ne me permettent pas de bien juger encore, je m'en rapporte aux renseignements qui me sont donnés par des amis que j'ai de puissants motifs de croire consciencieux et justes.

Hommes de progrès opprimés dans leur liberté civile, politique et religieuse, manquant de toute garantie, exposés à être jetés en prison, ou exilés de la patrie, sans jugement, selon le bon plaisir ou les craintes des gouvernants;

Artistes dont le génie ou le talent, comprimé dans son essor, végète sans liberté, sans publicité, étouffé dans Rome, inconnu au reste de l'Italie qui donnerait la réputation et la gloire;

Commerçants, industriels, dont les affaires sont forcément restreintes au petit marché de Rome et qui voient toute la Péninsule s'ouvrir devant eux;

Hommes du peuple soumis à la domination absolue du prêtre jusque dans les détails les plus intimes de l'existence, manquant de travail et de pain quand le moine regorge de richesses;

La plupart des Romains entrevoient avec bonheur le terme du régime clérical qui pèse sur eux d'un poids si lourd, et ils respirent aujourd'hui par la pensée l'air dont ils attendent le souffle vivifiant.

Mais, il faut bien le remarquer, cette joie est celle d'hommes habitués à l'oppression, dont la chaîne n'est pas encore brisée et qui redoutent de nouvelles persécutions; elle est plus intérieure qu'expansive. Des hommes se rencontrent, s'embrassent, ou se serrent la main, et se séparent sans avoir prononcé une parole.

Dites à des esclaves que le jour de la liberté approche, vous ne les verrez pas se livrer à de bruyantes démonstrations, parce que le maître est encore là, pouvant frapper ceux qui vont être soustraits à sa domination. Ils attendent silencieusement l'heure de la délivrance. La situation de la majorité des Romains est absolument celle-là; ils redoutent les coups d'un pouvoir près d'expirer mais encore debout.

On a l'exemple récent du duc de Modène dépossédé de ses États par une révolution, fuyant à propos, et emmenant dans son exil les prisonniers politiques incarcérés par son gouvernement. Il avait perdu son trône; son armée réfugiée sur un territoire étranger allait bientôt se dissoudre, et il avait encore ses prisons dont l'Autriche a peut-être gardé les hôtes.

Le gouvernement romain, qu'il transige ou qu'il tombe, ne pourrait pas faire un acte de ce genre, mais les exilés sont nombreux, les prisons sont pleines, et on craint de le voir déployer de nouvelles rigueurs dans l'espoir de se maintenir, car les yeux de ceux qui composent le gouvernement ne sont pas encore dessillés; ces hommes ne comprennent pas que les causes de leur chute sont en eux et ils les cherchent au dehors dans ce qu'ils appellent des passions perverses. Voilà ce qui empêche aujourd'hui les manifestations de la joie inspirée par la nouvelle de l'évacuation prochaine de Rome.

Un fait d'une importance assez secondaire servira cependant à faire bien juger de l'état des esprits. La musique des hussards français se réunit régulièrement le jeudi soir sur la place Colonna, devant le cercle des officiers; elle part de là en jouant, longe le *Corso* où l'attend une foule considérable d'hommes et de dames, et parcourt plusieurs rues pour se rendre à son quartier situé au couvent des Capucins, place Barberini.

Durant tout ce trajet par les rues les plus larges de Rome, le corps de musique est ordinairement escorté par une foule que l'on peut sans exagération évaluer à cinq ou six cents personnes, alignées comme des soldats, écoutant religieusement les airs.

Le jeudi qui a suivi le jour où la Convention du 15 septembre a été connue, le bruit se répandit qu'une démonstration devait avoir lieu le soir autour du corps de musique afin de témoigner de la joie de la population romaine; ce bruit a suffi pour diminuer le cortége ordinaire de plus de la moitié. Il n'y a eu de cris ni sur la place Colonna, ni sur le parcours; seulement quand les musiciens rentrèrent au quartier quelques voix crièrent : *Vivent la France et l'Italie! vive l'empereur ami de l'Italie!*

Ce même jeudi, M. de Sartiges s'est rendu au Vatican et a été reçu en audience par le pape auquel il a donné officiellement communication de la décision prise par Napoléon III de retirer les troupes françaises de Rome dans un laps de temps qui ne dépassera pas deux années, et de la convention conclue entre les deux gouvernements de France et d'Italie.

Cette entrevue a été fort animée et Pie IX a récriminé très-vivement, disant que l'on semblait oublier qu'il existait, qu'on le comptait pour rien dans la conclusion d'un traité auquel il était si grandement intéressé.

L'ambassadeur de France est resté deux heures avec le pape dont il a entendu les plaintes et les récriminations avec le flegme stoïque d'un diplomate qui remplit les ordres de son gouvernement. M. de Sartiges s'est rendu ensuite chez le secrétaire d'État, cardinal Antonelli, auquel il a fait les mêmes communications. Mais autant le pape s'était montré mécontenté et irrité, autant le cardinal a été calme, froid et réservé.

Dès ce moment, les prêtres exaltés et les laïques qui passent pour être fortement attachés au gouvernement pontifical se sont mis à jeter feu et flammes. Comme ils peuvent crier tout à leur aise sans avoir rien à redouter ni de la police, ni de leurs adversaires, ils s'en donnent à cœur joie et font entendre les plaintes les plus violentes. C'est un spectacle assez curieux; ceux qui dernièrement encore exprimaient tout haut, sans la moindre réserve, l'espérance de voir la France envahie par la coalition du Nord se livrent aux plus ardentes récriminations contre cette France qui les abandonne.

Ces mêmes hommes manifestent une épouvante étrange; ils semblent craindre une réaction sanglante de la part du parti patriote, de la part des parents des exilés et des prisonniers politiques, auxquels se mêlerait la tourbe. Je ne sais si c'est un mot d'ordre, mais depuis jeudi soir on ne parle que de malheurs prêts à fondre sur nous. Quand on a abusé du pouvoir contre des vaincus, il est naturel de redouter le châtiment, lorsque les vaincus triomphent; toutefois, l'attitude actuelle du parti patriote paraît ne devoir inspirer aucune crainte.

Dans la journée du vendredi, il y a eu réunion des ministres et des cardinaux au Vatican en présence du pape, afin d'aviser aux nécessités du moment. On peut juger de l'aspect qu'a présenté cette assemblée à laquelle tous les convoqués arrivaient avec leurs colères, leurs haines, leur aveuglement qui ne se dissipera jamais. Les mêmes hommes qui ont le plus vivement encouragé le pape à résister aux justes demandes de la France étaient ceux qui se plaignaient le plus hautement de ce qu'ils appellent l'abandon de la France.

Dans cette réunion, le nonce du pape à Paris a été attaqué avec beaucoup d'acrimonie, et représenté comme un incapable qui n'a rien vu, rien su, rien empêché. Pie IX a manifesté à son égard un profond mécontentement et a laissé échapper des mots très-durs. Au milieu de toutes les propositions qui se sont fait jour, on a parlé d'envoyer des courriers à Vienne et à Madrid.

Aucune résolution n'a été prise, du moins en public. L'homme intelligent, Mgr Antonelli, était là; l'homme passionné, M. de Mérode, y manquait, et c'est en lui que le pape a le plus de confiance; on n'arrêtera sans doute aucune mesure avant son retour. Au surplus, le délai sera court, M. de Mérode a dû s'embarquer hier lundi à Marseille et il sera ici demain, à moins qu'une dépêche du pape lui ait transmis des ordres qui auraient pu le retenir en France.

A quel parti s'arrêtera le gouvernement pontifical ? Traitera-t-il avec le gouvernement italien en renonçant au pouvoir temporel ? Essayera-t-il de se maintenir au moyen d'une légion étrangère ? Dans le premier cas, les vœux des Romains sont comblés et l'Italie a sa capitale. La seconde éventualité n'effraye en aucune façon le parti libéral, convaincu qu'il aura promptement raison de cette légion étrangère. La présence des Français, disent les hommes de ce parti, était l'obstacle, le seul, qui s'opposait à la manifestation de nos volontés comme peuple. L'obstacle levé, nous nous chargeons du reste.

Ces paroles sont graves ; on peut les regarder comme sérieuses et faire fond sur elles.

— Le projet de transférer la capitale du royaume d'Italie à Florence n'a été connu ici que plusieurs jours après la divulgation du traité concernant la retraite des troupes françaises de Rome, et lorsque cette divulgation avait déjà produit l'excellent effet que j'ai précédemment signalé. Il était à craindre que l'on se méprît sur la signification de ce transfert dans une ville importante, centrale et assez rapprochée, qu'on le considérât comme l'abandon de l'ancienne politique, comme la négation du vote du parlement et comme une renonciation à Rome.

Quelques hommes, en effet, ont vu les choses ainsi dans les premiers moments ; mais leur crainte a été rapidement dissipée. Ils ont regardé autour d'eux et se sont aperçus qu'ils étaient une toute petite minorité. La consternation des ennemis de la liberté, la joie du plus grand nombre les ont immédiatement amenés à une appréciation différente.

La grande majorité du parti italien, sans distinction de nuances, ne s'est pas émue le moins du monde en apprenant que la capitale devait être transférée à Florence ; elle a considéré cette mesure comme un moyen politique destiné à cacher la véritable pensée de l'empereur des Français ; elle l'a acceptée comme une manœuvre stratégique révélant une pensée de guerre.

Les partisans du pouvoir temporel se persuadent que la

pensée s'arrête dans un pays où elle n'a aucune possibilité de se manifester publiquement, et qu'ils peuvent l'anéantir en la contraignant au silence. Il est évident que dans de semblables conditions une partie de la nation va au hasard, manquant du flambeau qui pourrait l'éclairer, et court risque de s'égarer; mais chez tous les hommes intelligents la pensée a une puissance que nul despotisme ne peut atteindre, et bien qu'elle fasse une œuvre moins rapide, elle ne la suspend jamais.

On lit beaucoup à Rome le petit nombre de journaux que le pouvoir laisse circuler; toutes les dépêches sont commentées, et généralement bien appréciées. Ce qu'il y a de positif, c'est que le peuple de Rome n'a pas fait fausse route à propos de la question de Florence.

Une véritable manifestation a été faite avant-hier jeudi sur la place Colonna autour de la musique des hussards français; elle a été assez grande, parce que c'était fête et que la foule était considérable. Les hommes les plus sérieux du parti italien avaient travaillé à empêcher toute démonstration, mais un certain nombre de jeunes gens n'ont pas adopté cet avis, ils ont crié *Vive la France! vive l'Empereur!* dans le but de prouver qu'ils comprenaient bien la pensée du traité et la pensée du transfert de la capitale.

Maintenant la population attend avec confiance les discussions du parlement italien à ce sujet, persuadée que désormais, quel que soit le vote, l'Italie ne les abandonnera pas. Les espérances sont très-accentuées, ce qui s'explique par la longue oppression sous laquelle gémissent les États romains, et dont ils entrevoient aujourd'hui le terme.

Quant au parti clérical, il n'a pas hésité un instant à se prononcer sur la signification du transfert de la capitale; il a cru dès la première heure démêler la vérité dans le nuage qui l'enveloppait. Le gouvernement italien établi à Florence lui paraît beaucoup plus menaçant pour Rome qu'il ne le serait à Turin, surtout après le départ des Français, et ce parti ne cache ni son effroi, ni sa colère.

Les hauts fonctionnaires du gouvernement pontifical ne se sont point mépris non plus sur les résultats à venir du traité franco-italien; ils feront bien certainement tout ce que le pape voudra qu'ils fassent; si les cardinaux décident qu'une protestation doit être faite contre le traité, ils signeront tous la protestation, mais je puis l'affirmer avec certitude, il en est parmi eux qui avouent que c'en est fait du pouvoir temporel, que tout est perdu et que Florence est une dernière étape avant Rome.

Cette pensée va se généraliser promptement, puisqu'elle est dans le parti libéral, dans le parti opposé et parmi les membres du pouvoir. C'est un bien qu'elle se répande; on s'habituera sans résistance à un état transitoire dont la durée est limitée et le passage à un état définitif en deviendra plus facile.

CHAPITRE XXXIX

Retour de M. de Mérode. — Ses premiers actes. — Rome prétend ne pas connaître le traité du 15 septembre. — Attitude du pape. — Il n'y a pas d'arrangement à espérer. — Le cardinal Antonelli et M. de Mérode. — Eventualités. — Évolution du parti prêtre. — Résignation factice. — Manœuvres secrètes. — Appréciation. — M. de Bonnechose à Rome. — Calme apparent du Vatican. — Publication dans l'*Osservatore romano*, par ordre, d'une lettre écrite par M. Petruccelli della Gattina dans la *Presse* de Paris. — Étrangeté de ce fait. — Ses causes. — Jubilé. — Le pape au Pincio. — Baptême de Coën; douleur, supplications, éloignement de sa mère.

Du 28 septembre au 11 octobre.

M. de Mérode, après une courte traversée que la violence du vent a rendue assez pénible, est arrivé à Rome mercredi matin par le chemin de fer de Civita-Vecchia; ce même jour, les cardinaux se sont réunis en conseil au Vatican. Le ministre des armes trouvera sans doute dans les ressources de son esprit d'excellentes raisons pour rassurer le pape et l'empêcher de voir la situation sous son vrai jour. Sous quel aspect la lui fera-t-il envisager? Quelles mesures conseillera-t-il? Nous ne tarderons pas à le savoir; cet homme est trop remuant pour ne pas trahir promptement les plans qu'il aura adoptés.

Son début n'est pas heureux et n'indique pas une haute pensée. En effet, le jour même de son arrivée il faisait publier dans l'*Osservatore romano*, son organe, en gros caractères, une note où il affirmait que M. de Sartiges n'avait pas communiqué au Saint-Siège le traité passé entre la France et l'Italie, et prétendait que ce traité n'était pas même arrivé à Rome; le journal a répété le lendemain cette assertion.

Il y a dans cette note un sous-entendu, une restriction mentale; elle repose sur une argutie; la communication a eu lieu et, après avoir longtemps refusé de l'entendre, Pie IX s'est plaint vivement qu'on le mit en TUTELLE en traitant sans lui. Mais la note de M. de Mérode est l'un des procédés ordinaires à la cour de Rome où tout se fait avec une petitesse, une mesquinerie d'esprit inconnues partout ailleurs. On prétendra ne pas connaître le traité jusqu'à ce qu'il en ait été envoyé directement du ministère des affaires étrangères à Paris une copie à Mgr Antonelli.

Pendant qu'on se livre à ces subtilités qui ne peuvent rien changer à la situation, on tente de négocier au dehors et l'on est à cent lieues de comprendre que le seul moyen de sauver quelque chose est de traiter avec le gouvernement italien. Pie IX en vieillissant est devenu irritable et tenace ; il s'est persuadé que tout doit s'incliner devant lui et céder à sa volonté immuable ; il a transporté dans l'exercice du pouvoir temporel la prétendue infaillibilité que l'Église catholique prête à son chef dans l'administration des choses religieuses.

S'il eût été entouré de ministres d'un esprit élevé, de véritables hommes d'État, de fonctionnaires laïques, on lui eût fait comprendre la distinction à établir dans l'exercice des deux pouvoirs, mais on l'a laissé s'égarer et tout confondre.

Le cardinal Antonelli est un homme bien supérieur aux autres conseillers du pape, mais il est prêtre et un défenseur froid et roide des priviléges de l'Église ; et puis il lutte péniblement et de tous ses efforts, pour se maintenir au pouvoir, contre l'ambition de M. de Mérode qui aspire à le remplacer et ne manquerait pas de saisir l'occasion si le secrétaire d'État donnait prise sur lui en cédant sur quelque point.

Je ne pense pas qu'il y ait à espérer aucun arrangement avec le Saint-Siége tant que ces deux hommes resteront face à face à la tête des affaires. Je vais plus loin, et je crois que la retraite ou la chute du cardinal Antonelli serait plus profitable au gouvernement italien que le renversement de M. de Mérode. Je me heurte ici à une opinion assez générale et tout à fait opposée à celle que j'exprime, mais voici mes motifs.

Le cardinal, maître de la situation par la chute du ministre des armes, se trouverait en butte aux haines ardentes des ultra-catholiques, tout prêts à crier qu'il va vendre le pouvoir temporel; il proposerait des tempéraments que l'Italie repousserait comme insuffisants, que le parti ultra-catholique taxerait de trahison. Dans cette situation difficile, il est très-douteux qu'il osât assumer la responsabilité de la cession du pouvoir temporel.

M. de Mérode devenant chef de l'État par la retraite de Mgr Antonelli ne serait plus retenu par aucun frein. Comptant sur les puissances du Nord coalisées contre la France et l'Italie, sur l'Autriche impatiente de rétablir les choses sur l'ancien pied, il prendrait, en raison de son caractère ardent et passionné, des mesures telles qu'elles précipiteraient les événements.

5 *octobre.* Les défenseurs les plus ardents du pouvoir temporel, qui n'admettront jamais une transaction entre le Saint-Siége et l'Italie, parce qu'ils repoussent tout accord entre l'Église et la liberté, viennent de faire, en apparence du moins, une singulière évolution. Je dis en apparence car leur prétendue résolution cache une manœuvre.

Ce parti qui, la semaine dernière, jetait les hauts cris contre l'abandon de la France et l'ambition de l'Italie, ne se révolte plus contre le traité qu'il n'a pu empêcher; il ne prétend plus l'ignorer et il paraît vouloir attendre tranquillement les événements auxquels ce traité doit donner lieu.

Selon lui, le gouvernement pontifical aurait renoncé à l'idée d'organiser une armée plus considérable que celle d'aujourd'hui, assez forte pour le défendre contre les Romains dans le cas où ceux-ci tenteraient de le renverser après le départ des Français. La situation du trésor lui aurait fait reconnaître l'impossibilité d'entretenir un corps de troupes nombreux; l'avortement du dernier emprunt l'aurait éclairé sur le peu de ressources qu'il doit attendre du crédit. Enfin, sans renoncer à l'exercice du pouvoir temporel, on resterait sans appui de l'extérieur et on s'en remettrait aux Romains eux-mêmes du sort de la papauté.

Tel est le plan que l'on colporte depuis trois jours; telle serait, au dire de gens habiles à dissimuler la vérité, ou quelque peu naïfs, la résolution qui aurait été adoptée par le Vatican. Le bruit s'en est promptement répandu et il est connu aujourd'hui dans Rome de tous ceux qui s'occupent des affaires publiques.

Les esprits sérieux ne croient point à cette prétendue résignation et sourient volontiers d'un plan qui n'est certainement pas venu à la pensée de ceux à qui on le prête, du moins dans la simplicité qu'on lui donne. Ce serait grandement s'abuser que de croire la papauté disposée à se soumettre au vote des Romains, assez clairvoyante pour transiger et retenir ainsi le pouvoir spirituel entouré de garanties et de la splendeur que le gouvernement italien lui assurerait.

Les hommes du Vatican ne voient pas l'abîme ouvert sous leurs pieds et qu'ils ont eux-mêmes creusé. Ils n'ont aucun repentir ni des rapts d'enfants, ni des exils, ni des emprisonnements, ni de la violation des promesses faites à la France; l'orgueil de la papauté ne lui permettra jamais de confesser des torts, et elle n'entend rien changer à l'administration de l'État, rien relâcher du despotisme qu'elle exerce.

Le gouvernement pontifical ne se résigne donc pas, il attend et il manœuvre avec activité. Il attend les discussions qui auront lieu au parlement italien sur le traité du 15 septembre, espérant en voir sortir des incidents de nature à retarder les événements; il invoque dans ses correspondances des passages de la lettre de l'empereur à M. Thouvenel dont le texte lui fournit des arguments; il manœuvre dans l'espérance de susciter des protestations dans les Chambres italiennes et dans les Chambres françaises; il a du temps devant lui, il le croit du moins, et il s'efforcera, en agitant le parti catholique des deux pays, de créer des embarras.

Il n'est pas question de l'agitation de la rue, de celle qu'on réprime par la force, mais de celle qui peut être produite par les orateurs dans la discussion d'une adresse ou d'une convention internationale. Il compte par ce moyen, non pas retarder le départ des troupes françaises, mais amener, disons le mot, il espère contraindre le gouvernement français à faire des déclarations publiques, précises, qui empêcheraient sa dépossession du pouvoir temporel et qui, dans le cas où ce pouvoir temporel serait attaqué par les Romains, justifieraient une intervention étrangère.

Voilà le secret de sa prétendue résignation.

Il y a eu dimanche, 2 octobre, à l'ambassade française un grand diner en l'honneur de M. de Bonnechose ; dix cardinaux y assistaient parmi lesquels Mgr Antonelli.

11 *octobre*. Les colères des partisans du pape-roi, du clergé romain et des prêtres étrangers qui habitent Rome, loin de s'apaiser, sont aussi ardentes que le premier jour. La haine les égare et dans leurs conciliabules dont ils gardent peu le secret, il ne s'agit que de mesures promptes et violentes qu'ils voudraient voir adopter.

Le Vatican résiste à cette impulsion, a une allure complétement opposée, semble froid et affecte le plus grand calme. Les chefs du pouvoir, M. Antonelli et M. de Mérode lui-même, feignent de prendre à la lettre les termes de la dépêche de M. Drouyn de Lhuys à M. de Sartiges ; l'habileté avec laquelle le diplomate français a équilibré les choses, le jeu de bascule auquel se livre le *Constitutionnel* permettent à la cour pontificale d'afficher aux yeux du public une tranquillité, une confiance dans l'avenir qui seraient bien stoïques si elles étaient réelles.

Mais ce qui est sur les lèvres est loin du cœur, ce qu'on étale au dehors n'est pas ce qu'on éprouve à l'intérieur et ce calme est celui du capitaine de vaisseau qui, après avoir juré contre le vent, dont il ressent les premières atteintes et prévoit la violence, appelle à son aide toute sa présence d'esprit, tout son sang-froid, toute son habileté dans les manœuvres pour faire tête à l'orage et échapper à la tempête qui va l'assaillir.

En ce moment donc le Vatican louvoie, prêt à profiter des sautes de vent et des éclaircies ; l'heure de jeter à la mer une partie de la cargaison pour sauver l'autre n'est pas encore venue et il la retardera le plus qu'il pourra.

Le pape, les cardinaux, les ministres, qui n'ont peut-être pas des idées bien exactes sur la liberté de la presse, sont-ils abusés par les divergences d'opinion manifestées par les journaux italiens dans l'appréciation du traité du 15 septembre et se persuadent-ils que ces divergences se reproduisant dans le parlement amèneront le rejet de ce traité? Cela n'est pas présumable, toutefois on pourrrait le croire, car ils ne manquent pas de signaler dans leurs journaux ces divisions auxquelles ils attachent réellement dans leurs réunions une importance exagérée.

Ils reproduisent les petits débats des petites réunions qui ont lieu dans quelques villes d'Italie, et les protestations qu'on y fait contre le traité leur apportent une joie incroyable, joie d'enfant.

Ils cherchent à persuader que l'Italie renoncera à avoir Rome pour capitale et c'est dans le but de propager cette idée qu'ils ont ordonné à l'*Osservatore romano* de reproduire la lettre que M. Petruccelli, député au parlement, a adressée à ce sujet à la *Presse* de Paris.

Rome y est traitée avec un incroyable dédain, le pape y est fort malmené, et souverain pontife aujourd'hui il y est rabaissé au rang de maire d'une petite ville; mais il est dit dans cette lettre que l'Italie n'a pas besoin de Rome pour capitale, qu'elle doit la laisser en dehors de ses domaines, de ses lois, comme la république de Saint-Marin, et c'est pour cela qu'on l'a reproduite.

Avant d'en venir là, il y a eu de nombreux pourparlers vendredi et samedi matin à ce sujet entre les diverses autorités; on a pesé les avantages et les inconvénients de cette publication et on s'est décidé à faire connaître cette pièce que les Romains auraient ignorée, car la *Presse* n'a d'abonnés que parmi les Français, et en très-petit nombre.

On dit cependant que cette pièce servira à deux fins, pour prouver aux Romains qu'on les dédaigne et pour apitoyer les catholiques fervents en leur montrant ce qu'entendent faire de Rome ceux même qui ne veulent pas l'enlever au pape.

Le calme n'est donc qu'apparent, et il faut s'attendre à une lutte de notes, de protestations, d'appels aux catholiques, enfin à une résistance sérieuse mais qui ne peut commencer qu'après le vote du parlement, ou lorsque le gouvernement italien fera des propositions d'arrangement à la papauté.

Le parti libéral, lui aussi, attend les discussions parlementaires avec une certaine préoccupation; il y a dans le traité un mot sur le sens duquel tous ne sont pas d'accord et ont besoin d'être éclairés; la discussion ne peut manquer de leur donner une explication précise.

En attendant que l'on recoure aux moyens politiques, on se livre aux pratiques religieuses dans l'intérêt de la papauté; on fait appel aux Saints avant de faire appel aux hommes. La semaine dernière, un jubilé a eu lieu à l'église de Sainte-Marie-sur-Minerve pour obtenir les grâces du ciel en faveur du pape; une procession a dû être faite jeudi, 6 octobre; des lettres particulières de convocation ont été adressées à un grand nombre de personnes.

Samedi, le pape s'est fait conduire à la promenade du Pincio où il y avait beaucoup de monde; il est descendu de voiture et s'est promené un moment distribuant ses bénédictions. Il a été reçu avec le respect ordinaire, mais pas un cri n'a été poussé sur son passage.

On assure que l'affaire du jeune Coën est terminée; comme on devait s'y attendre, les représentations du gouvernement français, les instances du père ont été inutiles; les larmes d'une malheureuse mère redemandant son enfant, frappant aux portes de tous ceux qui pouvaient lui venir en aide n'ont pu toucher le cœur du pape.

La porte de bronze de Saint-Pierre au Vatican n'est pas plus dure que ne l'a été celui du Saint-Père. La mère dont les instances et la douleur troublaient la joie des ravisseurs a été éloignée, et l'enfant a été baptisé; tel est, du moins, ce qu'on dit partout. La cérémonie a eu lieu sans éclat. Est-ce par pudeur ?

CHAPITRE XI.

Assassinat de deux gendarmes français par des brigands sur le territoire pontifical. — Refus du pape de changer les autorités du pays. — Le valet du bourreau de Rome, brigand à l'intérieur. — Son arrestation. — Comment M. Scuni fut créé comte. — Refus de laisser passer madame Mastricola sur le territoire romain pour conduire son fils à Naples.

Du 12 au 18 octobre.

Un fait horrible et qui emprunte aux circonstances dont il a été accompagné et suivi une importance politique réelle, a eu lieu le mardi 11 octobre sur le territoire pontifical entre Castro et Ceprano. Le brigadier de gendarmerie Legrand et un gendarme venaient de remplir une mission judiciaire à Castro et s'en retournaient, lorsque trois petites bandes de brigands averties par des gens du pays se réunirent, et composant un effectif de trente à trente-six hommes, allèrent s'embusquer près d'un passage étroit et difficile que les gendarmes devaient traverser, non loin de la station de Pofi, sur la voie ferrée de Naples.

Les gendarmes arrivaient à la passerelle jetée sur le Sacco, petite rivière qui se déverse dans le Liri, quand toute la bande fit feu ; les deux gendarmes tombèrent. Les brigands se précipitèrent sur leurs cadavres et les mutilèrent ; ils y mirent un tel acharnement que la tête du brigadier écrasée à coups de crosse de fusil fut aplatie comme une planche.

La nouvelle de ce double meurtre commis sur les États romains a jeté parmi les soldats de l'armée française une émotion facile à comprendre ; le chef d'escadron de gendarmerie, M. Maurice, prévôt de la division d'occupation, a pris immédiatement le chemin de fer et s'est rendu de Rome à Ceprano avec le lieutenant Ottaviani. Tous deux, à la tête d'un détachement du 19ᵉ de ligne et de quelques gendarmes, se sont livrés à d'actives recherches qui ont eu pour résultat l'arrestation de six hommes et de deux femmes. Ces individus enchaînés et bien escortés ont été amenés à Rome vendredi matin ; ils ont traversé les rues au milieu d'une foule curieuse et vivement impressionnée, et ont été écroués au fort Saint-Ange.

On assure qu'un nombre considérable de personnes se sont enfuies de Ceprano le jour même de cette arrestation, et on est porté à croire qu'elles avaient avec les bandits des relations de nature à les compromettre.

L'instruction, qui va s'ouvrir sur le meurtre des deux gendarmes, amènera sans nul doute d'intéressantes révélations sur l'existence de ces bandes qui ne se bornent plus à combattre les soldats de l'armée italienne, mais tournent leurs armes contre les soldats de l'armée française dont la présence sauvegarde encore le pouvoir temporel.

Depuis longtemps les chefs de l'armée d'occupation frappés de l'incurie, du mauvais vouloir des autorités municipales de la frontière romaine, en avaient demandé le remplacement. La répression du brigandage ne trouve en elles ni appui moral, ni appui matériel. Les habitants, complices quand les bandits passent la frontière, peureux ou impuissants quand ils reviennent de ce côté, les laissent tranquillement agir ; mais ce qui est faiblesse chez eux, prend un autre nom chez les autorités ; cela s'appelle lâcheté et le plus souvent connivence.

Après l'assassinat des deux gendarmes, le général qui commande à Rome en l'absence de M. de Montebello, s'est rendu auprès du pape et lui a demandé le remplacement du gonfalonier, — maire, — d'un point important de la frontière. Le pape a fait la réponse ordinaire, traditionnelle, *non possumus*.

Cette fois, cependant, il l'a accompagnée d'une courte explication ; il a dit qu'il ne pouvait pas destituer des hommes que les suffrages de leurs concitoyens avaient appelés au poste qu'ils occupent.

J'en suis bien fâché pour le pape, mais la loi électorale de 1850, appliquée pour la première fois en 1864, stipule que le magistrat municipal appelé gonfalonier dans les villes, et prieur dans les villages, est nommé par le pape sur une liste de trois candidats dressée par les électeurs. Or, celui qui nomme peut révoquer, et je voudrais bien savoir si le pape aurait de ces scrupules-là dans le cas où un gonfalonier ferait quelque chose qui lui déplût.

La loi dit encore que pour être inscrit sur la liste électorale il faut avoir un certificat de bonne conduite morale et politique. Il peut être politique de favoriser le brigandage, assurément cela n'est point moral.

Mais on ne peut pas discuter avec la cour de Rome qui a toujours raison, parce qu'elle est infaillible.

Il résulte donc des faits qui précèdent trois choses.

Que les bandes de brigands destinées à agir dans les provinces napolitaines trouvent asile, sécurité et appui sur le territoire pontifical, ce que l'on savait déjà, mais qui vient d'être malheureusement trop bien prouvé.

Que ces bandes, qui n'ont jamais attaqué un gendarme pontifical, assassinent les soldats français isolés.

Que le gouvernement du pape refuse de changer les autorités municipales ou faibles, ou lâches, ou complices.

Le cabinet des Tuileries, qui a conclu la convention du 15 septembre, avisera aux nécessités d'une situation qui vient évidemment de s'aggraver.

On attend M. de Montebello demain et comme le télégraphe a fait connaître à Paris les événements, on pense que M. le commandant en chef aura reçu des instructions à ce sujet.

Mais voici bien du nouveau; le brigandage en petit, sans fusils, sans révolvers, sans fatigues, sans risques de lutte, se transporte dans Rome. C'est le rachat imposé sans la capture, avec d'assez beaux profits, si la police ne donne pas au vieux drame un dénoûment inattendu.

Celui qui vient de se jouer emprunte un côté original à la qualité du personnage principal.

Depuis quelques mois, plusieurs personnes riches avaient reçu des lettres portant invitation de déposer des sommes assez fortes dans des endroits désignés sous menaces d'incendie de propriétés, de destruction de troupeaux, et de mort en cas de refus. C'était principalement aux propriétaires et fermiers connus ici sous le nom de *marchands de campagne* que l'on s'adressait en ce moment; les brigands de l'intérieur font, paraît-il, des catégories; l'une épuisée, on passe à une autre.

Quelques personnes ont, à ce que l'on dit, obtempéré à ces gracieuses invitations, toutefois en transigeant avec les voleurs, c'est-à-dire en déposant moins que la somme demandée; les bandits avaient la bonté de se contenter de cela pour le moment. Mais une lettre de ce genre arriva à M. Senni, marchand de campagne récemment nommé comte, qui n'étant pas d'humeur à se laisser exploiter, porta la lettre à la police. Le bandit lui demandait cinq cents écus, plus de deux mille six cents francs; on fit poinçonner par un orfévre cinquante écus que M. Senni déposa ou fit déposer à l'endroit indiqué, et l'on se mit en surveillance, afin de saisir l'audacieux bandit.

Le point désigné est dans cette charmante plaine qui s'étend de la Porte Angelica à Ponte-Molle, entre les pentes de Monte-Mario et le Tibre, endroit découvert où la surveillance était facile. Ce ne fut pas sans un profond étonnement que l'on reconnut le voleur au moment où il s'emparait de l'argent. Il fut suivi, et comme il revenait à la ville par la porte Angelica, on l'invita à entrer au poste.

— Mais que me voulez-vous donc? Vous me connaissez bien, dit-il aux carabiniers.

— Oh! très-bien; nous vous attendions, répliqua l'un d'eux.

Cet homme fut fouillé, on trouva sur lui l'argent poinçonné et dans sa demeure, qui fut visitée, six cents écus.

Le bandit n'est autre que *el aiuto del boia*, le valet du bourreau de Rome.

Agissait-il seul, pour son compte particulier? Était-il affilié à quelque honnête compagnie? Ce mystère sera sans doute éclairci et, dans ce dernier cas, on pourra mettre la main sur ses complices.

M. Senni a été fait comte assez singulièrement. Il avait à

ferme, à Prima Porta, une *tenuta* qui est la propriété de l'église de Santa-Maria in via Lata, lorsque ses ouvriers découvrirent, à une assez grande profondeur, un objet d'art. M. Senni, avant de faire faire des fouilles toujours très-coûteuses, passa avec l'Église un contrat en vertu duquel le résultat des recherches serait partagé par moitié; puis il en passa un autre avec des ouvriers auxquels il assura la moitié de sa moitié.

Après de grands travaux, on tira de terre une magnifique statue d'Auguste. La vendre était difficile; elle était estimée fort cher; l'Église ne voulait pas la garder en payant la moitié du prix; M. Senni en voulait encore moins aux conditions de ses contrats; il l'offrit au pape, qui l'accepta. Santa-Maria regimba, résista, et enfin se soumit à contre-cœur. La statue fut transportée au musée du Vatican; mais les ouvriers qui avaient fait les fouilles et l'extraction à leurs frais réclamaient justement et avec énergie; enfin le pape leur fit compter deux mille écus.

Et M. Senni fut créé comte.

Vous savez comment, le mois dernier, madame Mastricola a été bannie du territoire romain pour avoir voulu mener ses enfants passer quelques semaines auprès de leur père à Rieti, et le départ de cette famille, à laquelle le sol de la patrie est interdit *à jamais*. Le pouvoir temporel, qui prononce des exils *à perpétuité* quand il est expirant, vient de déployer une nouvelle rigueur contre cette famille.

Madame Mastricola ne pouvant pas ramener son jeune fils à Rome pour y achever son éducation, voulait le conduire à Naples et le placer au collége de la marine. Mais comme il serait fort imprudent à une femme de faire ce voyage par des routes infestées de brigands que l'ex-roi de Naples soudoie, elle a demandé à traverser le territoire romain, sans y voir personne, sans s'y arrêter une heure, et à venir prendre ici le chemin de fer. Elle n'aurait fait qu'un trajet de quelques minutes sur un point désert de Rome, de la porte Salara à la place de Termini; elle offrait même, si on l'exigeait, de ne pas entrer dans la ville et d'aller prendre la voie ferrée à la station d'Albano, à six lieues de Rome. Le cardinal secrétaire d'État, qui était fort disposé à accorder la demande, n'a pas osé le prendre sur lui; la requête a dû être portée au pape, et le pape, dans sa bonté toute paternelle, a refusé.

CHAPITRE XLI

Retour à Rome de M. de Montebello, commandant en chef de l'armée d'occupation. — Entrevue du général avec le pape. — Paroles échangées entre eux à propos de la convention du 15 septembre. — Intentions conciliantes mal à propos prêtées aux hommes du Vatican. — Coup d'œil rétrospectif sur la conduite du pouvoir pontifical à l'égard du gouvernement français. — Jugement porté à Rome sur le *Constitutionnel* et la *France*. — Comment on apprécie à Rome l'opposition italienne. — Manœuvres du gouvernement romain en France. — Tombola au camp des Prétoriens. — M. de Montebello prévient une manifestation politique des *Cento Calvi*. — Le pape à San-Carlo.

Du 19 octobre au 10 novembre.

M. de Montebello, commandant en chef de l'armée d'occupation, est arrivé à Rome mercredi dernier 19. Afin d'éviter toute manifestation de la part des habitants dont les derniers événements ont encore augmenté la sympathie pour lui, le général avait voulu que les troupes ne se portassent pas à sa rencontre; quelques officiers supérieurs l'attendaient seuls à la gare.

Après avoir remercié le général qui a commandé durant son absence et l'avoir félicité de la bonne discipline qu'il a su maintenir dans l'armée, il a repris l'exercice de ses hautes fonctions.

Immédiatement après, M. de Montebello a fait une visite au cardinal secrétaire d'État, Mgr Antonelli, et l'a prié de demander pour lui une audience au pape. Cette audience a été demandée, accordée sur-le-champ et a eu lieu le lendemain de la visite au cardinal.

L'objet de l'entretien entre le souverain pontife et le général a été le traité du 15 septembre. Le pape semblait avoir quelques doutes sur l'entière exécution de ce traité, et sur une demande qu'il a adressée à M. de Montebello, celui-ci a répondu avec la plus grande netteté.

— Je suis obligé de dire à Votre Sainteté qu'elle doit regarder la convention conclue entre les deux gouvernements de France et d'Italie comme on ne peut plus sérieuse, et que dans deux ans, au maximum, il n'y aura pas un soldat français à Rome.

Abordant un autre ordre d'idées, le général a ajouté :

— Deux années sont un terme assez long et Votre Sainteté aura tout le temps nécessaire pour prendre les mesures qu'elle jugera utiles à ses intérêts.

— Quelles mesures puis-je prendre ? a dit le pape. On me parle de faire une armée, mais cela est impossible. Je n'ai pas d'argent, et vous savez mieux que personne ce que coûtent des soldats.

— Sa Sainteté, a repris M. de Montebello, pourrait accorder à ses sujets des réformes qui les mettant au niveau des autres peuples les attacheraient à son gouvernement.

— Des réformes ! s'est écrié le pape. Mais lesquelles ?

— On a signalé à plusieurs reprises à Votre Sainteté celles qui étaient les plus urgentes, a répondu le général, permettez-moi d'ajouter que l'on pourrait commencer par la réforme judiciaire vivement désirée par vos sujets et par tous les hommes sérieux de l'étranger qui voient avec peine vos États en arrière des autres nations sous ce rapport.

A ces mots, le pape s'est expliqué avec une clarté qui ne laisse aucun doute sur ses intentions, aucun nuage sur sa conduite à venir. Non-seulement il n'a promis aucune réforme, il ne s'est engagé à appeler l'attention de ses ministres, de ses conseillers, sur aucun point de la législation ou des coutumes, mais il a dit très-nettement, de la façon la plus précise, qu'il n'y avait rien à réformer dans son administration, que tout y était organisé de la manière la plus convenable, la plus conforme aux besoins ; que sa conviction à cet égard était profonde. Il a ajouté en terminant que ne pouvant faire une armée et n'ayant pas de réformes à opérer, il attendrait les événements.

L'entrevue a duré une heure. Je n'ai pas essayé, chose impossible, d'en rapporter tous les mots, toutes les répliques; mais on peut être certain que je donne ici le résumé exact de la conversation qui a eu lieu entre le pape et M. de Montebello. Je m'abstiens de tout commentaire, les paroles en disent assez.

Sur la foi de correspondants mal informés et abusés par des demi-mots, divers journaux ont parlé d'intentions conciliantes qui auraient été manifestées par des hommes du Vatican.

Comme toutes les erreurs, celle-ci a fait son chemin avec rapidité ; elle revient de tous les côtés et n'étonne pas peu ceux à qui l'on prête des pensées qu'ils n'ont jamais exprimées parce qu'ils ne les ont jamais eues. Ce serait donc s'abuser que d'ajouter la moindre foi aux idées de conciliation attribuées au gouvernement pontifical.

Dire qu'un pouvoir a des intentions conciliantes, c'est évidemment lui supposer des dispositions à faire une transaction sur une question en litige. Or, sur quoi transiger? Il n'y a pas encore d'objet en discussion. A-t-on demandé quelque chose à la papauté? Dans toute transaction il y a deux parties ; où est donc la seconde ?

Ceux qui parlent de conciliation ont en vue le pouvoir temporel ; ils ne peuvent songer à autre chose ; mais sur ce point Rome n'a pas à transiger avec le gouvernement français qui n'a pas soulevé cette question, qui peut conseiller encore, et ne demande plus rien parce qu'il a trop longtemps demandé sans rien obtenir. C'est donc avec le gouvernement italien que l'on peut avoir un jour à transiger, à se concilier, et l'heure n'est point encore venue. On ne sait ce que pourront amener les événements après le départ des troupes françaises et les nécessités que ces événements imposeront, mais si le gouvernement italien faisait des propositions au Vatican, elles seraient très-certainement repoussées aujourd'hui.

Qu'on cesse donc de prêter au pouvoir pontifical des intentions conciliantes quand ses journaux eux-mêmes en proclament de toutes contraires. Depuis un mois, à tous les désirs prévus, à toutes les aspirations devinées, à toutes les prétentions mises en avant par les feuilles du dehors, ils opposent un mot, un seul, toujours le même, et ce mot est Rien. Le Vatican n'accordera rien, ne cédera rien, n'entendra rien, ni aujourd'hui, ni demain, ni jamais! Voilà ce qu'ils disent. C'est engager un peu légèrement l'avenir, mais ces gens comptent sur l'éternité.

On égarerait donc l'opinion publique si l'on continuait à parler d'intentions conciliantes qui n'existent pas ici. On manœuvre à Vienne et à Madrid et si l'Autriche ou l'Espagne pouvaient se laisser entraîner à soutenir le Vatican, on verrait de quelle nature sont ses véritables intentions.

5 novembre. Je disais dernièrement que, semblable au capitaine de vaisseau qui voit venir la tempête, le Vatican allait déployer toute son habileté pour conjurer l'orage; le moment d'agir est venu et la manœuvre commence.

Remontons quelque peu en arrière pour faire bien comprendre les phases de la lutte qui s'engage. Le parti clérical exalté, M. de Mérode en tête, rêvait, il y a quelques mois, la coalition des puissances du Nord et, voyant la France envahie, les hommes de ce parti se faisaient déjà leur part dans la conquête. C'était bien un peu prématuré, mais ils se croyaient si certains du succès! Si alors le gouvernement français eût proposé de retirer ses troupes de Rome, ce parti eût accepté sans hésiter; bien plus, il aurait demandé lui-même l'évacuation s'il avait eu la majorité dans les conseils du Vatican, si la maxime romaine « attendre et voir venir » ne l'eût pas emporté. Cela a tenu à bien peu.

Depuis, quand l'avortement de la coalition a été à peu près constaté, ou du moins quand il a été positif que toute agression contre la France était ajournée, ce parti s'est résigné à subir la présence des troupes dont il ne pouvait pas se passer, sans accorder pour cela plus d'attention aux sages conseils du gouvernement français.

Lorsque le mari de la reine d'Espagne fit un voyage à Paris, il n'était point encore question, — dans le public, — du traité du 15 septembre, et cependant à cette époque, j'écrivais que ce prince, dans ses conversations avec l'empereur, soulèverait la question de Rome et parlerait des éventualités qui pourraient suivre l'évacuation du territoire de l'Église.

La France mettait des conditions à l'appui qu'elle donnait; maîtresse réelle de Rome, pouvant y dicter sa volonté, y imposer toutes les réformes qu'elle désirait, elle se contentait, par respect pour la souveraineté du pape, de les suggérer, de les demander, mais en donnant de la publicité à ses demandes, en avouant l'inutilité de ses efforts, elle repoussait la responsabilité des actes de l'administration romaine.

Cette sorte de protestation constante irritait au plus haut point le Vatican qui veut qu'on se livre corps et âme, qu'on le serve les yeux fermés, ou plutôt l'esprit fermé, sans réserve aucune; qui avec son despotisme froid et sec introduit le principe de la foi aveugle dans les choses gouvernementales, et réclame des États l'obéissance absolue et passive exigée des catholiques.

Le public ne sait jamais à quel point sont poussées ces exigences, parce que, dans l'intérêt de leur dignité, ceux à qui on voudrait les imposer ne les publient pas toutes, ou les atténuent.

La France s'est lassée de ce rôle et le Vatican eût voulu le voir remplir par le gouvernement espagnol qui semblait s'y prêter, heureux de remettre le pied en Italie.

Que s'est-il passé aux Tuileries? Cela est resté jusqu'ici un mystère. On ignore si la question a pu être abordée, si elle a été traitée à fond entre l'empereur et le roi, mais il résulte aujourd'hui de confidences faites par les hommes du pouvoir pontifical que l'on comptait sur l'initiative du roi, sur les forces espagnoles, et enfin qu'à la divulgation du traité du 15 septembre, on fut ici bien plus frappé de la proclamation du principe de non-intervention que de la déclaration touchant le retrait des troupes françaises de Rome.

Quitter le territoire occupé depuis quinze années, c'était peu important si on laissait à une autre puissance la faculté de remplacer les troupes qui se retiraient; mais déclarer qu'on ne permettrait à personne d'occuper le poste abandonné par la France, c'était faire un acte d'une bien autre portée. Le Vatican ne s'y est pas mépris.

Pendant que les journaux discutaient sur le sens à donner à la convention, il a parfaitement vu où elle le conduisait. Ce qui le prouve, c'est la manière dont ses journaux se sont exprimés.

Ce n'est point aux *Débats*, au *Temps*, à l'*Opinion nationale*, au *Siècle*, qui ont vu dans le traité la chute inévitable du pouvoir temporel, que les journaux de Rome ont adressé des injures, c'est au *Constitutionnel* et surtout à la *France*.

Un homme de beaucoup d'esprit et d'originalité, partisan *par état* de la royauté papale, à qui l'on faisait remarquer l'autre jour combien le langage employé contre ces journaux était violent et pouvait être injuste, s'écria avec indignation : Injuste ! On a condamné le pouvoir temporel à être étranglé, le *Constitutionnel* et la *France* savonnent la corde !

Oubliant cependant les justes motifs qui ont amené la conclusion du traité, le Vatican s'est laissé aller au chimérique espoir qu'il ne serait pas exécuté, que des événements imprévus retiendraient sur le territoire romain cette armée dont le départ apparaît aujourd'hui comme une menace.

Les écrivains attaquant avec ardeur ce traité dans la presse italienne, les députés annonçant l'intention de le combattre au parlement, les hommes proposant la mise en accusation des ministres qui l'ont conclu, ne se sont pas doutés de la joie qu'ils apportaient au Vatican, des espérances qu'ils y faisaient naître.

S'ils avaient pu savoir quelles actions de grâce on leur rendait ici et comme on comptait sur leur opposition ! S'ils avaient eu la faculté de se transporter pour une heure dans les conseils où se réunissent les ministres et quelques hauts dignitaires de l'Église, mais surtout dans les conciliabules tenus chez certains cardinaux et auxquels assistaient des princes romains, des prêtres, des moines de haut rang, ils auraient compris combien ils faisaient les affaires de Rome ! Pendant quinze jours, le parti clérical a vécu de l'espérance de voir les protestations triompher et le rejet du traité par le parlement brouiller la France avec l'Italie.

Les bruits de coups d'État n'ont pas été moins bien accueillis. Il fallait entendre les hommes du pouvoir dire de ce ton froid et tranchant si ordinaire aux prêtres : Vous voyez bien qu'on ne peut pas gouverner avec la liberté.

Ils auraient eu un incroyable bonheur à voir les garanties constitutionnelles brisées en Italie afin de demander aux Romains, si c'est là le régime qu'ils veulent et s'ils sont disposés à s'insurger pour l'obtenir.

L'entretien du pape avec M. de Montebello a fait évanouir la première illusion relativement à l'exécution du traité.

Depuis, sont arrivées des lettres de Turin ne laissant aucun doute sur l'acceptation par le parlement, et la seconde illusion s'en est allée en fumée. On se trouve en face d'une réalité qui, pour être ajournée à une échéance encore éloignée, n'en est pas moins pressante, car les jours vont vite.

De ce que les illusions se sont envolées, s'ensuit-il que l'on ne conserve aucune espérance? Ne le croyez pas. Pour ceux qui en profitent, ce qui a longtemps duré semble ne devoir jamais finir, si l'on sait faire naître à propos des circonstances qui aident à son maintien. Et c'est ce but que l'on poursuit.

La presse romaine représente le gouvernement italien comme prosterné devant la France, dans l'impuissance où il est de résister; elle veut persuader que le traité, demandé par l'Italie, lui a été au contraire imposé; en un mot, Rome essaye d'exciter l'orgueil national contre les Français.

Mais la manœuvre ne serait pas complète, si elle ne cherchait pas à exciter le gouvernement français contre l'Italie. On s'est expliqué trop nettement à ce sujet dans diverses conversations pour ne pas persuader que l'on a écrit du Vatican à plusieurs prélats français en les priant, ou en leur suggérant l'idée de faire remarquer à l'empereur avec quel dédain avait été accueilli par quelques hommes le traité qu'il avait regardé comme un acte favorable à l'Italie. Cette mission, qu'on n'en doute pas, a été donnée, et il est à croire qu'elle a été remplie.

Rien ne favorise mieux ces sortes d'intrigues que l'organisation religieuse au moyen de laquelle Rome a une milice dévouée, obéissante, au sein de tous les États catholiques, et servant parfois des intérêts qui ne sont pas ceux du pays dont le budget la soutient.

La durée de l'occupation de Rome n'est plus indéfinie; les troupes françaises peuvent être retirées dans quelques mois comme dans deux ans; mais il est de l'intérêt de l'Italie et de la France qu'elles le soient promptement; moins l'occupation se prolongera, moins de difficultés on aura à vaincre.

Le pape a dit : « J'attendrai les événements, » mais il n'a pas dit que les hommes dont il est entouré n'en feraient pas surgir. Ce qui est à redouter, ce sont les démonstrations, les émeutes, les troubles intérieurs qui éclateraient avant le départ des troupes françaises. Les Romains seront-ils assez habiles pour s'abstenir de manifestations intempestives, pour résister aux provocations? C'est le secret de l'avenir.

Dimanche dernier, 30 octobre, une grande tombola a été tirée dans le vaste champ de Macao, l'ancien camp des Prétoriens. C'était une des nombreuses fêtes du Dieu *Quine* et de la déesse *Tombola* dont le culte est entretenu à Rome et dans les États de l'Église avec autant de soin que le fut autrefois le feu de Vesta. Cette solennité avait été fixée d'abord au 23, mais le mauvais temps la fit remettre.

Le pouvoir voulait profiter de l'occasion pour faire faire une manifestation en faveur du pouvoir temporel. Le général de Montebello en fut officieusement informé et craignant qu'une contre-manifestation n'amenât des désordres et une lutte, il ordonna qu'un fort piquet de soldats français irait prendre part à la fête.

Instruit à son tour de ces dispositions du général, M. de Mérode réclama en faisant observer que le champ de Macao étant un territoire exclusivement réservé aux militaires pontificaux, pour lesquels on achève d'y bâtir une caserne, ceux-ci devaient être seuls chargés de la police de la fête. M. de

Montebello répondit qu'il ne retirait jamais un ordre qu'il avait donné.

Dimanche donc, malgré une pluie assez forte qui dura deux heures, une très-grande foule se rendit à Macao. C'était un curieux spectacle que celui de ces milliers de spectateurs, le papier d'une main, la mine de plomb de l'autre, suivant avec anxiété les caprices de la roue de la fortune, ou les évolutions du télégraphe reproduisant les numéros sortis.

Mais ce qu'on ne peut voir qu'à Rome et dans les États de l'Église, c'est le nombre considérable de prêtres, de religieux, de moines, de tout ordre et de tout habit, jouant à cette loterie publique.

Des moines mendiants vêtus de brun, capucins tonsurés, religieux en robe blanche, prêtres en soutane noire, toute la moinerie qui vit d'aumônes, poursuivaient le gain du gros lot, mêlés aux femmes, aux filles, aux *Minenti* qui en courant faisaient danser leurs robustes appas.

Les *Cento Calvi* se tenaient par groupes, disposés à gagner leur paye en criant *Vive le pape-roi !* mais il y avait là un bataillon de soldats français et pas un cri n'a été poussé.

Le pape s'est rendu le 4 à l'église de Saint-Charles Borromée au Corso, dont c'était la fête. Il paraît que ce n'est pas un saint de premier ordre, car au lieu d'y aller en train de grand gala, il avait pris seulement le train de demi-gala. Les gardes nobles portaient la petite tenue, mais le pape était dans sa magnifique voiture velours et or.

Le nombre des cardinaux était considérable et il est impossible de voir des équipages plus riches et plus élégants que les leurs. C'est un luxe incroyable.

Des troupes françaises, la garde palatine, les soldats pontificaux, la gendarmerie pontificale à cheval, les dragons, occupaient les abords de Saint-Charles. A son arrivée comme à sa sortie de l'église, le pape a été accueilli par de nombreuses acclamations, mais aussitôt qu'il a paru, la musique d'un régiment a fait retentir l'air du bruit de tous ses cuivres et, sans couvrir les voix, a empêché de distinguer les cris. Criait-on

Vive le pape, vive le saint-père, ou *vive le pape-roi!* J'étais là et je n'en sais rien.

Dans l'église, pendant la cérémonie, j'ai eu l'occasion de bien voir le pape porté sur son pavois; il m'a paru très-défait, très-abattu, son affaissement m'a semblé très-grand. Je l'avais vu huit ou dix jours auparavant, le changement était notable. Ces alternatives sont fréquentes.

CHAPITRE XLII

L'attente des partis. — Bruits divers de formation de légions étrangères. — Impossibilité de créer une force armée, faute d'argent. — Le pape doute encore de l'exécution du traité franco-italien. — Une conversation de Pie IX : Si la convention s'exécute, je n'aurai plus qu'à prendre ma canne et à m'en aller. — Paroles du cardinal Antonelli. — On conseille au pape de lancer un manifeste pour protester contre la convention de septembre. — Les membres du Sacré-Collège. — Bruits d'un prochain départ de deux régiments français. — Véritable état des choses. — Un nouveau saint dans l'ordre des jésuites.

Du 14 au 11 novembre.

Le part clérical et le parti italien de Rome attendent avec le même calme apparent, et en réalité avec la même impatience le vote du parlement. Les discussions de la Chambre des députés, les dépêches des ministres de France et d'Italie sont apportées par le télégraphe, et leur publication, inusitée jusqu'ici dans Rome, remue les esprits et secoue un peu la torpeur qui pèse sur cette population.

La dépêche de M. Drouyn de Lhuys à M. de Maleret a jeté dans le parti patriote une certaine agitation qui ne s'est pas trahie au dehors, mais qui s'est manifestée assez vivement dans les conversations et dans les réunions intimes.

La dépêche si nette et si précise de M. de Lamarmora est venue heureusement dissiper les craintes que la première avait fait naître.

Durant ces jours d'attente, toute action paraît suspendue au Vatican, et, précisément parce qu'on ne le voit faire aucun acte extérieur, on lui prête toutes sortes de projets impossibles. Un jour il s'agit de la formation d'une légion polonaise dont quelques exilés formeraient le noyau; un autre jour on parle d'une légion bavaroise qui serait créée par les amis de l'ex-reine de Naples, destinée à protéger à la fois et le pouvoir temporel et la présence de François II, qui ne tardera pas à être un des grands embarras de la papauté; un autre jour enfin, ce serait une légion espagnole que l'on voudrait organiser. Tout cela est jusqu'ici absolument inexact. Lors même que la situation financière ne s'opposerait pas à la création d'une force armée, d'autres motifs l'empêcheraient pour le moment.

D'abord, rien ne presse, on a du temps devant soi; ensuite, et c'est là le fait caractéristique de la situation d'aujourd'hui, le Vatican doute encore de l'exécution de la Convention du 15 septembre.

Ce doute pourra paraître fort étrange après l'entretien que le pape a eu avec M. de Montebello, mais il n'en est pas moins positif. Le général, par sa déclaration sans ambages et sans détours, avait d'abord dissipé cette illusion, mais elle s'est reformée sous des influences secrètes, par suite de ces avis ténébreux qui ne manquent jamais à la cour de Rome.

Enfin, et cela n'est pas moins grave, le Saint-Père parle de quitter Rome plutôt que de se trouver face à face avec ses sujets.

Il a exprimé ces deux idées en même temps, il y a très-peu de jours, dans une audience qu'il avait accordée à une personne que je crois inutile de désigner, mais dont je sais fort bien le nom, et avec qui il s'entretenait du traité du 15 septembre, sur lequel il avait lui-même amené la conversation.

— Ou la convention n'est pas sérieuse, dit le pape, et, dans ce cas, je n'ai rien à faire, rien à changer à la marche actuelle des choses; ou elle est sérieuse et s'exécutera, et alors je n'aurai qu'à prendre ma canne et à m'en aller.

Ces expressions paraîtront un peu familières, je les garantis textuelles.

L'idée de quitter Rome, émise par le pape, n'est peut-être pas partagée par tous les cardinaux qui occupent des emplois spirituels et fructueux et que des liens nombreux attachent à la cité, mais elle a été adoptée par le premier fonctionnaire du gouvernement, M. le secrétaire d'État.

En effet, Mgr Antonelli, causant tout dernièrement avec

une autre personne, que je pourrais également nommer, lui exprimait absolument la même idée en termes différents.

— Si la convention s'exécute, lui disait-il, Pie IX quittera la ville de Rome ; ce ne sera pas la première fois que la papauté aura été errante.

Je garantis ces paroles, ainsi que les précédentes.

Deux idées occupent donc le Vatican : le doute sur l'exécution du traité, et le projet de départ en cas d'exécution. Le temps amènera d'autres idées, mais telles sont celles d'aujourd'hui.

Quelques personnes de l'entourage conseillent au pape de lancer un manifeste, dans lequel il protesterait contre la convention conclue sans sa participation. C'est sur ce dernier point qu'il montre encore le plus de susceptibilité. Il répète souvent ces mots : « *Sans moi, sans moi! Décider de mon sort sans me consulter! Je ne suis donc rien!* »

La plupart des hommes qui composent le Sacré-Collége ne se sont pas montrés moins froissés. Ils n'ont en réalité aucun pouvoir politique ; le pape règne et gouverne dans toute la plénitude du mot. Leur influence, complétement nulle dans les affaires politiques, n'est qu'un grave embarras dans les affaires administratives dont ils entravent la marche en arrachant des concessions, des priviléges, des exemptions de toutes sortes en faveur de leurs protégés.

Dans l'administration des affaires religieuses ils ont des droits bien définis, qu'ils exercent sans conteste et auxquels le pape ne voudrait pas toucher ; mais, je le répète, en politique ils ne sont rien, du moins sous le règne actuel. Eh bien! ce sont précisément ceux qui ne peuvent rien qui ont crié le plus haut contre le traité conclu à l'insu de Rome ; ils ne le pardonneront jamais à monsignor Chigi, et l'empereur aura beau accorder au nonce des audiences, cela ne le réconciliera pas avec lui. Ce sont eux qui ont le plus vivement excité le pape, qui n'a guère besoin de ces excitations.

Il y a dans le Sacré-Collége des hommes très-intelligents de la situation, qui laissent crier leurs collègues et se taisent ; on les représente comme disposés à entrer en arrangement avec l'Italie. Je crois cette opinion fort prématurée. Au surplus, en supposant qu'elle soit fondée, toute pensée d'arrangement échouerait aujourd'hui devant la volonté absolue du pape, qui, doutant de l'exécution du traité, ne prêterait l'oreille à aucune proposition.

Un journal français fort clérical publiait dernièrement une correspondance de Rome, dans laquelle il était dit que l'évacuation du territoire romain devait très-incessamment commencer par le départ des 19e et 59e régiments de ligne, mais qu'un contre-ordre avait été envoyé. Je crois pouvoir assurer qu'aucun contre-ordre n'a été nécessaire, par la raison toute simple qu'aucun ordre, à ce sujet, n'avait encore été donné.

Il s'agit, relativement à l'armée, d'une mesure dont la gravité n'échappera à personne. Trois bataillons français occupent aujourd'hui la province de Viterbe, sur la frontière toscane; les mutations auront lieu, comme à l'ordinaire, au mois de janvier prochain; alors, en raison du traité qui laisse aux Italiens la garde des frontières, un bataillon seulement resterait à Viterbe; les deux autres abandonneraient les divers points qu'ils occupent aujourd'hui dans la province de ce nom, et seraient envoyés sur la frontière napolitaine, où ils renforceraient les postes français, qui combineraient leurs mouvements avec ceux des soldats italiens, afin de faire une plus rude guerre aux brigands de monsieur François II et aux voleurs de grand chemin qui infestent ces parages.

Tels sont les plans véritables dont il est question aujourd'hui; je ne sais pas, et personne ne le sait, si des événements imprévus les feront modifier; mais, jusqu'à ce moment, il ne s'agit pas d'autre chose.

On comprend, du reste, toute la portée de la mesure. Ce serait tout à la fois le commencement de l'exécution du traité et une aide donnée à l'Italie dans cette triste guerre qui désole les provinces napolitaines.

15 novembre. L'ordre des jésuites paraît avoir besoin d'un nouveau saint, et on va le lui préparer par la béatification de Petrus Canisius de son vivant, membre de la Société de

Jésus. Il s'agit vraisemblablement de réchauffer la foi mourante sur quelque point de la province d'Allemagne. Canisius, en effet, doit être un Allemand, ou du moins doit avoir vécu outre Rhin, si l'on s'en rapporte à de grands tableaux déjà mis en place et représentant des miracles opérés sur des femmes qui portent des noms germains.

Ces peintures, appendues dans le chœur de Saint-Pierre au Vatican, nous apprennent comment une femme hydropique et paralytique, dédaignant la médecine, a été guérie en invoquant la lithographie du saint homme que l'artiste lui a mise à la main; comment une autre femme, atteinte d'une maladie inguérissable qui la privait de l'usage de ses membres, se fit porter au tombeau de Canisius, jeta les béquilles que l'on voit à ses pieds, et s'en alla joyeusement sans le secours de personne.

Voilà, certes, deux jolis miracles, un bel honneur pour les jésuites qui feront des quêtes fructueuses chez les dames, très-flattées de ces prodiges opérés en faveur de leur sexe, et une grande honte pour la science.

Les sceptiques ne manqueront pas de faire observer que les médecins, très-incrédules de leur nature, qui ont donné des soins aux deux femmes malades sont morts depuis longtemps, et par conséquent ne peuvent plus fournir d'explications sur les affections dont elles étaient atteintes et sur leur merveilleuse guérison. Ils prétendront peut-être que ces femmes n'ont jamais existé, qu'on les a inventées pour les besoins de la cause, que ce n'est pas la première fois, que Rome le sait et ferme les yeux, parce que cela est fait pour la plus grande gloire de Dieu.

Tout passe qui n'est contredit. Qui pourrait faire des objections à ces prodiges toujours reportés à de lointaines années? Au nom de qui, au nom de quoi les ferait-on? Au nom de la raison? Elle n'a pas, dans ces causes-là, d'avocat à Rome. Il y a bien, quand on instruit une affaire de ce genre, un contradicteur que l'on appelle *l'avocat du diable*; mais il ne proteste ni au nom de la science, ni au nom de l'ordre invariable des choses humaines qui n'admet pas de merveilleux, ni au nom de la raison qui le repousse; cet avocat ne conteste pas la possibilité des miracles, car il reconnaît au diable, son patron, la puissance d'en opérer; il se borne à des observations de détail et ne vient là que pour être battu. C'est en vérité la chose la plus bouffonne que l'on puisse imaginer que cet avocat du diable plaidant à Rome, au dix-neuvième siècle, devant une assemblée de prêtres, pour fermer les portes du calendrier à un nouveau postulant!

Que Rome religieuse fasse des saints, personne ne s'y oppose; elle est parfaitement libre de se servir comme elle l'entend des deux clefs qui sont peintes, l'une en argent, l'autre en or, sur ce grand cadre placé vis-à-vis du monogramme des jésuites. Mais que cette même Rome, capitale politique d'un État, proclame des miracles qui sont la négation de la science, cela a bien une autre portée.

On se demande, en effet, pourquoi Rome politique a une Faculté des sciences, pourquoi elle a une École de médecine, quand on voit aujourd'hui même, dans de grands tableaux appendus dans le chœur de Saint-Pierre, le premier temple de la cité, qu'il suffit d'invoquer la lithographie, ou de se faire porter au tombeau du futur bienheureux Canisius pour être guéri de l'hydropisie, de la paralysie et d'autres maladies encore.

Il y a là une contradiction évidente. Le pouvoir temporel ne croit pas à l'efficacité des miracles pour guérir les malades, puisqu'il établit des chaires de médecine; le pouvoir spirituel repousse la science et proclame des saints qui guérissent de tous les maux.

Et quand on pense que ces deux pouvoirs, temporel et spirituel sont exercés par le même homme, par le pape, qui est infaillible dans l'un comme dans l'autre, naturellement on ne sait plus où on en est, ni comment sortir de ce dédale.

Il y a des gens qui prétendent tout arranger, tout faire concorder et font une distinction subtile; ils vous disent avec le plus grand sang-froid : « Le pape est infaillible quand il traite des choses spirituelles, mais il ne l'est pas en ce qui regarde le temporel. »

Ce sont des gens de peu de foi! Est-ce que la raison admettra jamais que le pape, infaillible à midi quand il s'occupe des intérêts de l'Église, puisse être faillible à une heure, quand il traite des affaires de l'État? Non, cela ne se peut pas; il est aussi infaillible dans l'un que dans l'autre cas.

CHAPITRE XLIII

Arrivée du roi de Bavière et de M. de Bach, ambassadeur d'Autriche. — L'ambassadeur d'Espagne est attendu. — Congrès au petit pied. — On trompe dans les correspondances les journaux de France et de Belgique. — Véritable état des choses. — Les fonctionnaires romains. — Effet des discussions du parlement italien sur le transfert de la capitale. — La population de Rome. — Les mœurs. — Les prisons. — Les travailleurs et la propriété.

Du 16 au 19 novembre.

Le vieux roi de Bavière est arrivé à Rome samedi; il est descendu à l'hôtel qu'il possède auprès de l'ancienne porte Pinciana aujourd'hui fermée, qui confine à la partie méridionale de la villa Borghèse. Le pape l'a envoyé complimenter lundi, et le cardinal Antonelli est allé lui faire une visite. Sa Majesté bavaroise, à son tour, s'est rendue officiellement au palais du Vatican afin de présenter ses hommages au souverain pontife. C'est affaire de convenance et de courtoisie et dans d'autres circonstances on ne ferait nulle attention à ces choses-là, mais en ce moment on cherche une signification aux démarches les plus simples. Aussi a-t-on remarqué qu'après la réception officielle à laquelle assistaient un assez grand nombre de personnes, le roi et le pape sont restés seuls et se sont longtemps entretenus ensemble.

En même temps, l'ambassadeur d'Autriche, M. de Bach, qui était en congé, venait reprendre son poste auprès de la cour de Rome. Le prince et le diplomate sont arrivés le même jour, peut-être ensemble, je ne sais. Sans attribuer à cette coïncidence une importance exagérée, il est cependant permis d'y voir, dans les circonstances actuelles, l'intention de faire une manifestation favorable au Saint-Siége. Plusieurs personnes pensent que le roi de Bavière et l'ambassadeur d'Autriche sont revenus sur la demande du pape.

On sait que des liens de parenté unissent la famille du roi

Louis à François II, et quelle protection l'Autriche a toujours accordée au gouvernement romain, il est donc facile de prévoir que l'on va chercher toutes sortes de combinaisons pour échapper aux éventualités menaçantes de l'avenir.

M. Pacheco, ministre d'Espagne, est, en outre, attendu d'un jour à l'autre ; il apportera sans nul doute des instructions détaillées de son gouvernement, et alors le pape, les rois, les ambassadeurs, le cardinal Antonelli, réunis en une sorte de congrès, discuteront la conduite à tenir envers la France et l'Italie, sortiront peut-être de la réserve gardée jusqu'ici et feront connaître leurs intentions.

Il ne faut pas prêter la moindre foi aux prétendues pensées de conciliation de certains membres de la cour de Rome, dont on continue à entretenir les journaux de France et de Belgique ; on trompe à cet égard les feuilles étrangères ; sans doute on le fait de bonne foi, et voici, je pense, ce qui a donné lieu à ce bruit.

Quelques fonctionnaires, et on en cite d'assez élevés, effrayés des suites que peut avoir la convention, voyant déjà Victor-Emmanuel au Capitole, cherchent à persuader qu'ils ne sont pas ennemis de la liberté, qu'ils ont mis souvent un frein aux fureurs de la persécution, et que, tout en servant le gouvernement, ils ont toujours essayé de l'entraîner dans une voie plus conforme aux vœux du pays. En un mot, ils préparent leur petit bagage pour passer, le cas échéant, dans le camp italien et pour conserver leur emploi. Les propos attribués à ces fonctionnaires sont, paraît-il, très-vrais, mais personne n'oserait affirmer qu'ils ne jouent pas la comédie.

M. de Sartiges auquel on prête toutes sortes de démarches, reste au contraire dans l'inaction et garde une réserve fort prudente dont il semble ne pas vouloir se départir. Sa situation est, du reste, très-délicate.

M. de Montebello s'abstient ; depuis l'entretien qu'il a eu avec le pape quand il est venu reprendre son commandement, il n'est pas retourné au Vatican. Au surplus, il est en ce moment légèrement indisposé par suite d'une grosseur survenue près de l'oreille, mais qui n'offre aucune gravité.

Madame de Montebello est attendue ici vers la fin du mois.

La portion éclairée de la population romaine continue à suivre sans anxiété aucune, mais avec une attention soutenue, les discussions du parlement italien sur la translation de la capitale. C'est pour elle une vie réellement nouvelle que cette initiation aux débats qui la touchent de si près, qui n'ont plus lieu au Sénat ou au Corps législatif de France, mais entre les représentants de la patrie commune, débats instructifs où elle peut apprendre comment on juge Rome et quel prix les divers partis attachent à sa possession.

Elle ne s'effraye point, elle ne s'émeut point de ces discussions orageuses, passionnées quelquefois, elle comprend la liberté de la tribune, et reste calme parce qu'elle a confiance dans l'avenir.

Dans quelques semaines commencera à courir le délai des deux années assignées à l'évacuation. En face des questions que soulève le problème romain si malheureusement posé en 1849, il n'est pas possible de dire encore s'il sera résolu par les moyens moraux, ou si des circonstances favorables ne viendront pas en aide aux progrès de la civilisation ; mais on peut affirmer dès aujourd'hui que la partie éclairée de la population est fort disposée à seconder tout ce qui sera tenté par le gouvernement italien dans le but de l'affranchir, et que l'Italie, le jour où elle délivrera Rome du pouvoir temporel, aura fait une conquête morale plus grande encore que sa conquête politique.

Un orateur de beaucoup d'esprit et de verve, qui met un grand savoir au service de ses idées très-originales dans la forme, très-peu justes au fond, a jeté à pleines lèvres le sarcasme et le dédain sur cette Rome qu'il croit inutile à l'Italie, et il n'a pas compris que plus est grande une oppression impossible à briser, plus est profonde une déchéance inévitable, plus aussi elles doivent provoquer la sympathie ; et il ne s'est pas douté de quelle gloire il priverait son pays s'il pouvait l'amener à abandonner à tout jamais Rome à la papauté.

Ce qu'il a dit est vrai ; dans cette ville où quatre cents églises et chapelles encombrent le sol, il y a des Romains de sacristie, de Romains livrés à toutes sortes de pratiques superstitieuses, humbles complaisants du prêtre.

Mais ces Romains-là sont-ils la majorité, et parce qu'il y a dans un État des hommes qui vivent des abus du despotisme, est-ce une raison pour condamner le reste de la nation à le subir.

L'histoire du moment est difficile à faire, impossible parfois, mais qu'on demande aux exilés et aux fugitifs de Rome, réfugiés dans toutes les grandes villes d'Italie, pourquoi tels et tels ont dû quitter la patrie afin d'échapper à la prison, et on saura combien de révoltes se sont produites, que le pouvoir a punies, et que les proscrits ne divulguent pas par respect pour leur famille.

L'amour de la liberté est un puissant mobile qui arme souvent les hommes généreux, les vaillants, contre la tyrannie; l'histoire de l'Italie morcelée en a fourni assez de preuves, elle a assez de pages écrites avec du sang, et Rome a payé son contingent de martyrs. Mais quand à l'amour de la liberté vient se joindre le sentiment de l'honneur humilié ne peut-on pas en attendre plus encore.

Ignore-t-on, — et cela serait bien permis à ceux qui vivent loin de cette cité dont on pénètre si difficilement les mystères, sur laquelle on ne peut faire luire la vérité, tant il y a d'hommes intéressés à l'obscurcir, — ignore-t-on que dans les prisons de Rome il y a plusieurs milliers de captifs condamnés pour leurs aspirations politiques, pour de fantastiques complots, à dix ans, à vingt ans de détention, à perpétuité quelques-uns, tourmentés chaque jour, jusque dans les plus petites choses, par des gardiens qui ont pour mission de briser l'énergie avec laquelle ils supportent la captivité, de les amener à crier merci.

Ces malheureux sont là depuis longues années et n'en sortiront jamais si l'Italie ne les en arrache. Leurs familles, tombées peu à peu dans une affreuse misère, après avoir vécu dans une aisance due à un travail honorable, sont réduites à vivre de l'aumône des patriotes.

L'inquisition, que l'Europe croit morte, est ici toute vivante; son tribunal s'assemble deux fois par semaine, dont une fois en présence du pape ; elle agit, emprisonne et condamne. Qui sait combien d'hommes sont ensevelis dans les cachots du Saint-Office!

Des intérêts particuliers, des intérêts d'argent, prenant le masque de la religion, ce Saint-Office fait enlever des femmes par des carabiniers, et les jette dans des couvents dont les supérieures deviennent des geôliers.

Un jour, quand la captivité, la solitude, le silence absolu, ont préparé la recluse à voir un ami, un consolateur, dans quiconque viendra la visiter, apparaît dans sa cellule un dominicain, un des héritiers de ces anciens pourvoyeurs du bûcher; il semble apporter la liberté, il la fait espérer, il s'insinue dans les replis de l'âme de la captive, il y fouille, il y cherche ce qui n'y est pas, pauvre ignorante, croyante de bonne foi, religieuse par tradition, ne soupçonnant pas où il en veut venir, ne se doutant pas qu'elle subit un interrogatoire.

A la troisième ou quatrième visite, le moine souriant a disparu, les faux dehors ont fait place à la réalité, le dominicain se montre tel qu'il est; il se coiffe d'un bonnet, il se revêt d'un costume ecclésiastique, il ordonne à la femme de s'agenouiller, lui lit une sentence qui pour un crime mystique auquel elle ne comprend rien, la condamne à dix, quinze, ou vingt ans d'emprisonnement, et la quitte, étonnée, éblouie, épouvantée, de cette horrible justice.

Et les années s'accumulent sur la tête de la malheureuse qui ne sortira pas vivante de sa cellule; on a mesuré la condamnation à son tempérament, à l'état de sa santé, à son âge.

N'a-t-on pas réservé à l'Italie un beau rôle en lui laissant la noble mission d'ouvrir les cachots politiques et les prisons du Saint-Office?

Se persuade-t-on que le droit de faire des *fidei-commis* c'est-à-dire de fonder des majorats inaliénables et transmissibles de père en fils par droit de primogéniture, ne froisse personne? Que l'aîné possédant presque tous les biens de la famille soit un objet d'adoration pour les puînés réduits souvent à un état de gêne, ne pouvant se livrer à aucune profession et forcés, pour vivre mal, d'accepter un maigre emploi? Croit-on que l'Italie ne trouvera pas des auxiliaires dans ces jeunes hommes quand elle viendra proclamer le Code civil qui établira l'égalité entre tous les enfants dans le partage des biens, quand elle relèvera les détenteurs actuels de l'interdiction de vendre ou de donner, de rien détacher en un mot du majorat?

Et le peuple de travailleurs qui voit ces grandes propriétés de *fidei-commis* s'augmenter chaque année par des successions, qui loue ses bras et ne peut pas posséder un rubbio de cette terre qui ne rend pas la moitié de ce qu'elle pourrait rendre, si elle était divisée, le croit-on indifférent? Le jour où il verra la possibilité de faire entrer dans la circulation et ces vastes domaines et les biens de main-morte, de s'y établir, de les féconder, d'y trouver l'aisance par le travail, il ne sera certainement pas l'adversaire de la révolution, qu'elle vienne d'une façon ou d'une autre.

On peut s'étonner que depuis quinze ans la France n'ait pas envié la gloire de mettre les États romains au niveau de sa propre civilisation; on a besoin de se persuader que Rome est occupée dans un but, dans un système dont le mystère n'est pas encore révélé.

Dans tous les cas, en retirant ses troupes, elle permet au progrès et à la civilisation de faire leur chemin, aux Romains de manifester leur volonté, et elle laisse à l'Italie un beau rôle à remplir.

CHAPITRE XLIV

Retour de l'ambassadeur d'Espagne. — M. de Sartiges. — Le miel aux bords de la coupe. — Adieux d'un officier supérieur au pape; paroles de Pie IX; il ne se fait pas d'illusion. — Ce que Rome peut attendre de Vienne et de Madrid. — M. de Montebello. — Béatification du jésuite Canisius; j'y vois le pape pour la dernière fois. — Mes adieux aux monuments de Rome.

Du 20 au 30 novembre.

L'envoyé extraordinaire d'Espagne, M. Pacheco, a suivi de près le roi de Bavière et l'ambassadeur d'Autriche. Voilà donc réunis les représentants des trois cours que l'on considère comme disposées à agir en faveur du gouvernement romain et les conférences entre eux, le cardinal secrétaire d'État et le pape ne tarderont pas à commencer. On a beau dire au Vatican que l'on ne fera rien pour conjurer les événements, et que l'on est disposé à s'en aller, le pouvoir n'en va pas moins chercher tous les moyens de sauver la situation et de se maintenir, en dehors de toute action de la France.

M. de Bach a fait une visite à l'ambassadeur de France, mais tous deux s'en sont tenus, à ce qu'on assure, aux formules ordinaires de ces entrevues de convenance et, s'ils l'ont abordée, n'ont pas approfondi une question qu'ils n'ont pas mission de résoudre.

Les diplomates, quand ils communiquent les notes officielles de leur gouvernement, aiment à mettre un peu de miel au bord du calice d'amertume; M. l'ambassadeur de France, qui garde aujourd'hui une grande réserve dans ses rapports avec le Vatican, disposé à le pousser à bout, a dans les premiers temps de la Convention cherché à rassurer les hommes du pouvoir sur les suites de ce traité; à son exemple, beaucoup d'hommes attachés à l'armée française, quand ils ont eu occasion de voir le souverain pontife, lui ont exprimé la pensée que l'exécution de la Convention n'aurait pas de conséquences fâcheuses pour l'indépendance du Saint-Siége. Pie IX paraît ne s'être pas laissé convaincre.

Ainsi, dans une audience d'adieu donnée à la fin d'octobre à un officier supérieur qui retournait en France, après avoir parlé de l'avenir que lui préparait le traité, le pape dit :

— Je m'en remets à Dieu...

— Et à l'empereur, ajouta l'officier.

— Ah ! répliqua vivement Pie IX, je suis heureux que vous me souffliez cette idée, elle ne me serait jamais venue à moi tout seul.

Le pape ne se fait donc aucune illusion sur les suites que peut avoir l'évacuation de Rome par les troupes françaises ; le secrétaire d'État, le ministre des armes ne s'en font pas plus que lui à cet égard, et il ne faut pas s'étonner s'ils cherchent dans le secours d'autres puissances les moyens de sauver l'autorité temporelle.

De Vienne et de Madrid viendront des protestations de sympathie, peut être même des assurances de protection efficace. Mais jusqu'à quel point les termes en seront-ils précis ? Ne s'abusera-t-on pas sur la valeur réelle de ces assurances ? Ne verra-t-on pas une certitude dans ce qui sera seulement une promesse vague, ou le témoignage d'un dévouement personnel ne pouvant en rien engager la politique d'un État, surtout à longue échéance ?

Sur ces fausses lueurs l'espérance renaîtra, la prostration fera place à une certaine ardeur de résistance ; on s'obstinera à ne rien faire en vue de conjurer l'orage, à n'accorder aucune réforme, parce que l'on comptera sur la force matérielle de l'extérieur.

Elle tardera, elle fera défaut, des plaintes amères se feront entendre ; on passera par toutes les alternatives des terreurs justifiées et des espérances captieuses jusqu'au jour où l'on comprendra que c'en est fait du pouvoir temporel et qu'il faut se résigner à sa perte.

A ce moment suprême, on n'avouera pas qu'il échappe, parce qu'on n'a pas su l'exercer de manière à le mettre en harmonie avec l'esprit du temps et la dernière heure sera employée à faire une dernière protestation.

Il se peut toutefois que Pie IX exerce jusqu'à sa fin le pouvoir temporel en raison du délai assigné à l'évacuation, mais en mourant il l'emportera dans sa tombe.

Je ne veux pas dire par là qu'il mourra avant que les deux ans se soient écoulés ; j'ai vu le pape le 20 à Saint-Pierre, il paraissait très-fatigué, il avait le teint plombé d'un homme qui s'affaisse, mais depuis dix mois il a été si fréquemment malade, on l'a dit tant de fois à la porte du tombeau, que l'on ne peut tirer de son état actuel aucune conséquence.

M. de Montebello est à peu près remis de son indisposition qui, du reste, n'a jamais eu de gravité. Il a cessé de garder la chambre et il a passé dimanche une soirée charmante chez le directeur de l'Académie de France, M. Schnetz, qui jouit ici d'une grande considération et a su se concilier beaucoup d'amitiés. Le général est parti le 22 pour Civita-Vecchia afin d'aller recevoir madame de Montebello qui a dû arriver le 23, ayant avancé son départ de huit jours dans l'inquiétude où elle était sur la santé de son mari. Cette dame reprendra bientôt, je pense, ses soirées qui ont un grand charme pour les officiers de l'armée d'occupation et auxquelles se rendent beaucoup de personnes appartenant à l'aristocratie romaine.

Le jésuite Canisius a été solennellement béatifié dimanche 20 à la basilique de Saint-Pierre ; je ne me rappelle pas avoir jamais vu un si grand nombre de cierges allumés. C'était la seule chose remarquable de l'affaire. Il y a eu deux cérémonies, une le matin, une l'après-midi, à laquelle, suivant la coutume, le pape a fait une courte apparition.

La cérémonie du matin avait attiré tout le monde officiel, ce qui n'étonne pas quand on sait quelle puissance les jésuites exercent à Rome, et tous les étrangers, qui commencent à affluer ici. Ce n'est pas que le temps soit beau, il s'en faut grandement ; le commencement et la fin d'octobre ont été pluvieux ; à la pluie, le mois de novembre a ajouté le froid ; mais par exception la journée du 20 a été gratifiée d'un soleil splendide. La population a pris le Vatican pour but de promenade, et dans l'après-midi, la foule était immense sur le parcours de la place d'Espagne à Saint-Pierre, et dans l'église.

J'ai eu la chance de revoir, comme à la béatification de Marie Alacoque, la statue de bronze de saint Pierre habillée en pape ; elle avait aux doigts un anneau resplendissant de rubis et de brillants, sur la poitrine je ne sais quel ornement tout ruisselant de pierreries ; elle portait le rochet, l'étole, la tiare, et une grande chape. Bon saint Pierre, il ne se doutait pas de son vivant qu'il serait aussi richement vêtu après sa mort, et qu'on dépenserait autant d'argent pour le faire si grotesque.

Pendant que je le contemplais, je vis s'approcher deux jeunes soldats pontificaux qui se mirent à pouffer de rire en le regardant et qui se hâtèrent de s'éloigner pour ne pas scandaliser les dévots.

La foule, qui était fort grande, commença à s'écouler dès que le pape fut arrivé et eut pris sa place dans la partie qu'on appelle *la Tribune*, ce qui me fit penser qu'elle était venue par curiosité plus que par dévotion. Nous étions comparativement peu nombreux quand le pape se retira, passant entre deux rangs de soldats de la garde palatine, qui n'avaient pas besoin de contenir les spectateurs. C'est à ce moment que je revis Pie IX, comme je l'ai dit plus haut, et probablement pour la dernière fois.

Je vais, en effet, quitter Rome, faire une excursion à Naples, visiter encore quelques parties de l'Italie, puis rentrer en France, d'où je suis éloigné depuis près de deux ans et demi. J'emploie les derniers jours que je veux passer ici à faire mes adieux aux musées, aux galeries de tableaux, aux monuments ; j'ai été revoir, au Vatican, les splendides chefs-d'œuvre de l'art grec, au Capitole et partout les admirables morceaux arrachés au sol qui recouvre des merveilles, et qu'on ne fouille nulle part sans faire de riches trouvailles. J'ai dit adieu au Forum de Trajan et à sa merveilleuse colonne, au Forum romain, aux restes mystérieux qui le parent encore et dont personne ne sait exactement l'origine. Ce n'est pas sans une émotion profonde que j'ai quitté pour toujours la Voie

Sacrée, l'arc de Titus, la Voie Triomphale et ce grandiose Colisée, aujourd'hui désert, et que repeuplait ma pensée.

J'ai parcouru encore les bords des lacs de Némi et d'Albano, si souvent explorés par moi, et j'en ai rapporté de beaux bouquets de cyclamens comme un gracieux souvenir.

CHAPITRE XLV

L'Encyclique du pape. — L'effet qu'elle produit à Rome. — Le peuple; son indifférence. — La bourgeoisie, les artistes, les commerçants; leur calcul et leur satisfaction. — Les moines, les évêques, les cardinaux; ils sont divisés. — La haute aristocratie. — L'ambassadeur de France.

Décembre.

J'ai quitté Rome, j'ai séjourné à Naples, heureux de trouver en plein décembre les journées chaudes et brillantes d'un bel automne; j'avais laissé bien loin sa magnifique rade, son Vésuve qui n'était pas encore allumé, Pompéi déblayant ses ruines, et je subissais déjà les âpretés d'un pays moins aimé du soleil, quand a éclaté sur l'Europe catholique le tonnerre parti du Vatican.

L'Encyclique, datée du 8 décembre, ne fut publiée, en réalité, que quinze jours plus tard; ce n'est donc pas *de visu* que je retrace dans ce dernier chapitre l'effet produit à Rome par cette arme émoussée, empruntée au vieil arsenal des temps anciens, c'est d'après les lettres et les récits d'amis sincères et véridiques sur lesquels j'ai droit de compter. Les lecteurs peuvent donc être certains que je reproduis fidèlement la physionomie de la population romaine au moment où l'Encyclique a paru.

Le populaire de Rome ne s'émeut que des choses extérieures, que des spectacles; les processions, les grandes cérémonies religieuses, la voiture du pape, les carrosses des cardinaux, la tombola et les courses de chevaux, voilà ce qui l'intéresse, parce que cela est visible et lui offre une distraction. Mais l'Encyclique! il ne sait pas ce que c'est. Superstitieux par éducation, il ira voir le *Santo Bambino* et la madone *aux yeux girants*, il passe tous les jours devant les édits du cardinal-vicaire et les brefs de Sa Sainteté placardés sur les murs, sans témoigner ni joie ni mécontentement, quand ils ne concernent que les choses religieuses. Le peuple de Rome et des provinces restées au domaine de l'Église a donc accueilli l'Encyclique avec la plus parfaite indifférence.

Qu'est-ce que peut faire aux populations des États romains la condamnation des prétendues erreurs énumérées par le Syllabus? En France, en Italie, en Espagne, en Autriche même, on regarde comme des conquêtes du progrès, de la civilisation des temps modernes, ce que proscrit le Vatican; ce qu'il proscrit au nom de la religion est entré dans les mœurs, dans les lois, est écrit dans les constitutions. On comprend donc que dans ces pays-là on puisse s'émouvoir en voyant la papauté faire ses efforts pour ramener les peuples en arrière, et fulminer un arrêt d'illégitimité contre ce qui est regardé comme faisant partie du droit public.

Mais à Rome, la foudre frappe dans le vide. Le pape condamne la liberté des cultes, elle n'existe pas; la liberté de la presse, elle est proscrite; le droit d'examen, il est dénié; le suffrage populaire, il n'est qu'un leurre. Rome ne perd rien et ne peut rien perdre, puisqu'elle n'a rien.

Elle apprend, par la déclaration du 8 décembre, que la papauté ne veut pas transiger avec l'esprit moderne, elle le savait bien, et l'Encyclique ne lui révèle rien de nouveau. Ce qui étonne les esprits sérieux de Rome, c'est de voir qu'en France et en Italie il y ait des hommes d'un vrai mérite croyant à la possibilité d'une transaction entre la papauté et le progrès. Et si l'Encyclique a donné un moment de joie à des esprits sérieux, c'est uniquement parce qu'elle allait dissiper les illusions de ceux qu'en l'absence de toute liberté d'écrire, ils ne pouvaient pas éclairer.

En effet, pendant que la majorité de la population demeurait indifférente à un acte dont elle ne saisissait pas l'à-propos et ne comprenait pas la portée, il n'en était pas de même dans les autres classes de la société romaine. Les artistes, à qui leur talent assure l'indépendance de l'esprit, et qui ne vendent leurs productions qu'aux étrangers, les commerçants, dont des lois inintelligentes, décrétées et modifiées par le caprice, empêchent le développement des affaires, la bourgeoisie intruites, tous ceux qui professent des sentiments libéraux, tous ceux qui aspirent à l'unité de l'Italie, ont éprouvé une satisfaction véritable. Ils voyaient le Vatican briser avec la civilisation, fournir des armes aux adversaires du pouvoir temporel, donner raison à ceux qui désirent sa chute.

Ainsi, les luttes soutenues depuis le retour de Gaëte, les hommes exilés de la patrie comme suspects, les prisonniers politiques si nombreux qui languissent dans les cachots, se trouvaient justifiés. Ceux qui avaient déclaré l'exercice du pouvoir temporel incompatible avec l'esprit du gouvernement pontifical étaient donc dans le vrai. Il n'était plus besoin de produire des faits pour en faire jaillir des preuves, de rédiger des journaux clandestins, d'écrire, à l'étranger, l'histoire contemporaine, le Vatican en disait plus qu'on ne lui en demandait, il avouait ce qui lui était reproché, il se révélait tout entier à la face des nations.

La satisfaction fut donc réelle dans ces diverses classes de la population; elle ne se manifesta pas dans la rue, elle n'amena ni cris, ni attroupements, mais elle n'en fut pas moins évidente, et on sentit un souffle de bonheur passer sur le front des hommes qui attendent.

Dans un camp tout opposé, on éprouva aussi une joie profonde, mais celle-là ne fut pas déguisée; ceux qui la ressentaient ne redoutaient pas de la voir comprimer et pouvaient au contraire s'en faire un titre aux yeux des gouvernants.

Les séminaristes, jeunes et exaltés, élevés dans les traditions de Rome, tout ce qui est ambitieux dans la prélature, beaucoup de prêtres, d'évêques, et la majorité des cardinaux battirent des mains à la publication de l'Encyclique, à cet acte vigoureux de Pie IX, que dans toutes les réunions ils proclamèrent un grand pape.

Il y a dans le Sacré-Collége un tout petit noyau de cardinaux, il y a dans l'Église un certain nombre de prêtres qui jusqu'à ce moment avaient nourri l'espérance d'une transaction, d'un accommodement entre le gouvernement italien et le Saint-Siége ; ceux-là n'ont point partagé l'enthousiasme de leurs collègues, ils ont, au contraire, éprouvé une vive contrariété d'un acte qui ne leur permettait plus de conserver cet espoir.

Parmi les moines de Rome, il y a des prédicateurs ambulants, espèce de missionnaires que la congrégation envoie prêcher à l'étranger, dans les pays dont ils savent la langue; j'en ai rencontré un qui avait pendant plusieurs années habité l'Auvergne, où il faisait la mission de canton en canton. Je ne sais ce que ces messieurs pensent de l'Encyclique, mais si elle doit leur faire interdire les chaires des églises françaises, ils en regretteront certainement la publication intempestive. Quant à la tourbe, elle est ignorante et paresseuse d'esprit autant que de corps, elle veut vivre tranquille, et s'inquiète peu de ce qui se passe ; on peut affirmer que la moitié des moines n'a jamais lu l'Encyclique.

Soumise au pape, quel qu'il soit, attachée au système gouvernemental par intérêt, ennemie de tout progrès, redoutant tout changement, inhabile peut-être à comprendre quelle profonde scission l'Encyclique pouvait opérer entre les gouvernements constitutionnels et la papauté, la haute aristocratie romaine a joint ses applaudissements à ceux de la cour pontificale, et a félicité son souverain comme s'il venait de remporter une victoire sur ses ennemis.

Je l'ai écrit bien avant de quitter Rome, on manœuvrait quelque chose dès le mois d'octobre et pendant celui de novembre avec les prélats étrangers, et il y avait autour du pape des hommes qui le poussaient à lancer un manifeste contre le traité du 15 septembre. L'Encyclique a été ce manifeste, et ceux qui en avaient conseillé la publication ont été persuadés que c'était là un coup de maître, tant est grand leur aveuglement, tant ils jugent d'un esprit étroit le mouvement qui se produit dans la société européenne!

J'entends dire, et je lis dans les journaux que l'ambassadeur de France a ignoré ces manœuvres et a été, comme beaucoup d'autres, surpris par la publication de l'Encyclique. Sans avoir aucun motif direct de démentir ces assertions, je ne puis cependant pas les regarder comme fondées; j'ai la persuasion que M. de Sartigues a connu les manœuvres pratiquées, et qu'il a pu envoyer à Paris le texte de cette pièce plusieurs jours avant son apparition.

De ce qu'on ne divulgue pas les préparatifs d'un acte accompli, il ne s'ensuit pas qu'on les ignore. Mettre obstacle à une publication papale était, dans les circonstances, une chose impossible; d'un autre côté, l'Encyclique sert trop bien ceux qui ont conclu le traité du 15 septembre, pour qu'ils aient pu songer un instant à en arrêter la publication par des conseils officieux, unique intervention qui leur fût permise auprès d'un gouvernement libre et souverain dans ses domaines.

FIN

TABLE DES CHAPITRES

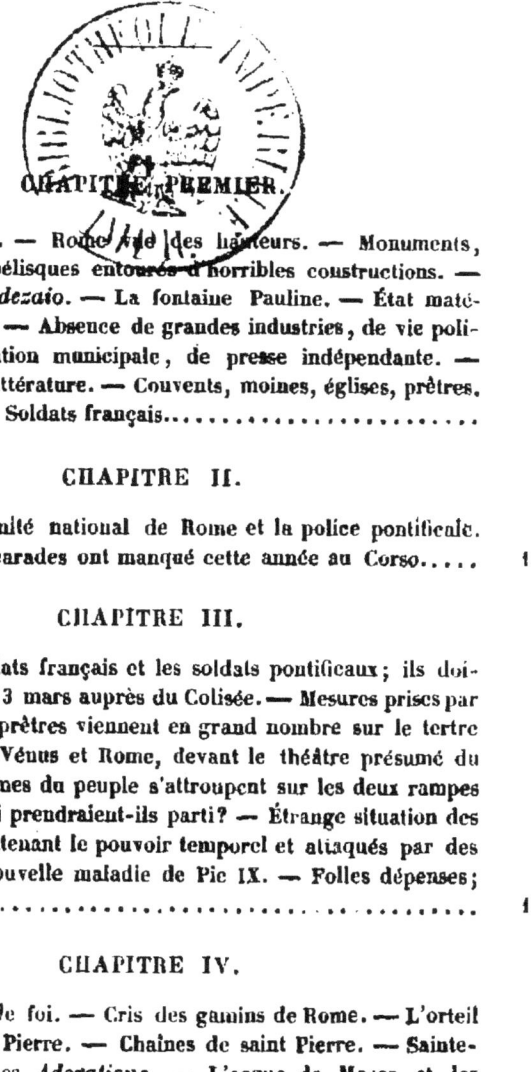

CHAPITRE PREMIER.

Coup d'œil d'ensemble. — Rome ville des hauteurs. — Monuments, palais, fontaines, obélisques entourés d'horribles constructions. — Le Tibre. — *Immondezaio*. — La fontaine Pauline. — État matériel. — État moral. — Absence de grandes industries, de vie politique, de représentation municipale, de presse indépendante. — Peinture, sculpture, littérature. — Couvents, moines, églises, prêtres. — Conspirateurs. — Soldats français........................ 1

CHAPITRE II.

Le Carnaval. — Le comité national de Rome et la police pontificale. — Pourquoi les mascarades ont manqué cette année au Corso..... 10

CHAPITRE III.

Querelles entre les soldats français et les soldats pontificaux; ils doivent se rencontrer le 3 mars auprès du Colisée. — Mesures prises par les autorités. — Des prêtres viennent en grand nombre sur le tertre où fut le temple de Vénus et Rome, devant le théâtre présumé du combat. — Les hommes du peuple s'attroupent sur les deux rampes du Capitole; pour qui prendraient-ils parti? — Étrange situation des soldats français maintenant le pouvoir temporel et attaqués par des soldats du pape. — Nouvelle maladie de Pie IX. — Folles dépenses; projets d'emprunt................................. 14

CHAPITRE IV.

Les Romains ont peu de foi. — Cris des gamins de Rome. — L'orteil de la statue de saint Pierre. — Chaînes de saint Pierre. — Sainte-Marie-Majeure. — Les *Adorations*. — L'orgue de Mosca et les chanteurs de la chapelle Sixtine. — Tableau pittoresque.......... 20

CHAPITRE V.

Le roi de Naples. — Le palais Farnèse. — Deux tombeaux décorent le portique de ce palais d'une royauté morte. — Chancellerie royale, ses fonctions. — Désertions. — Ombre de cour. — La reine à Albano. — Bruits de la formation d'une sainte-alliance. — Attaque des journaux de Rome contre la France. — Plaintes de M. de Sartiges. — Le roi de Naples organisant la guerre du brigandage....... 26

CHAPITRE VI.

Les prétendues élections municipales. — Il n'y a point d'électeurs, il n'y a que des éligibles divisés en quatre catégories. — Privilége de la première catégorie. — Comment se compose le municipe romain. — Fiction électorale. — Comment on entend ici réaliser les réformes promises.. 32

CHAPITRE VII.

Réception officielle de M. de Sartiges au Vatican; le pape malade le reçoit dans son lit, entouré de toute sa cour. — Droits que donne à l'ambassadeur de France sa réception officielle. — Effet qu'elle produit dans Rome. — Gravité de la situation.................... 38

CHAPITRE VIII.

Le dimanche des Palmes. — Les branches de palmier sont en papier peint. — Cérémonie religieuse. — Absence du pape. — Son remplaçant. — Les cérémonies ne sont pas faites pour la foule, mais pour un public spécial. — Costume uniforme des dames. — La tribune des chanteurs. — Question délicate.................., ... 42

CHAPITRE IX.

La mendicité. — Catégories de mendiants : médaillés, non médaillés, proprement vêtus; le spectre noir; le médaillé de Sainte-Hélène, mendiant sur la voie Appienne; d'autres médaillés nourris par les soldats français; les jeunes garçons, les jeunes filles; les moines mendiants, les passionnistes, les sacconi ayant le corps enveloppé d'une longue robe, le visage couvert d'un masque de toile. — Étrange organisation des sacconi. — L'hospice de Saint-Michel............ 46

CHAPITRE X.

La Jettature. — Sotte croyance du peuple qui considère Pie IX comme un *jettatore*. — Le jour de Pâques à Saint-Pierre ; cérémonies religieuses; orage au dehors, scène douloureuse au dedans.......... 53

CHAPITRE XI.

La santé du pape et les réjouissances publiques. — L'illumination de la coupole de Saint-Pierre. — Ovation sur la place de la Minerve en l'honneur du pape-roi. — Les pétales en papier. — Souvenirs du passé. — Les soldats français à la Minerve. — La *Girandola* au Pincio. — Le dernier jour de Pompéi..................... 59

CHAPITRE XII.

La loterie. — Ce qu'elle coûte à la population; ce qu'elle rend au gouvernement. — Les buralistes; *Le terno de la Fortune*; les moines cabaleurs. — Cérémonial du tirage; le tonneau de cristal; le monsignor; le crieur. — La *Riffa*; l'homme à la poule. — Pensée d'un haut fonctionnaire sur la loterie............................. 66

CHAPITRE XIII.

Le futur conclave. — Ceux qui font un pape peuvent-ils imposer aux Romains un roi électif que la nation n'est pas appelée à élire? — Graves questions; singulières anomalies. — Le droit des peuples... 75

CHAPITRE XIV.

Double anniversaire du retour de Gaëte et du *miracle* à Sainte-Agnès. — Visite du pape à l'église de Sainte-Agnès-hors-des-Murs. — Le cardinal Bedini. — Manifestations politiques en faveur du pape-roi. — Arrestations. — Historien emprisonné avant d'avoir achevé et publié son livre. — Coutumes des anciens triomphateurs conservées jusqu'à nos jours.. 81

CHAPITRE XV.

Amour du pape pour les ovations. — Visite à Sainte-Marie-Majeure. — Les *Cent-Chauves*. — Rencontre de monseigneur Bedini. — Assassinat de M. Allard, peintre français. — Blondin à Rome. — Passage à Rome de l'empereur Maximilien................... 89

CHAPITRE XVI.

La fête de Shakespeare. — Les Anglais et l'autorité romaine. — Le buste d'Alfieri exilé du Pincio. — La fête du dieu *Quine* et de la déesse *Tombola*. — Deux meurtres à ajouter à celui de M. Allard.. 96

CHAPITRE XVII.

Exposition des Beaux-Arts : peinture, sculpture. — Pourquoi cette exposition n'est pas aussi riche qu'elle pourrait l'être. — Comment les arts sont traités à Rome................................ 101

CHAPITRE XVIII.

La terreur règne dans Rome. — Le bruit se répand qu'une longue liste de proscription a été dressée par le pouvoir. — Les avocats Ballanti, Pompiani, Tito Marsciali, les médecins Sani et Carlucci sont exilés des États romains. — Formes doucereuses de la tyrannie. — On prête au pape une lettre violente qu'il aurait écrite à l'empereur Napoléon à propos de l'arrestation en Italie de l'archevêque de Jesi. — Nouvelle maladie du pape.................................... 109

CHAPITRE XIX.

Entretien de M. de Sartiges avec un haut fonctionnaire romain à propos des arrestations et des exils. — Pétitions adressées au commandant de l'armée française. — On cache l'état du pape; les médecins ont un air souriant, les cardinaux sont muets, la garde-noble ne fait plus de service. — On discute dans le public les chances de divers cardinaux à la papauté. — Emprunt pontifical. — Intrigues pour ramener Marie-Sophie auprès de son mari................... 114

CHAPITRE XX.

La santé du pape s'améliore; on annonce qu'il fera la *fonction* à la procession de la Fête-Dieu; il renonce à son excursion à Porto-d'Anzio, il ira en villégiature à Castel-Gandolphe. — La persécution recommence. — Exil d'un tailleur. — Impression produite à Rome par les discussions du parlement italien sur la question romaine et par la déclaration de M. Visconti Venosta, ministre des affaires étrangères d'Italie. — Ce qui a le plus frappé les hommes du pouvoir. — Retour de Marie-Sophie auprès de François II. — Les deux époux s'ennuient ensemble.. 124

CHAPITRE XXI.

Proposition de faire nommer par des habitants de Rome des députés au parlement italien. — Comment elle est accueillie. — De nouvelles collisions éclatent entre les soldats français et les pontificaux. — Les patrouilles au Forum. — L'exercice en douze temps dans le temple de la Paix. — Le poste du Colisée. — Situation anormale de l'armée d'occupation. — Procession de la Fête-Dieu. — Le pape porté sur le pavois. — Curieux détails........................ 131

CHAPITRE XXII.

Nouvelles fêtes du dieu *Quine* et de la déesse *Tombola* mêlées aux fêtes chrétiennes. — Tibur. — Tusculum. — Le *Mandatario* et ses deux tambours. — Rechute du pape. — Fausse alarme. — Cérémonie à Saint-Jean-de-Latran. — Les fiévreux...................... 138

CHAPITRE XXIII.

L'emprunt pontifical. — Le pair. — Budget des États romains. — Déficit supérieur aux recettes totales. — Le denier de Saint-Pierre. — Il est d'environ sept millions de francs par an. — Le pape l'affecte au payement de l'intérêt et de l'amortissement de la dette publique. — Hypothèque insuffisante............................ 144

CHAPITRE XIV.

La fête du Statut célébrée à Rome comme dans toute l'Italie. — Doutes et mystères, — Drapeaux nationaux, cocardes italiennes, placards, feux de Bengale jusqu'au pied du Vatican. — Les mêmes démonstrations dans d'autres villes. — Colère de la cour de Rome. — Brigandage aux portes de la ville. — Élections municipales; mystification; singuliers détails. — Tristes paroles d'un sénateur romain. 150

CHAPITRE XXV.

Le numéro 22... 159

CHAPITRE XXVI.

Largesses du pape en commémoration de son couronnement, dans une cour du Vatican. — Danses au son des tambourins. — Les femmes enceintes. — Étrange spectacle. — Mœurs populaires.......... 163

CHAPITRE XXVII.

Fuite du cardinal d'Andrea; présenté comme le candidat de la France et de l'Italie à la papauté; surveillé par la police comme réunissant dans son palais le *Comité national;* bruits d'empoisonnement; maladie réelle. — Comment il s'échappe de Rome. — Le municipe romain. — Calcul machiavélique. — Le sénat se compose d'un seul sénateur. — Rouages administratifs. — Confection des lois. — Consulte d'État pour les finances. — Son impuissance............... 168

CHAPITRE XXVIII.

Réjouissances publiques. — Fête des deux saints Jean. — Les carrosses des cardinaux. — Les *Fiocchi.* — Le salut aux carrosses. — Le pape sur le pavois. — Les *Flambelli.* — Bénédiction des œillets et des tiges d'ail. — La margelle du puits de la Samaritaine. — Portraits de la Vierge peints ou ébauchés par saint Luc. — Fêtes de saint Pierre et de saint Paul. — Superstitions romaines. — *Il santo Bambino;* volé par une princesse. — Je le rencontre au *Corso* et je vais lui faire visite à l'*Ara Cœli.* — Le Béat de Viterbe. — Contrat écrit et signé par le diable.. 177

CHAPITRE XXIX.

Garibaldi à Ischia. — Bruits de complot. — Le pouvoir songe à se défendre. — Le pape passe une revue de son artillerie et des dragons pontificaux au camp des Prétoriens. — Perquisitions. — Arrestations. — Mesures à propos des voyageurs. — Craintes vraies ou simulées. — Paroles du pape sur Garibaldi.................. 185

CHAPITRE XXX.

Moissons dans l'*Agro romano*. — Propriétaires. — *Marchands de Campagne*. — Le *Fattore*. — Le *Caporale*. — Les moissonneurs. — Nombre d'hectares cultivés en blé. — Nombre d'hommes employés à la moisson. — Prix de la journée. — Les biens de *Fidei commis*. — La dot. — Détresse. — Recours au pape. — Débâcle inévitable. 190

CHAPITRE XXXI.

Les enseignes françaises jetées bas ou effacées de tous les murs de Rome. — Épisode comique. — L'*Hôtel de la Minerve*. — M. de Sartiges. — Les Romains applaudissent. — Paroles d'un haut fonctionnaire.. 197

CHAPITRE XXXII.

Départ du pape pour Castel-Gandolphe sur le lac d'Albano. — Routes qui y conduisent. — La *ferrovia*; station temporaire. — Détails sur les travaux de Pie IX. — Les Indulgences. — Comment il s'en perd un certain nombre. — La statue d'une mère de Pompéi. — Quatre baise-pied en un jour. — Enlèvement du jeune israélite Coën. — Désespoir de la mère. — Les trois cardinaux complices. — Quel profit le catholicisme peut-il retirer de pareils actes? — Le baptistère dit de Constantin. — Pérégrinations du pape. — Indulgence de la *Portioncule*. — Les mères de Némi.......................... 202

CHAPITRE XXXIII.

L'*Infiorata* à Genzano; ancienne fête du printemps ou de Diane, dont temple s'élevait au bord du lac de Némi. — Ravissant coup d'œil. — Excursion du pape à Genzano. — Les craintes éprouvées au Vatican se reproduisent à Castel-Gandolphe. — La triple garde. — Indisposition de M. de Mérode. — Double fête du 15 août : l'Assomption et la Saint-Napoléon. — La pointe aux canards. — Le pape s'en va à Gennazzano faire baiser son pied et voir une madone miraculeuse.. 214

CHAPITRE XXXIV.

Émotion causée à Rome par la nouvelle du voyage de MM. Menabrea et Pepoli à Paris. — Deux partis dans le gouvernement pontifical. — La Sainte-Alliance. — Un article de l'*Osservatore romano*. — Plaintes de M. de Sartiges. — Le roi d'Espagne. — Bruits de conclave et d'abdication. — Erreur de ceux qui les propagent. — Indisposition du pape ; elle n'a pas de suites. — Visites à Genzano, à Marino, magnifique route. — Vue sur la mer ; escadrilles italiennes. — Bois Ferentinus. — Souvenirs de Tarquin. — Source de Turnus Herdonius. — Triste état de Marino. — M. de Sartiges et le cardinal Antonelli à propos du jeune Coën. — Ce n'est pas sur ce cardinal que doit retomber la responsabilité du rapt.................... 223

CHAPITRE XXXV.

Industries romaines. — Pourquoi la production de la soie a diminué. — Soieries. — Quantité de soie consommée. — Moulinages. — Leur état. — Tissus fabriqués à Rome ; leur beauté, leur poids, leur destination. — Robes. — Écharpes romaines. — Écharpes orientales. — Journée des ouvriers. — Prix des diverses manipulations. — Prix des étoffes. — L'ouvrier tisseur repousse les améliorations. — Teintureries. — Perles fausses. — Faux corail................ 232

CHAPITRE XXXVI.

Entraves mises à la circulation des Romains. — Difficulté d'obtenir un passe-port ; le billet de communion ; les certificats. — Les bains de Palo. — Départ de M. de Mérode. Bruits sur son voyage. — M. le général de Lamoricière. — Mort du cardinal Bedini, à Viterbe.... 239

CHAPITRE XXXVII.

Le pape quitte Castel-Gandolphe et revient à Rome. — Préparatifs de la béatification de Marie Alacoque. — Le bandit Crocco. — Les soldats français et les autorités des États romains. — Le brigand Tamburini. — Exil d'une dame romaine et de ses enfants. — Béatification de Maria Alacoque. — La statue de bronze de saint Pierre habillée en pape. — Les prêtres français. — M. de Bonnechose. — Baptême de quatre juifs.. 247

CHAPITRE XXXVIII.

Nouvelle de la convention du 15 septembre apportée à Rome. — Premières impressions. — L'*Osservatore* refuse d'y croire d'abord. — Effets de la convention. — Les hommes de progrès, les artistes, les commerçants, le peuple. M. de Sartiges communique au pape la décision de l'empereur. — Récriminations du pape. — Communication faite au cardinal Antonelli.— Cris, épouvante, bruits de réaction. — Réunion des ministres et des cardinaux au Vatican. — Colère manifestée contre le nonce, à Paris.................................. 256

CHAPITRE XXXIX.

Retour de M. de Mérode. — Ses premiers actes. — Rome prétend ne pas connaître le traité du 15 septembre. — Attitude du pape. — Il n'y a pas d'arrangement à espérer. — Le cardinal Antonelli et M. de Mérode. — Eventualités. — Évolution du parti prêtre. — Résignation factice. — Manœuvres secrètes. — Appréciation. — M. de Bonnechose à Rome. — Calme apparent du Vatican. — Publication dans l'*Osservatore romano*, par ordre, d'une lettre écrite par M. Petruccelli della Gattina dans *la Presse* de Paris. — Etrangeté de ce fait.— Ses causes. — Jubilé. — Le pape au Pincio. — Baptême de Coën; douleur, supplications, éloignement de sa mère................ 264

CHAPITRE XL.

Assassinat de deux gendarmes français par des brigands sur le territoire pontifical. — Refus du pape de changer les autorités du pays. — Le valet du bourreau de Rome, brigand à l'intérieur. — Son arrestation. — Comment M. Senni fut créé comte. — Refus de laisser passer madame Mastricola sur le territoire romain pour conduire son fils à Naples.. 271

CHAPITRE XLI.

Retour à Rome de M. de Montebello, commandant en chef de l'armée d'occupation. — Entrevue du général avec le pape. — Paroles échangées entre eux à propos de la convention du 15 septembre. — Intentions conciliantes mal à propos prêtées aux hommes du Vatican. — Coup d'œil rétrospectif sur la conduite du pouvoir pontifical à l'égard du gouvernement français. — Jugement porté à Rome sur le *Constitutionnel* et la *France*. — Comment on apprécie à Rome l'opposition italienne. — Manœuvres du gouvernement romain en France. — Tombola au camp des Prétoriens. M. de Montebello prévient une manifestation politique des *Cento-Calvi*. — Le pape à San-Carlo...... 277

CHAPITRE XLII.

L'attente des partis. — Bruits divers de formation de légions étrangères. —Impossibilité de créer une force armée, faute d'argent. — Le pape doute encore de l'exécution du traité franco-italien. — Une conversation de Pie IX : Si la convention s'exécute, je n'aurai plus qu'à prendre ma canne et à m'en aller. — Paroles du cardinal Antonelli. — On conseille au pape de lancer un manifeste pour protester contre la convention de septembre. — Les membres du Sacré-Collége. — Bruits d'un prochain départ de deux régiments français. — Véritable état des choses. — Un nouveau saint dans l'ordre des jésuites......... 287

CHAPITRE XLIII.

Arrivée du roi de Bavière et de M. de Bach, ambassadeur d'Autriche. — L'ambassadeur d'Espagne est attendu. — Congrès au petit pied. — On trompe, dans les correspondances, les journaux de France et de Belgique. — Véritable état des choses. — Les fonctionnaires romains. — Effet des discussions du parlement italien sur le transfert de la capitale. — La population de Rome. — Les prisons. — Les travailleurs et la propriété... 294

CHAPITRE XLIV.

Retour de l'ambassadeur d'Espagne. — M. de Sartiges. — Le miel aux bords de la coupe. — Adieux d'un officier supérieur au pape ; paroles de Pie IX ; il ne se fait plus d'illusion. — Ce que Rome peut attendre de Vienne et de Madrid. — M. de Montebello. — Béatification du jésuite Canisius ; j'y vois le pape pour la dernière fois. — Mes adieux aux monuments de Rome................................... 300

CHAPITRE XLV.

L'Encyclique du pape. — L'effet qu'elle produit à Rome. — Le peuple son indifférence. — La bourgeoisie, les artistes, les commerçants ; leur calcul et leur satisfaction. — Les moines, les évêques, les cardinaux ; ils sont divisés. — La haute aristocratie. — L'ambassadeur de France.. 305

FIN DE LA TABLE.

Paris. — Imprimerie de P.-A. BOURDIER et Ce, rue des Poitevins, 6

COLLECTION GEORGES BARBA

à 3 francs le volume

OUVRAGES PARUS

LA LAITIÈRE DE MONTFERMEIL, par Paul de Kock.	1 vol.
LES CHASSEURS DE CHEVELURES, par le Cap. Mayne Reid.	1 vol.
ANDRÉ LE SAVOYARD, par Paul de Kock.	1 vol.
LES TIRAILLEURS AU MEXIQUE, par le Cap. Mayne Reid.	1 vol.
HISTOIRE POPULAIRE DE LA POLOGNE, par L. Chodzko.	1 vol.
ZIZINE, par Paul de Kock.	1 vol.
LES DEUX ARTISTES EN ESPAGNE, par Desbarolles.	1 vol.
LA BAIE D'HUDSON, par le Cap. Mayne Reid.	1 vol.
MOUSTACHE, par Paul de Kock.	1 vol.
ŒIL-DE-FAUCON, (Bas-de-Cuir, 1re série), par F. Cooper.	1 vol.
UN JEUNE HOMME CHARMANT, par Paul de Kock.	1 vol.
LES CHASSEURS DE BISONS, par le Cap. Mayne Reid.	1 vol.
HISTOIRE DE PARIS, par E. de La Bédollière.	1 vol.
MADELEINE, par Paul de Kock.	1 vol.
LE DOMAINE DE SAINT PIERRE, par E. de La Bédollière.	1 vol.
CHRONIQUES DE L'ŒIL-DE-BŒUF, par Touchard Lafosse.	8 vol.
UN BON ENFANT, par Paul de Kock.	1 vol.
LES CHRONIQUES DE ROME, par Kauffmann.	1 vol.
LE GANTELET BLANC, par le Cap. Mayne Reid.	2 vol.
VOYAGES ET AVENTURES, par Garneray.	1 vol.
CAPTIVITÉ SUR LES PONTONS, par Garneray.	1 vol.

Paris. Imp. BOURDIER et Cie, rue des Poitevins, 6.

www.ingramcontent.com/pod-product-compliance
Lightning Source LLC
Chambersburg PA
CBHW060650170426
43199CB00012B/1733